Kohlhammer

Lehren und Lernen

Herausgegeben von Andreas Gold, Uta Klusmann, Cornelia Rosebrock und Rose Vogel

Begründet von Andreas Gold, Cornelia Rosebrock, Renate Valtin und Rose Vogel

Eine Übersicht aller lieferbaren und im Buchhandel angekündigten Bände der Reihe finden Sie unter:

 https://shop.kohlhammer.de/lehren+lernen

Der Autor

Prof. Dr. phil. Ulrich Mehlem war bis 2022 Professor für Erziehungswissenschaft mit dem Schwerpunkt Literalität und einwanderungsbedingte Mehrsprachigkeit an der Goethe-Universität Frankfurt.

Ulrich Mehlem

Schriftspracherwerb

Theorie und Praxis für den
Anfangsunterricht in der Grundschule

Verlag W. Kohlhammer

Dieses Werk einschließlich aller seiner Teile ist urheberrechtlich geschützt. Jede Verwendung außerhalb der engen Grenzen des Urheberrechts ist ohne Zustimmung des Verlags unzulässig und strafbar. Das gilt insbesondere für Vervielfältigungen, Übersetzungen, Mikroverfilmungen und für die Einspeicherung und Verarbeitung in elektronischen Systemen.

Pharmakologische Daten, d. h. u. a. Angaben von Medikamenten, ihren Dosierungen und Applikationen, verändern sich fortlaufend durch klinische Erfahrung, pharmakologische Forschung und Änderung von Produktionsverfahren. Verlag und Autoren haben große Sorgfalt darauf gelegt, dass alle in diesem Buch gemachten Angaben dem derzeitigen Wissensstand entsprechen. Da jedoch die Medizin als Wissenschaft ständig im Fluss ist, da menschliche Irrtümer und Druckfehler nie völlig auszuschließen sind, können Verlag und Autoren hierfür jedoch keine Gewähr und Haftung übernehmen. Jeder Benutzer ist daher dringend angehalten, die gemachten Angaben, insbesondere in Hinsicht auf Arzneimittelnamen, enthaltene Wirkstoffe, spezifische Anwendungsbereiche und Dosierungen anhand des Medikamentenbeipackzettels und der entsprechenden Fachinformationen zu überprüfen und in eigener Verantwortung im Bereich der Patientenversorgung zu handeln. Aufgrund der Auswahl häufig angewendeter Arzneimittel besteht kein Anspruch auf Vollständigkeit.

Die Wiedergabe von Warenbezeichnungen, Handelsnamen und sonstigen Kennzeichen in diesem Buch berechtigt nicht zu der Annahme, dass diese von jedermann frei benutzt werden dürfen. Vielmehr kann es sich auch dann um eingetragene Warenzeichen oder sonstige geschützte Kennzeichen handeln, wenn sie nicht eigens als solche gekennzeichnet sind.

Es konnten nicht alle Rechtsinhaber von Abbildungen ermittelt werden. Sollte dem Verlag gegenüber der Nachweis der Rechtsinhaberschaft geführt werden, wird das branchenübliche Honorar nachträglich gezahlt.

Dieses Werk enthält Hinweise/Links zu externen Websites Dritter, auf deren Inhalt der Verlag keinen Einfluss hat und die der Haftung der jeweiligen Seitenanbieter oder -betreiber unterliegen. Zum Zeitpunkt der Verlinkung wurden die externen Websites auf mögliche Rechtsverstöße überprüft und dabei keine Rechtsverletzung festgestellt. Ohne konkrete Hinweise auf eine solche Rechtsverletzung ist eine permanente inhaltliche Kontrolle der verlinkten Seiten nicht zumutbar. Sollten jedoch Rechtsverletzungen bekannt werden, werden die betroffenen externen Links soweit möglich unverzüglich entfernt.

1. Auflage 2024

Alle Rechte vorbehalten
© W. Kohlhammer GmbH, Stuttgart
Gesamtherstellung: W. Kohlhammer GmbH, Stuttgart

Print:
ISBN 978-3-17-021583-2

E-Book-Formate:
pdf: ISBN 978-3-17-043541-4
epub: ISBN 978-3-17-043542-1

Geleitwort

Die nationalen und internationalen Schulleistungsstudien haben die unterrichtsbezogene Lehr-Lern-Forschung in hohem Maße stimuliert und spürbare Innovationen im gesamten Bildungssystem bis hinein in die konkreten unterrichtlichen Praktiken mit sich gebracht. Rund um das Lehren und Lernen hat sich eine interdisziplinär verstandene Empirische Bildungsforschung etabliert, die zu einem besseren Verständnis der Lehr-Lern-Prozesse und zu einer nachhaltigen Förderung individueller Lernpotenziale beizutragen vermag. Die Erziehungswissenschaft, die Fachdidaktiken und die Pädagogische Psychologie sind daran beteiligt. Nun geht es darum, die wissenschaftlichen Erkenntnisse empirischer Forschung für die pädagogische Praxis nutzbar zu machen.

Lehren und Lernen, wissenschaftlich basiert betrieben, kann nur durch das Zusammenspiel pädagogischer, psychologischer, fachwissenschaftlicher und fachdidaktischer Theorien und Befunde befriedigend erklärt, gesteuert und optimiert werden. In der pädagogischen Praxis kann keine Lerntheorie ohne Bezug auf eine konkrete Inhaltsdomäne und keine Lehrmethode ohne Bezug auf ein Curriculum und jeweils individuelle Lernvoraussetzungen erfolgreich sein.

Die je eigenen Perspektiven und Erkenntnisse der Psychologie, der Pädagogik und der beiden schulisch zentralen Fachdidaktiken Mathematik und Deutsch sollen in den einzelnen Bänden dieser Reihe verständlich und kompakt zu einem kohärenten Gesamtbild zusammengeführt werden. Neben der Interdisziplinarität liegt ein besonderer Wert auf einer empirischen Fundierung: Erfahrungswissenschaftlich gewonnene Erkenntnisse zum Lehren und Lernen liegen den jeweiligen Darstellungen zugrunde. Schließlich fokussieren alle Bände der Reihe den Anwendungsbezug: Die entfalteten Themen, Diskurse und Fachgebiete sind jeweils unmittelbar bedeutend für Kindergarten, Schule und Unterricht.

Die vorliegende Reihe adressiert das Lehren und Lernen vom Vorschul- bis zum jungen Erwachsenenalter. Konzipiert ist sie für (zukünftige) Lehrende, aber auch für Pädagoginnen und Pädagogen sowie Psychologinnen und Psychologen in weiteren Anwendungsfeldern im Bildungssystem. Auch für die Fort- und Weiterbildung von Lehrerinnen und Lehrern sind die Bände gedacht.

Nach mehr als zehn Jahren Mitherausgeberschaft ist Renate Valtin (Berlin) im Dezember 2021 ausgeschieden. Die Herausgeber bedanken sich bei ihr und begrüßen Uta Klusmann (Kiel), die ihren Platz eingenommen hat.

Andreas Gold, Uta Klusmann, Cornelia Rosebrock & Rose Vogel

Inhalt

Geleitwort		5
1	**Einleitung**	9
2	**Schriftspracherwerb und Literalität**	14
	2.1 Die kommunikativen, kognitiven und grammatischen Aufgaben des Schriftspracherwerbs	14
	2.2 Merkmale der gesprochenen und geschriebenen Sprache	16
	2.3 Kommunikative Merkmale der ›konzeptuell‹ schriftlichen Sprache	20
	2.4 Strukturelle (grammatische) Eigenschaften der geschriebenen Sprache	23
	2.5 Kategorienraster zur Einordnung von Texten	27
	2.6 Schriftsprachliche Kompetenzen im Überblick	28
	2.7 Aufgaben	30
3	**Schriftsystem und orthographische Strukturen des Deutschen**	32
	3.1 Das phonologische Prinzip	33
	3.2 Das silbische Prinzip	40
	3.3 Das morphologische Prinzip	46
	3.4 Zwischenbilanz: Basis- und Orthographeme	50
	3.5 Das syntaktische Prinzip	52
	3.6 Aufgaben	55
4	**Erwerbsprozesse beim Lesen und Schreiben lernen**	56
	4.1 Erwerbsprozesse im Vorschulalter	56
	4.2 Der Erwerb basaler Lese- und Schreibkompetenzen	63
	4.3 Aufgaben	75
5	**Diagnostik der Rechtschreib- und der basalen Lesekompetenz**	76
	5.1 Standardisierte Messung der Rechtschreibkompetenz	76
	5.2 Verfahren zur Analyse der Rechtschreibung freier Schülertexte	78
	5.3 Fehleranalyse in Schülertexten	82
	5.4 Messung der basalen Lesekompetenz	84

	5.5	Neuere empirische Forschung zur orthographischen Kompetenz	86
	5.6	Aufgaben	91
6		**Lesen und schreiben lernen im mehrsprachigen und mehrschriftigen Kontext**	**93**
	6.1	Geringerer Bildungserfolg von Kindern mit Migrationshintergrund und der Beitrag des Schriftspracherwerbs	93
	6.2	Systematik des mehrsprachigen Schriftspracherwerbs	97
	6.3	Aufgaben	105
7		**Die Didaktik des Schreibens und Lesens in der Grundschule**	**107**
	7.1	Lehrgangsorientierte Fibeln	109
	7.2	Offene Ansätze des Schreiben- und Rechtschreiblernens	115
	7.3	Silbenanalytische Methode und Silbenfibeln	122
	7.4	Aufgaben	129
8		**Elemente eines adaptiven und kognitiv aktivierenden Rechtschreibunterrichts**	**132**
	8.1	Didaktisch-methodische Differenzierung	133
	8.2	Gelegenheiten zu kognitiver Aktivierung	139
	8.3	Aufgaben	144
9		**Fazit**	**146**
10		**Lösungen der Übungsaufgaben**	**148**
		Literaturverzeichnis	**159**
		Stichwortverzeichnis	**169**

1 Einleitung

Schreiben und lesen zu lernen gehört neben den grundlegenden mathematischen Kompetenzen zu den zentralen Aufgaben der Grundschule. Auch wenn die Lernbereiche in einigen neueren Ansätzen der Grundschuldidaktik eher den »tradierten schulfächernahen Fähigkeiten und Fertigkeiten« zugeordnet oder als »elementare Techniken« (z. B. Knauf, 2009, S. 56) bzw. Kulturtechniken gegenüber höheren Kompetenzzielen etwas relativiert wurden, steht ihre Bedeutung für die spätere gesellschaftliche Handlungsfähigkeit und Teilhabe nicht in Frage. Dabei grenzt sich der neuere Begriff des Schriftspracherwerbs von der älteren Vorstellung des Erstlesens und Erstschreibens in mehrfacher Hinsicht ab:

1. Es wird ein Bezug zum Erwerb der gesprochenen Sprache hergestellt. Dessen intensive Erforschung seit Beginn des 20. Jahrhunderts hat zwar nach wie vor zu konkurrierenden Theorien, aber darüber hinaus auch zu der übergreifenden Erkenntnis geführt, dass die kognitiven Prozesse der Lernenden ihrer eigenen bewussten Planung und Kontrolle nur teilweise zugänglich sind. Lernen bzw. Erwerb[1] wird als aktiver Konstruktionsprozess verstanden, bei dem die Lernenden sich mit ihrer Umwelt auseinandersetzen und sich deren Strukturen schrittweise, über mehr oder weniger angemessene kognitive Konstrukte und Schemata, erschließen. Die didaktischen Angebote von Lehrkräften und anderen Bezugspersonen müssen diesem Verständnis von Lernen Rechnung tragen.
2. Dieser Bezug zum Spracherwerb leugnet keineswegs die Notwendigkeit einer besonderen institutionellen Rahmung, die der Schriftspracherwerb durch die Schule in allen schriftorientierten Gesellschaften erfahren hat. Der Umfang und die Komplexität des gesellschaftlich notwendigen Wissens sind in diesen Gesellschaften in einem solchen Ausmaß gestiegen, dass dessen Aneignung neben der lebensweltlichen Beteiligung oder der direkten Unterweisung durch einen Lehrer bzw. einen Meister einen eigenständigen Zugriff auf dieses Wissen in geschriebener Form voraussetzt. Über den geschriebenen Code schnell und sicher verfügen zu lernen, ist daher die Aufgabe einer besonderen gesellschaftlichen Institution, der Schule. Beschleunigung der Wissensvermittlung betrifft also nicht nur die generelle Vermittlung von Lerninhalten, sondern auch den Erwerb des entsprechenden Mediums selbst, das wie das Betriebssys-

---

1 Die Begriffe Lernen und Erwerb werden hier nicht als gegensätzlich aufgefasst, wie es häufig in der sprachdidaktischen Literatur der Fall ist.

tem eines Computers beim Booten komplexerer Lernprogramme vorausgesetzt wird.
3. Beim Schriftspracherwerb wird zunächst weder zwischen Lesen und Schreiben als besonderen Teiltätigkeiten unterschieden noch zwischen Leseverstehen, Rechtschreibung, Textproduktion und Handschreiben als spezifischen Praktiken, deren Zusammenwirken überhaupt erst den Umgang mit Schriftsprache ausmachen. Damit fällt auch eine in der Grundschulpraxis lange hochgehaltene Überzeugung weg, vor dem Erlernen der Orthographie müsse zuerst das lautorientierte Schreiben gelernt werden.
4. Als letzte der alten Wahrheiten entfällt auch die scharfe Trennung zwischen bloßem Erlernen des Lesens und Schreibens als Technik und der späteren Anwendung dieser Technik beim tatsächlichen Lesen und Schreiben von Texten. Um die kommunikative Funktion des Lesens und Schreibens zu verstehen, müssen Lesen und Schreiben von vornherein in sinnvolle Handlungen eingebettet werden.

Während die Bedeutung der Textkompetenz beim Lesen und Schreiben lernen durch die internationalen Schulvergleichsstudien in das Bewusstsein weiter Kreise eingedrungen ist, was sich auch an großen Initiativen der Forschungs- und Unterrichtsentwicklung wie BISS (Bildung durch Sprache und Schrift)[2] exemplarisch niedergeschlagen hat, stand die Rechtschreibung bei der öffentlichen Diskussion der Bildungspolitik einige Zeit eher im Hintergrund.

Einen ersten Impuls zur Diskussion der Entwicklung der Rechtschreibkenntnisse bei Schüler*innen in einem längeren Zeitraum (1972 bis 2002) gab eine Studie von Wolfgang Steinig und Mitarbeitern (Steinig et al., 2009). Durch die Gegenüberstellung der Rechtschreibleistungen von 254 Kindern der Jahrgangsstufe 4, die 1972, und 276 Kindern, die 2002 zu einem Film einen Aufsatz schrieben, wurde deutlich, dass sich die Rechtschreibleistungen, die in der Fehlzahl pro 100 Wörtern gemessen wurden, deutlich verschlechtert hatten: 6,94 Fehlern 1972 standen 12,26 Fehler 2002 gegenüber. Dabei zeigte sich 2002 eine viel stärkere Streuung der Fehlerzahlen als 1972, was auf starke Leistungsunterschiede schließen lässt. Der Unterschied zwischen den Leistungen ein- und zweisprachiger Schüler*innen, der nur für 2002 ermittelt wurde, ergab nochmals ein deutlich schlechteres Ergebnis von 14,92 der zweisprachigen gegenüber 11,36 bei den einsprachigen. In einer weiteren Studie, die noch Texte aus dem Jahre 2012 berücksichtigte (Steinig & Betzel, 2012), setzte sich dieser Trend mit durchschnittlich 16,95 Fehlern für alle Schüler*innen fort. Auch wenn das methodische Design der Studie und die Vergleichbarkeit der Schüler*innendaten in sozioökonomischer Hinsicht immer wieder problematisiert wurden, bleibt der Trend eines deutlichen Rückgangs der Rechtschreibleistung unstritig.

Einen breiteren öffentlichen Widerhall löste ein Beitrag im SPIEGEL (Bredow & Hackenbroch, 2013) aus, der eine intensive Debatte nicht nur über die Bedeu-

---

2 Vgl. die seit 2018 bei Kohlhammer erscheinende Reihe »Bildung durch Sprache und Schrift«, herausgegeben von Michael Becker-Mrotzek, Hans-Joachim Roth, Markus Hasselhorn und Petra Stanat.

tung der Rechtschreibung selbst, sondern auch die Methoden ihrer Vermittlung im Anfangsunterricht der Grundschule angestoßen hat. Seine Hauptthese, dass der Rückgang der Rechtschreibkenntnisse an Grundschulen im Zusammenhang mit reformpädagogischen Methoden wie dem Spracherfahrungsansatz und dem Konzept »Lesen durch Schreiben« stünden, führte auch zu politischen Konsequenzen. In einigen Bundesländern wurde dieses Konzept explizit verboten. Ihren weiteren wissenschaftlichen Niederschlag fand die Debatte in einer Publikation des Grundschulverbandes (»Rechtschreiben in der Diskussion«, 2015, herausgegeben von Erika Brinkmann) und des Erich Schmidt Verlags 2016 (»Wie viel Rechtschreibung brauchen Grundschulkinder«, herausgegeben von Norbert Kruse und Anke Reichardt).

Mittlerweile liegen auch Forschungsergebnisse des IQB-Bildungstrends von 2011, 2016 und 2021 (Stanat et al., 2017; Stanat et al., 2022) vor. Deutschlandweit zeigt sich bereits 2016 eine signifikante Zunahme des Anteils der Schüler*innen, die den Mindeststandard im Bereich Rechtschreibung verfehlen, um 8 % (von 14 % auf 22,1 %). Diese Tendenz setzt sich – allerdings unter den besonderen Bedingungen der Corona-Pandemie – bis 2021 weiter fort: nun verfehlen 30,4 % den Mindeststandard.

Es ist daher verständlich, dass die Debatte um eine sinnvolle Ausrichtung des Schreib- und Leseunterrichts mit großer Heftigkeit geführt wird. Kruse & Reichardt (2016) sprechen von vier Positionen, die sich bei der Konzeption des Rechtschreibunterrichts in der Grundschule gegenüberstehen: 1. eine linguistisch-fachwissenschaftliche, 2. eine grundschulpädagogische, 3. eine pädagogisch-psychologische und 4. eine an einem übergreifenden Literalitätsbegriff ausgerichtete. Diese Positionen bilden aber keine wirklichen Gegensätze.

Um mit der letzten Position zu beginnen: Lesen und schreiben lernen sind selbstverständlich in eine Vielzahl von Praktiken eingebettet, die zu der literalen bzw. literarischen Sozialisation dazugehören. Ein Blick auf diese sprachlichen, kulturellen und sozialen Praktiken ermöglicht es erst, auch die Orthographie nicht als bloße Norm einzuordnen, sondern deren Funktion für das Lesen und Schreiben von Texten zu bestimmen. Diese Argumentation wird in ▶ Kap. 2 im Vordergrund stehen.

Wie jede Didaktik ist auch die Didaktik des Schriftspracherwerbs auf eine fachwissenschaftliche Fundierung angewiesen. Da sich diese weiterentwickelt hat, sollten diese Erkenntnisse auch fachdidaktisch genutzt werden. Durch die neuere Forschungsrichtung der Schriftlinguistik wurden auch einige Selbstverständlichkeiten der Didaktik des Lesens und Schreibens (Position 1) erschüttert. Von besonderer Bedeutung war die Erkenntnis, dass auch so etwas Willkürliches und Normatives wie die Rechtschreibung einen systematischen Kern hat, der – wie andere Disziplinen menschlicher Erkenntnis und Welterschließung auch – einer kognitiven Durchdringung zugänglich ist. Gute Lerner*innen zeigen, dass diese Systematik bei intensiver Auseinandersetzung mit geschriebener Sprache auch intuitiv erfasst werden kann. Die Aufgabe der Schule ist es aber, den Lerngegenstand mithilfe der Fachwissenschaft und Fachdidaktik so zu strukturieren, dass er auch unter weniger günstigen Bedingungen angeeignet werden kann.

Die Darstellung in ▶ Kap. 3 ist diesem Systemgedanken verpflichtet. Sie beginnt eher konventionell mit einem Überblick über das Phonem- und das Grapheminventar des Deutschen, greift aber in einem zweiten Schritt prosodische Aspekte der gesprochenen und geschriebenen Sprache auf und führt schließlich auch in die morphologische und syntaktische Fundierung der deutschen Orthographie ein.

Die reformpädagogischen Impulse zur Reform des Anfangsunterrichts (Position 2) verstanden sich lange Zeit – und teilweise immer noch – als Gegenmodell zur fachlichen Systematik und strengen Anwendung der Norm. Nach den Ergebnissen insbesondere der psychologischen und psycholinguistischen Forschung ist die Orientierung an den Lernenden conditio sine qua non einer erfolgreichen Didaktik und damit einigermaßen trivial. Sobald es aber gelingt, auch orthographische Lerngegenstände nicht mehr als bloßes Üben und Auswendiglernen, sondern als Erforschung sprachlicher Sachverhalte anzubieten, fällt das alte Vorurteil weg, beim Rechtschreiblernen würde außer dem Gedächtnistraining nichts Sinnvolles für die menschliche Weltaneignung geleistet (z. B. Dewey, [1916], 2011, S. 93f.). In den didaktischen Kapiteln wird diese Frage im Vordergrund stehen.

Voraussetzung dafür aber ist, dass die Erwerbsprozesse beim Schreiben- und Lesenlernen und die vielen Faktoren, die sie beeinflussen, in den Blick genommen werden. In ▶ Kap. 4 werden entsprechende Befunde zusammengetragen. Hierfür sind Ergebnisse der empirischen Forschung unverzichtbar, die, soweit möglich, auch mit Zahlen belegt werden. Mithilfe diagnostischer Verfahren können individuelle Lernstände relativ genau ermittelt werden ▶ Kap. 5.

Schließlich ist jede didaktische Konzeption darauf angewiesen, dass ihre Wirksamkeit empirisch überprüft wird (Position 3). Das Design von Interventionsstudien, das auch andere Variablen kontrolliert, ist in den letzten Jahrzehnten immer komplexer geworden. Gleichzeitig wurde der Faktor »Unterrichtsmethode« gegenüber einer Vielzahl weiterer Faktoren wie z. B. der Persönlichkeit der Lehrkraft und ihrer professionellen Kompetenz deutlich relativiert. Dennoch ist es wichtig, als Lehrkraft den Blick auch für empirische Fragen der Methodik zu schärfen und die Ergebnisse dieser Forschung kritisch zu reflektieren, um sie für die eigene Praxis nutzen zu können. Von hier aus ergeben sich Anhaltspunkte, um die Wirksamkeit bestimmter Unterrichtsansätze zu beurteilen ▶ Kap. 7 und 8.

Für ein richtiges Verständnis der Erwerbsprozesse des Lesens und Schreibens ist aber auch der Beitrag qualitativer Forschung in Rechnung zu stellen. Komplexe Phänomene wie Unterricht – etwa Rechtschreibunterricht – lassen sich nicht nur über ihren Output (bestimmte Schüler*innenkompetenzen im PRÄ-POST-Vergleich) erfassen. Was auch angehende Lehrkräfte oft viel mehr interessiert, ist die Art und Weise, wie durch Interaktion zwischen Lehrenden und Lernenden Lernprozesse in Gang kommen bzw. welche Anhaltspunkte es in der Interaktion selbst gibt, dass solche Prozesse stattfinden. Ein solcher qualitativer Zugang ergänzt notwendigerweise die quantitativen Studien. Besonders wenn es um eine Vielzahl unterschiedlicher Aspekte geht, die bei Schreibungen zusammenspielen, ist oft ein explorativer Zugang der einzige Weg, um Faktoren in den Blick nehmen zu können, die in einer zukünftigen Forschung vielleicht auch durch ein quantitatives Design genauer und verlässlicher ausgeleuchtet werden können.

Im Fokus eines Buchs über den Schriftspracherwerb in deutschsprachigen Ländern steht selbstverständlich das Deutsche. Die Verhältnisse von gesprochener Sprache und Schrift sind aber vielleicht auch deswegen so komplex, weil sie von Anfang an in einen mehrsprachigen Kontext eingebettet waren und immer noch sind. Das gilt bereits für die Entstehung unserer Orthographie aus dem lateinischen Alphabet, das an entscheidenden Stellen modifiziert werden musste, um den Bedürfnissen des Deutschen Rechnung zu tragen. Es gilt für den immer größer werdenden Komplex der Fremdwortschreibungen und die unterschiedlichen Grade ihrer sprachlichen und orthographischen Integration – Phänomene, die auch vor Grundschulkindern nicht mehr Halt machen. Es gilt aber vor allem für die stetig wachsende Zahl an Kindern, die nicht nur einen anderssprachigen, sondern auch einen andersschriftigen Hintergrund haben oder durch ihren Lernprozess im Deutschen nun auch ihre Erstsprache durch diese Schriftbrille sehen. Dieser Gruppe von Lernenden wird in diesem Buch in ▶ Kap. 6 besondere Aufmerksamkeit gewidmet. Die Perspektive des Sprach- und Schriftvergleichs soll aber auch an anderen Stellen systematisch genutzt werden, um eben jene Schriftbrille bewusst zu machen, mit der Lehrkräfte auf ihre Sprache schauen, die aber ihre Schüler*innen sich erst über einen längeren Prozess hinweg aneignen müssen. Die Aufgaben am Ende der Kapitel bieten Gelegenheit, das Gelernte an ausgesuchten Materialien anzuwenden.

Dieses Buch wäre nicht möglich gewesen ohne meine langjährige Lehrtätigkeit in Frankfurt, wo ich seit 2015 die Chance hatte, die Vorlesung »Schriftsprachlicher Anfangsunterricht« jedes Jahr für Studierende der Grundschul- und Sonderpädagogik anzubieten. Ich danke zahlreichen Studierenden für ihre kritischen Fragen und Anregungen, auch in ihren Seminar- und Abschlussarbeiten. Besonders hervorheben möchte ich aber zahlreiche Kolleg*innen der Sprach- und Erziehungswissenschaft, die mit mir in den letzten 20 Jahren an den Universitäten Osnabrück, Bielefeld und Frankfurt in verschiedenen Projekten zum Schriftspracherwerb sowie zur Lese- und Sprachförderung zusammengearbeitet haben und von deren unterschiedlichsten Zugängen zum Thema ich lernen durfte. In alphabetischer Reihenfolge möchte ich nennen: Manuela Böhm, Michael Bommes, Katharina Brizić, Irene Corvacho del Toro, Anja Hackbarth, Ilonca Hardy, Esra Hack-Cengizalp, Jürgen Erfurt, Diemut Kucharz, Beate Lingnau, Birgit Lütje-Klose, Utz Maas, Mascha Mochalova, Guido Nottbusch, Helena Olfert, John Peterson, Christa Röber, Cornelia Rosebrock, Said Sahel, Christoph Schroeder, Yazgül Şimşek, Magdalena Spaude, Ulli Suntheim, Rüdiger Weingarten und Constanze Weth. Ihnen allen sei für die gute Zusammenarbeit herzlich gedankt.

2 Schriftspracherwerb und Literalität

2.1 Die kommunikativen, kognitiven und grammatischen Aufgaben des Schriftspracherwerbs

Lesen und Schreiben zu lernen steht in einem engen Zusammenhang mit der Ermöglichung von Teilhabe an einer Gesellschaft, die in hohem Maße durch schriftliche Kommunikation charakterisiert ist. Diese neue Form der Kommunikation ist auch durch einen anderen Sprachgebrauch gekennzeichnet, den Kinder zusammen mit dem neuen Medium der Schrift lernen müssen. Lesen und Schreiben lernen im Anfangsunterricht steht also im größeren Kontext des Erwerbs literaler Fähigkeiten. Der Begriff der Literalität, der sich mittlerweile in Deutschland als Übersetzung des englischen Terminus ›literacy‹ durchgesetzt hat, bezeichnet individuelle Fähigkeiten und Fertigkeiten im Umgang mit geschriebener Sprache (Handlungsaspekt) in einem engen Zusammenhang mit spezifischen gesellschaftlichen, historischen und kulturellen Voraussetzungen. Von zentraler Bedeutung sind hierbei soziale Praktiken, in denen diese Fähigkeiten erworben bzw. eingesetzt werden (Kulturaspekt). Der Begriff erfasst schließlich auch Besonderheiten der verwendeten sprachlichen Formen und Strukturen der geschriebenen Sprache (Strukturaspekt, vgl. Feilke, 2011, 2016). Nach einigen einführenden Überlegungen zur kulturellen Bedeutung der Schrift werden in diesem Kapitel daher die materiellen und medialen Dimensionen des Schriftgebrauchs (▶ Kap. 2.2), ihre kulturelle und kommunikative Bedeutung (▶ Kap. 2.3) und schließlich die strukturellen Besonderheiten geschriebener Sprache (▶ Kap. 2.4) vorgestellt. Es schließt sich ein einfaches, vom Autor entwickeltes Analyseraster an, mit dessen Hilfe der Grad der Literalität eines Textes ermittelt werden kann (▶ Kap. 2.5). Das Kapitel schließt mit einer Klärung der für diesen Lernbereich einschlägigen Kompetenzen (▶ Kap. 2.6) und den Aufgaben (▶ Kap. 2.7).

Erkenntnisse der Psychologie und der Soziolinguistik haben dazu beigetragen, dass der Begriff des Schriftspracherwerbs den des Erstlesens/Erstschreibens im Anfangsunterricht ersetzt hat. Damit wird auch die Aufgabe eines neuen Spracherwerbs deutlich, der den bisherigen, mündlichen Spracherwerb auf eine neue Stufe hebt. Ein Klassiker der modernen Psychologie, Lev Semjonowitsch Vygotskij, hat diesen Prozess tatsächlich als zweiten Spracherwerb bezeichnet und ihn mit dem Übergang von der Arithmetik zur Algebra in der Mathematik verglichen (Vygotskij, 2001, S. 315). Der Deutschdidaktiker Hubert Ivo spricht davon, wie der »gewachsene Schnabel« der Volkssprache durch die Schriftlichkeit »unter die Herrschaft der Grammatik gerät«, an der sich »[...] Rechtlautung, grammatische und lexikalische Korrektheit sowie Rechtschreibung« ausrichtet (Ivo, 1999, S. 71).

Dem steht seit der Reformpädagogik vor gut 120 Jahren eine verbreitete Auffassung gegenüber, die das Lesen und Schreiben lernen möglichst eng an die Sprache des Kindes anschließen möchte, also die Zumutungen des formalen Sprachunterrichts vermeiden oder noch möglichst lange aufschieben möchte. Lesen und Schreiben lernen wird dann häufig verkürzt auf die bloße Umsetzung gesprochener Sprache in Schrift statt der Aneignung neuer sprachlicher Formen der Kommunikation, eines neuen Registers.

Solche Vorbehalte gegenüber der Schrift durchziehen die Jahrtausende seit ihrer Entstehung. Einer der einflussreichsten Stichwortgeber für die spätere – auch pädagogische – Kritik ist Platon. In seinem Dialog Phaidros (Platon, 2013, 274e, 275a) greift Sokrates auf einen ägyptischen Mythos zurück, wonach die Schrift von dem Gott Theut erfunden wurde. In dem Dialog mit dem Gott lässt er den Pharao argumentieren: Durch die Möglichkeit, Erinnerungen in sprachlicher Form aufzubewahren, werde gerade nicht das Gedächtnis der Menschen verbessert, sondern ihre Vergesslichkeit gefördert. Hieran schließt Sokrates seine eigene Kritik: Die schriftlichen Zeugnisse seien im Vergleich zu einem wirklichen Gespräch nur tote Zeichen, deren Aussage immer dieselbe bleibe und die die Fragen ihrer Leser nie beantworten würden.

Hier wird – ganz im Sinne der späteren Pädagogik – die Unmittelbarkeit der Beziehung von Lernendem und Lehrendem, die Möglichkeit eines echten Dialogs zwischen beiden, in dem gemeinsam auch neue Fragen gestellt und beantwortet werden, gegen die Erstarrung eines schriftlich überlieferten Textes ausgespielt, mit dem eben keine Beziehung, kein lebendiger Austausch möglich sei (Mehlem, 2018).

So richtig das Insistieren auf der Beziehung und dem Dialog für das Lernen ist, so unverzichtbar stellt sich aus heutiger Sicht die schriftliche Überlieferung nicht nur für Bildungsprozesse, sondern für das Funktionieren der Gesellschaft insgesamt dar. Die Entlastung des Gedächtnisses durch schriftliche Dokumente bedeutet eben nicht, dass weniger gedacht, sondern dass der Fokus auf andere Denktätigkeiten gerichtet wird. Es kommt zu einer Überwindung räumlicher und zeitlicher Grenzen der Kommunikation, die in keinem Verhältnis mehr zu den unmittelbaren Beziehungen im Sinne eines signifikanten Anderen (Mead, 2013) steht.

Vor allem aber ist die These, dass ein Text nur immer dasselbe sagt, klar zurückzuweisen. Bedeutende Texte der Menschheitsgeschichte wurden tatsächlich von jeder Generation immer wieder neu gelesen, so dass sie auch immer wieder neue Fragen beantworten konnten, die für ihre damaligen Autor*innen überhaupt keine Rolle gespielt hatten. Um aber Antworten auf solche Fragen zu bekommen, muss ein*e Leser*in zunächst einmal sehr viel über geschriebene Sprache und ihre »kategoriale Differenz« (Ivo, 1999, S. 71) zur gesprochenen Sprache lernen.

2.2 Merkmale der gesprochenen und geschriebenen Sprache

In diesem Kapitel soll es darum gehen, gesprochene und geschriebene Sprache voneinander zu unterscheiden und hierbei nicht nur die physikalische Ebene der Zeichen, sondern auch die pragmatisch-kommunikative und die formal-sprachliche genauer zu betrachten.

In einem ersten Schritt sollen einige wichtige Unterschiede von gesprochener und geschriebener Sprache festgehalten werden (vgl. Dürscheid, 2000):

Tab. 2.1: Merkmale gesprochener und geschriebener Sprache

	Merkmal	Mündlichkeit	Schriftlichkeit
1	Produktion	Artikulationsorgane des Mund- und Rachenraums, Atmung	Hand und Schreibwerkzeug, Oberfläche
2	Übertragung durch	Schallwellen	Licht
3	Rezeption	Auditive Wahrnehmung	Visuelle Wahrnehmung
4	Dauer des ›Produkts‹	Flüchtigkeit	Beständigkeit
5	Geschwindigkeit der Verarbeitung	300 Wörter / Minute	Schreiben: 30 Wörter/Minute, Lesen: etwa 300 Wörter/Minute
6	Zeitliche Struktur von Senden und Empfang	Synchron	Asynchron
7	Entstehung in der Menschheitsgeschichte (Phylogenese)	Vor ca. 40.000 Jahren	Vor ca. 5.000 Jahren
8	Individuelle Aneignung Ontogenese	Ab Geburt	Ab ca. sechs Jahren
9	Art der Symbolisierung	Erster Ordnung: Verweis auf Sachverhalte	Zweiter Ordnung: Verweis auf sprachliche Einheiten
10	Art der Einheiten und ihrer Abfolge	Ineinander übergehende lautliche Einheiten, die ein Kontinuum in der Zeit bilden	Diskrete graphische Einheiten mit räumlicher Ausdehnung und Anordnung
11	Zusätzliche Mittel der Kommunikation	Parasprachliche: Tonhöhe, Intonation, Klangfarbe, Betonung, Lautstärke Nonverbale: Gestik und Mimik	Graphische: Gliederung auf dem Blatt, Farben, Schriftart, Buchstabengröße etc., Bilder, Icons, Emoticons
12	Beziehung Sender / Empfänger	Nähe von Sprecher*in und Hörer*in: Gemeinsame Äußerungssituation in Zeit und Raum → Gespräch	Distanz von Schreiber*in/Leser*in, nicht an gemeinsame Äußerungssituation gebunden → Text

Tab. 2.1: Merkmale gesprochener und geschriebener Sprache – Fortsetzung

13	Wechselseitige Bezugnahme	Möglich, dialogische Form, gemeinsame Hervorbringung der sozialen Situation durch alle Beteiligten	Nicht möglich, monologische Form, keine direkte Rückmeldung des Lesers*in
14	Prozeduren des ›sprachlichen‹ Zeigens (Deixis)	Verwendung von Ausdrücken mit Bezug auf die Äußerungssituation: ich – du, hier – da, der da – jenes können auch lexikalische Ausdrücke ersetzen	Wegfall der Deixis; größere Genauigkeit und Explizitheit nötig
15	formale Eigenschaften	Unvollständige Sätze, Abbrüche, Versprecher, Wiederholungen, Dialekt	Standardsprache, ganze Sätze, keine Abbrüche

Die Merkmalstabelle beginnt mit einigen physikalischen Aspekten des jeweiligen Mediums: Bei der gesprochenen Sprache handelt es sich um Geräusche/Töne, die durch die Artikulationsorgane des Mund- und Rachenraums im Zusammenspiel mit der Atmung hervorgebracht und in Form von Schallwellen übertragen, über das Ohr akustisch wahrgenommen und im Gehirn kognitiv verarbeitet werden. Bei der geschriebenen Sprache bedient sich der Mensch zusätzlich zu seinen Organen (Hände, Augen) eines Schreibwerkzeugs, das auf einer Unterlage mehr oder weniger dauerhafte Spuren hinterlässt. Die Rezeption beginnt entsprechend mit der visuellen Wahrnehmung dieser Zeichen. Auch Flüchtigkeit bzw. Dauerhaftigkeit des Produkts und Geschwindigkeit der Verarbeitung lassen sich aus diesen materiellen Bedingungen des Sprechens und Schreibens ableiten.

Bei der zeitlichen Struktur von Produktion und Rezeption (Merkmal 6) wird dagegen bereits ein einfaches Kommunikationsmodell (vgl. Merkmal 12) vorausgesetzt, bei dem Sender*in und Empfänger*in von Mitteilungen interagieren. Die Möglichkeit einer Trennung (Zerdehnung) der beiden Handlungen ergibt sich, solange keine modernen Technologien vorausgesetzt werden, erst bei der Schrift. Dort ist die strikte Synchronie aufgehoben, an deren Stelle ein beliebiger Zeitraum treten kann, wie schon das Beispiel Platons eindrucksvoll demonstriert.

Zwei Parameter des Vergleichs betreffen die Entstehungsgeschichte (Merkmale 7, 8). In beiden Fällen liegt die Sprachfähigkeit früher als die Schreibfähigkeit vor, auch wenn keine genauen frühgeschichtlichen Aussagen über konkrete Zeitpunkte möglich sind.

Die Unterscheidung von primärer und sekundärer Symbolisierung (Merkmal 9) geht bereits auf Aristoteles zurück. Der entscheidende Satz aus der Poetik lautet: »Es ist aber das, was im Lautlichen ist, Zeichen für die Zustände der Seele, und das Geschriebene ist [Zeichen, Anm. d. Verf.] für das in der Stimme.« (Aristoteles, 2015, 16a 1, 3–4).

In diesem Satz wird ein zweifacher Vorgang des Bezeichnens vorgenommen. Ausgangspunkt sind zunächst »Zustände der Seele«, also Sachverhalte, die von einem Menschen wahrgenommen und ausgedrückt werden sollen. Die menschliche Stimme bringt nun (lautsprachliche) Wörter hervor, in denen die Bezeich-

2 Schriftspracherwerb und Literalität

nungen der Sachverhalte enthalten sind. Im zweiten Schritt bringt nun die Schrift graphische Zeichen hervor, in denen dasselbe enthalten ist, was vorher in der Stimme war. Diese Aussage ist häufig im Sinne einer Dependenz der Schrift von der Mündlichkeit interpretiert worden: Schrift wäre das abgeleitete, nachgeordnete Phänomen, das das Gesprochene noch dazu unvollkommen wiedergebe.

Eine andere Sicht ergibt sich, wenn das Besondere der menschlichen Sprachfähigkeit nicht einfach in ihrer lautlichen oder schriftlichen Form, sondern in der begrifflichen Verfügung über einen Sachverhalt gesehen wird – egal, ob dieser nun lautlich oder schriftlich geäußert wird. Insofern ist Maas (1986) hier zuzustimmen, der Schrift nicht einfach als Abbild des Lautlichen begreift, sondern als eigenständige Symbolisierung dessen, was zuvor im Medium des Lautlichen hervorgebracht wurde. Insofern bedeutet Schreiben nicht einfach, gesprochene Sprache phonetisch zu fixieren, sondern mit eigenen Mitteln sprachlich artikulierte Sachverhalte darzustellen. In den folgenden Abbildungen werden die beiden unterschiedlichen Lesarten des Satzes des Aristoteles dargestellt.

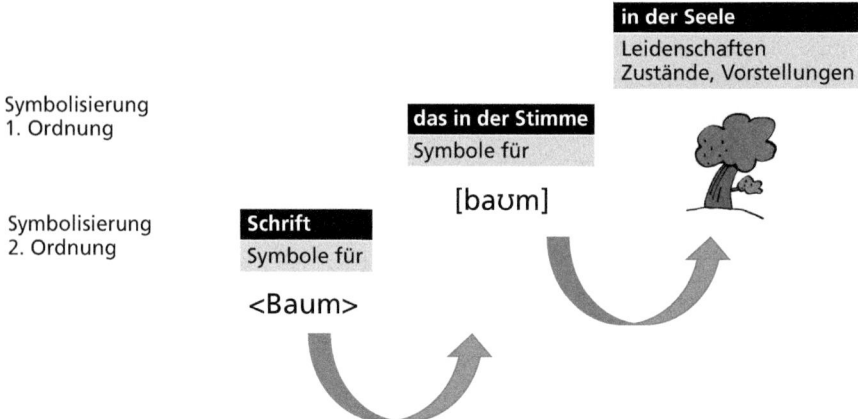

Abb. 2.1: Vorstellungen, Lautsprache und Schrift bei Aristoteles

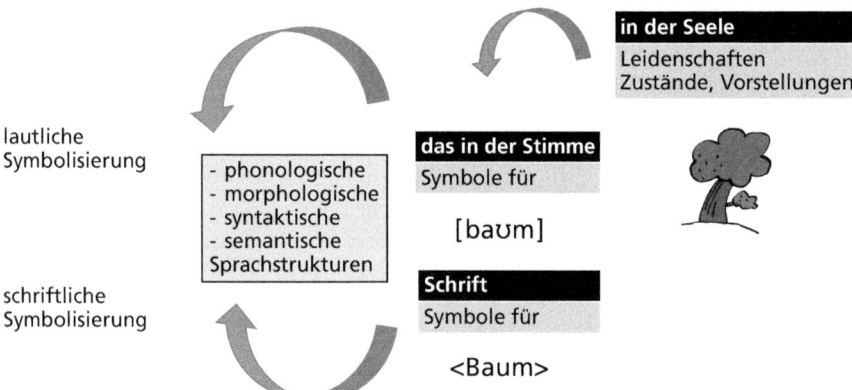

Abb. 2.2: Vorstellungen, Lautsprache und Schrift bei Aristoteles (nach Maas, 1986)

Bei den Einheiten des Gesprochenen (Merkmal 10) handelt es sich um Äußerungen, deren kleinste artikulatorische Einheiten (›Laute‹) nicht scharf voneinander getrennt sind, sondern ineinander übergehen. Entsprechend wird die Kommunikation zusätzlich zu den sprachlichen Zeichen selbst durch Tonhöhe, Intonation, Klangfarbe, Betonung, Lautstärke sowie Gestik und Mimik unterstützt. Die Elemente der Schrift sind dagegen diskrete graphische Einheiten (Buchstaben), die auch bei verbundener Schrift immer klar identifizierbar sind. An die Stelle der parasprachlichen und nonverbalen Mittel, die die mündliche Interaktion kennzeichnen, tritt das ›document design‹, also die weitere Gestaltung des geschriebenen Dokumentes, die durch Absätze, unterschiedliche Schriftgrößen und -arten, Anordnung von Textteilen, Farben und vieles mehr erfolgen kann.

Bis hierhin lassen sich gesprochene und geschriebene Sprache kategorial scharf unterscheiden. Ab dem 12. Merkmal kommen Unterscheidungen hinzu, die besser auf einer Skala, also auf einem Kontinuum zwischen zwei Polen, angeordnet werden. Bereits im mündlichen Gespräch kann die Deixis intensiver oder spärlicher eingesetzt werden, die Nähe zwischen Sprecher und Hörer ist z. B. bei einem Telefongespräch nur noch zeitlich gegeben. Mündlich vorgetragene Predigten und Vorlesungen sind eher monologisch, während umgekehrt im Chat sehr dialogische Formen des Schreibens auftreten, in denen zwischen dem Schreiben und Lesen einer Nachricht kaum Zeit vergeht. Schließlich kann die sprachliche Form des Sprechens auch sehr formell, standardsprachlich, ohne Wiederholungen und Versprecher sein, während das Gegenteil genau umgekehrt in zahlreichen schriftlichen Botschaften der Fall ist.

Diese Beobachtungen, die sich bereits durch die letzten 100 Jahre der sprachlichen und literarischen Forschung ziehen, haben zu einer systematischen Unterscheidung zwischen zwei Ebenen, der des ›Mediums‹ und der der ›Konzeption‹, geführt. Eine gängige Gegenüberstellung (Koch & Oesterreicher, 1985; Maas, 2008) sieht so aus:

Tab. 2.2: Konzeptionelle Mündlichkeit und Schriftlichkeit

	medial mündlich	medial schriftlich
konzeptuell mündlich	mündliche Interaktion im Alltag: face-to-face Gespräche	schriftlich vermittelte Alltagskommunikation, z. B. Chat (SMS, Notizzettel)
konzeptuell schriftlich	Rollenspiel, Vorlesen, Erzählen eines Märchens, wissenschaftl. Vortrag; Predigt, Zeremonie	gedruckter Text eines Märchens, Erzählung, Roman, Sachdarstellung, Gebrauchsanleitung, Zeitungsartikel

Die beiden Begriffe des ›Mediums‹ und der ›Konzeption‹ haben sich allerdings als sehr irreführend erwiesen. Dass ein sprachliches Zeichen durch die menschliche Stimme erzeugt, durch Schallwellen übertragen und über das Ohr aufgenommen wird im Unterschied zu einem sprachlichen Zeichen, das mit der Hand und einem Schreibgerät auf einer Unterlage fixiert und danach durch

Lichtwellen vom menschlichen Auge wahrgenommen und verarbeitet wird, hat mit einem Medium im soziologischen Sinn als einem Hilfsmittel zur Ermöglichung von Kommunikation nur sehr indirekt zu tun. Was unter Massenmedien oder Neuen Medien diskutiert wird, sind Technologien und Institutionen, die neue Kommunikationsprozesse und Formen der Kommunikation ermöglichen, deren materielle Grundlage – jenseits der klassischen Unterscheidung in mündliche oder schriftliche Äußerungen – durch eine Vielzahl weiterer Faktoren gekennzeichnet ist (Moser, 2010).

2.3 Kommunikative Merkmale der ›konzeptuell‹ schriftlichen Sprache

Auch bei »Konzeption« denkt man schnell an eine vorherige Planung der Äußerung, die natürlich beim spontanen Sprechen in kürzester Zeit erfolgt bzw. erfolgen muss, während sie bei einem Vortrag auf wochenlanger Vorbereitung aufbauen kann. Dies ist aber nur ein Aspekt dessen, was hier unterschieden werden soll, nämlich die Kommunikationssituation, die durch unterschiedliche Grade der Förmlichkeit, der institutionellen Rahmung, der Bekanntheit der Interaktionsteilnehmer*innen und vieles mehr beeinflusst ist. In diesem Sinne haben Koch & Oesterreicher zehn Parameter der »Nähe« und »Distanz« unterschieden, die für den Grad der Formalität einer Kommunikationssituation ausschlaggebend sind.

Tab. 2.3: Kommunikative Parameter der konzeptionellen Mündlichkeit und Schriftlichkeit

	Nähepol der Kommunikation: konzeptionelle Mündlichkeit	Distanzpol der Kommunikation: konzeptionelle Schriftlichkeit
01	Privatheit	Öffentlichkeit
02	Vertrautheit	Fremdheit
03	emotionale Beteiligung	geringe emotionale Beteiligung
04	Situationseinbindung	Situationsentbindung
05	Referenzielle Nähe	Referenzielle Distanz
06	raum-zeitl. Nähe	raum-zeitl. Distanz
07	Kommunikative Kooperation	keine kommunikative Kooperation
08	Dialog	Monolog
09	Spontaneität	Reflektiertheit
10	freie Themenentwicklung	Themenfixierung

Mit diesen kommunikativen Parametern ist eine sehr weitreichende Modellierung kommunikativer und sprachlicher Kompetenzen angesprochen, deren Bedeutung für die schulische Unterstützung des Schriftspracherwerbs auch nicht annähernd ausgeschöpft ist.

In sozialer Hinsicht steht der Schriftspracherwerb mit pragmatischen Kompetenzen in Zusammenhang (vgl. Ehlich, 1983; Ehlich et al., 2008), die sich auf Institutionen jenseits der eigenen Familie und der Gleichaltrigengruppe, der »signifikanten Anderen«, bezieht. Adressat geschriebener Texte wird dagegen zunehmend der »generalisierte Andere« (Mead, 2013, S. 196f.). Indem Kinder schreiben lernen, lernen sie, mit ›Fremden‹ (Parameter 2) zu kommunizieren, bei denen sie keine Vertrautheit mit den behandelten Themen und Sachverhalten voraussetzen können. Ein Schülertext, der auf einem Elternabend oder einem Schulfest ausgestellt wird, erreicht bereits eine gewisse Öffentlichkeit (Parameter 1), ein bei einer Lokalzeitung eingereichter Leserbrief oder ein Chatbeitrag von Kindern in einem Forum noch sehr viel mehr.

Die Lehrkraft der Grundschule stellt nicht nur im soziologischen, sondern auch im sprachlichen Sinne eine Mittlerin zwischen den signifikanten Anderen des persönlichen Umfelds und den generalisierten Anderen dar. Sie motiviert die Kinder im Anfangsunterricht aufgrund einer persönlichen Bindung dazu, Texte nicht nur für nahestehende Personen, sondern Schritt für Schritt immer weiter für unbekannte Andere zu schreiben und dabei auch formale Anforderungen zu erfüllen.

Mit diesem neuen Verhältnis der Kommunikationsteilnehmer*innen untereinander eng verbunden ist zweitens eine andere Form der sprachlichen Gestaltung der Äußerungen. Das Stichwort der Situationsein- oder -entbindung (Embeddedness bzw. Disembeddedness, vgl. Chafe, 1994, Parameter 4) verweist auf Veränderungen der sprachlichen Form, die dadurch motiviert sind, dass Sprecher*in und Empfänger*in keine gemeinsame Kommunikationssituation mehr teilen. Dieser Prozess beginnt bereits im Vorschulalter mit dem Erwerb der Erzählfähigkeit.

Beim Erzählen (Becker, 2006) muss das Kind Sachverhalte versprachlichen, die gerade nicht aktuell gegeben sind, da auf etwas Vergangenes oder Fiktives Bezug genommen wird, also etwas, das sich zu einer anderen Zeit, an einem anderen Ort oder in einer anderen Welt abspielt oder abgespielt hat. Hiermit verbunden ist der Verlust der »referentiellen Nähe« (Parameter 5): Ich kann notfalls auf einen Gegenstand mit der Hand zeigen oder ein sprachliches Zeigemittel »das da« (Deixis) einsetzen, wenn das Sprechen eng an die äußere Situation gebunden ist. Wenn diese nicht mehr gegeben ist, muss ich ein möglichst eindeutiges sprachliches Zeichen, einen lexikalischen Ausdruck für diesen Gegenstand verwenden.

Merklinger (2013) hat untersucht, wie sich die Sprache von Vorschulkindern bereits dadurch verändert, dass eine pädagogische Fachkraft ihre mündliche Erzählung direkt mitschreibt. Es handelt sich hierbei um ein Arrangement, bei dem das Kind als Autor*in der Erzählung, also einer sprachlichen Aktivität der konzeptuellen Schriftlichkeit, von der konkreten Aufgabe des Schreibens, also der graphischen Fixierung der Sätze, Wörter und Buchstaben entlastet wird. Sie konnte beobachten, wie bereits diese Veränderung der Kommunikationssituation durch ihre Zerdehnung dazu führt, dass Kinder ihren mündlichen Text nochmals überarbeiten, also bereits anfangen, genauer und expliziter zu formulieren.

Die dritte Gruppe von Merkmalen der konzeptionell mündlichen bzw. schriftlichen Kommunikation betrifft die Formen der Interaktion selbst. In einem Gespräch unter Anwesenden arbeiten alle Beteiligten an einem Gelingen der Kommunikation mit, wie es zahlreiche Analysen von Alltagsgesprächen immer wieder zeigen (Schegloff, 1996, Parameter 7). Der Hörer hilft der Sprecherin, indem er ihr Signale der Zustimmung oder Aufmerksamkeit oder Feedback auf das Gesagte zukommen lässt, wodurch wiederum missverständliche Aussagen korrigiert werden können. Insbesondere Kinder, die noch in einem früheren Stadium des (mündlichen) Spracherwerbs stecken, sind auf diese Kooperation in hohem Maße angewiesen. Wenn im Sitzkreis ein Kind über einen Sachverhalt sprechen soll, bekommt es zwar eine herausgehobene Rolle, aber die Lehrkraft und die anderen Kinder kooperieren noch auf vielfältige Weise bei der Interaktion. Alles dieses fällt beim Schreiben weg.

Häufig nehmen deshalb geschriebene Äußerungen von Schreibanfänger*innen die Form von einzelnen Sprechakten an, auf die eigentlich eine Antwort erwartet wird, da Kinder es von ihren Alltagsgesprächen gewöhnt sind, nach einer ersten Äußerung einen Kommentar des*der Gesprächspartner*in zu erhalten, an den sie dann wieder anschließen können: »[…] Ihr Ein-Satz-Text [ist] das, was sie für angemessen und vollständig halten.« (Weinhold, 2000, S. 59).

Tab. 2.4: Brief an Mumi (aus Mehlem, 2010, vgl. S. 100)

Text	M	u	M	i	F	e	l	a	s	w	a	d	a	s	a	x	N	e	G	S	E	k	e	k	e	s	e
Ortho	Mumi				vielleicht					war			das		auch		ne		Geschenke					Kiste			

Dieser Schülertext entsteht im Kontext einer komplexen sozialen Situation einer ersten Grundschulklasse (▶ Kap. 8.1). Die Kinder erhalten einen Brief von einem Gespenst mit Namen ›Mumi‹, den sie beantworten sollen. Der Schüler stellt sich beim Schreiben seines Textes ganz offensichtlich eine direkte Interaktionssituation mit Mumi vor: Er nennt seinen Namen in Form eines Zurufs, wie um die Aufmerksamkeit auf die folgende Botschaft zu lenken, deren Kontext als bekannt vorausgesetzt wird. Von welcher Kiste die Rede ist und was es mit den Geschenken auf sich hat, wird nicht weiter erläutert, weil das ja in einer weiteren Nachfrage geklärt werden kann.

Der äußere Dialog, der hier trotz aller Inszenierung ganz offensichtlich fehlt, muss also, wie es Vygotskij formuliert hat, in einen inneren Monolog (Parameter 8) überführt werden, den die*der Schreiber*in mit sich selber führt (Vygotskij, 2002, S. 314f.). Dazu gehört, dass Schreiber*innen zunehmend darüber nachzudenken bzw. reflektieren (Parameter 9), was Empfänger*innen der Nachricht schon wissen oder was erklärt werden muss, damit sie den Text verstehen können.

Es ist kein Zufall, dass längere Äußerungen ohne Kooperation zunächst durch assoziatives oder expressives Schreiben entstehen: die Schreiber*innen lassen sich von ihren Assoziationen zu einem Sachverhalt einfach weitertreiben und schreiben alles auf, was ihnen dazu einfällt. Nur so gelingt am Anfang ein monologisches Schreiben, das noch ganz im Zeichen der Spontaneität und der relativ freien Themenentwicklung (Parameter 10) steht. Die Überwindung dieser Grenzen der Nähekommunikation dauert am längsten. Sie wird zunächst im mündlichen Sprachgebrauch erworben, z. B. in Gestalt eines thematisch fixierten Vortrags »Mein Lieblingstier«.

Derartige Situationen sind gemeint, wenn Feilke (2016) in seiner Diskussion des Begriffs »Literalität« vom Kulturaspekt spricht, in dessen Zentrum soziale Praktiken, also konkrete Handlungen von Menschen stehen. Feilke selbst berichtet in seinem Beitrag von der Praxis des Briefeschreibens, die bereits Vorschulkinder inszenieren, indem sie so tun, als ob sie Nachrichten auf Zettel schreiben würden, diese dann in einen Umschlag stecken, zukleben, in einen Kasten werfen, aus dem Kasten wieder herausnehmen, öffnen und ›lesen‹. Durch das ›tun-als-ob‹ bilden sich Muster heraus, in denen das Schreiben als zerdehnte Kommunikation schon vorkommt und eine soziale Bedeutung hat. Vor diesem Hintergrund ist es dann viel einfacher, tatsächlich schreiben und lesen zu lernen.

Die sich im Laufe der Grundschulzeit allmählich herausbildende Fähigkeit, thematisch kohärente Texte zu verfassen, ist auch als Textsortenkompetenz (Augst et al., 2009) bezeichnet worden. In ihrer Studie unterscheiden Augst und Mitarbeiter*innen die Textsorten Erzählung, Bericht, Instruktion, Beschreibung und Argumentation. Eine einfache Stufenfolge im Erwerb dieser Textsorten wird nicht mehr angenommen, zumal diesen auch mündliche Textmuster entsprechen. Im Übergang von einer dialogischen zu einer monologischen Diskurspraxis nimmt aber das Erzählen eine Schlüsselstellung ein.

2.4 Strukturelle (grammatische) Eigenschaften der geschriebenen Sprache

Die Liste in ▶ Tab. 2.1 enthält neben den medialen und kommunikativen Aspekten noch eine weitere Ebene, die die strukturellen Eigenschaften der sprachlichen Formen selbst betrifft (vgl. die Punkte 14 und 15). Maas (2008) hat daher auf der konzeptionellen Seite den Begriff ›literat‹ (nicht zu verwechseln mit ›literal‹) eingeführt, mit dem er die strukturellen sprachlichen Besonderheiten bezeichnet, die einen Sprachgebrauch auszeichnen, der auf keine zusätzlichen semiotischen Ressourcen mehr angewiesen ist. Alle Aspekte, die mit der Kommunikationssituation zusammenhängen, werden bei ihm dagegen unter dem Begriff des ›Registers‹ gefasst, das er in ein ›intimes‹, ›informelles‹ und ›formelles‹ aufteilt. Feilke (2016) bezeichnet diese Ebene von Literalität als den Strukturaspekt. In diesen Bereich fallen:

- Kontextunabhängiges bzw. formgestütztes Sprachverstehen
- Grammatikalisierung, Textualisierung
- Ausbildung von sprachlichen Textroutinen

- Textsortenbestimmtheit der Textmerkmale
- Literales Sprachbewusstsein

An dieser Merkmalsliste fällt zunächst wieder die Betonung der Grammatik auf, auf die uns schon Ivo hingewiesen hatte. An die Stelle von Äußerungen bzw. Konstruktionseinheiten von Äußerungen, die lose aneinandergereiht werden, treten jetzt in der Regel vollständige Sätze, die aus den obligatorischen Konstituenten bestehen, aber beliebig durch weitere fakultative Konstituenten ausgebaut werden können. So verlangt ein Verb wie »sitzen« neben dem Subjekt ein Ortsadverbial; weitere Konstituenten können (mit wem? wann? warum? etc.) aber hinzugefügt werden. Sätze können zu relativ komplexen Gefügen ausgebaut werden, ohne dass es eine Grenze der Informationsverarbeitung durch die Gedächtnisspanne gibt.

So wird im Deutschen erwartet, dass im Falle eines zweiteiligen Prädikats tatsächlich alle anderen Satzglieder – bis auf eines, das das Vorfeld besetzt – in das Mittelfeld geschoben werden, damit die rechte Satzklammer einen wirklichen Abschluss bildet. Kasusregeln müssen – anders als in der mündlichen oder konzeptuell mündlichen Kommunikation – strenger eingehalten werden. Damit geraten auch die Wortendungen in den Fokus der Aufmerksamkeit, da erst an ihnen ein Kasus zweifelsfrei markiert werden kann. Aus »Ich hab n Mann gesehn« (das ›n‹ des indefiniten Artikels bleibt im Kasus unbestimmt) wird der geschriebene Satz: »Ich habe einen Mann gesehen.« Die Aufforderung, genauer hinzuhören, um bei ›n‹ eine Akkusativendung zu erkennen, läuft hier ins Leere. Zu diesem grammatischen Ausbau zählen auch die Erweiterungen der Nominalphrase, in denen Informationen noch stärker verdichtet werden können. Die neuere Debatte um die Besonderheiten der Bildungssprache (Gogolin & Lange, 2011; Moreik & Heller, 2015) verweist genau auf diese spezifischen lexikalischen und grammatischen Mittel.

Den entscheidenden Bezugspunkt der grammatischen Merkmale bildet aber der Text als satzübergreifende Einheit der kommunikativen Handlung. Textsorten, auf die schon im kommunikativen Teil hingewiesen wurde, weisen eine Reihe besonderer grammatischer und pragmatischer Merkmale auf, deren Kenntnis die schriftliche Sprachproduktion entscheidend vereinfacht und abkürzt.

- So verfügt ein persönlicher Brief über eine klare formale Struktur, die eine Datumsangabe, eine Anrede, Einleitungs- und Schlussformeln und eine Unterschrift enthält. Auch beim Inhalt des Briefs kommen kulturelle Konventionen zum Tragen, die mehr oder weniger großen Spielraum zur Ausgestaltung lassen.
- Ein Kochrezept enthält zunächst eine Zutatenliste. Die Anleitung selbst hat einen strikt chronologischen Aufbau, der durch Zeitadverbiale (zuerst, dann…) angezeigt wird. Für die Verbformen wird in der Regel nicht der Imperativ der 2. Person, sondern der stärker distanzsprachliche Infinitiv verwendet. Weitere Angaben zur Beschreibung von Arbeitsschritten enthalten Verben im Präsens.
- Eine Erzählung weist neben einer Minimalbedingung der Außergewöhnlichkeit bzw. Erzählwürdigkeit des dargestellten Geschehens ebenfalls eine chronologische Reihenfolge auf. Diesmal stehen aber die Verben in einem Vergan-

genheitstempus. Eine besondere Rolle spielt jetzt die Einführung der Akteure, die durch indefinitive Nominalphrasen erfolgt, auf die dann mit anaphorischen Pronomina zurückverwiesen wird.
- Ein Sachtext über ein Tier, ein Werkzeug oder ein anderes Objekt geht von einem Schlüsselwort aus, zu dem ein semantisches Netz gebildet wird, das mithilfe einer Mindmap zunächst räumlich/bildlich entfaltet werden kann, bevor es in einer Reihenfolge (erst die Begriffe oben rechts, dann die unten links) abgearbeitet und in einen Fließtext überführt wird.

Nur die Kenntnis dieser Merkmale erlaubt es den Lernenden, entsprechend dieser Textsorte auch zu handeln, d. h., Handlungsroutinen auszubilden und diese eben auch bei der Rezeption zu nutzen.

Ein Beispiel für die unterstützende Wirkung von Schriftlichkeit bei der Themenfixierung konnte in dem Forschungsprojekt SPRÜNGE beobachtet werden. In einer jahrgangsgemischten Klasse (1. und 2. Schulbesuchsjahr) erhalten die Kinder den Auftrag, in Gruppen zum Sachthema »Frosch« eine Mindmap zu erstellen, um dort das Wissen zu ordnen, über das sie schon verfügen. In dieser Phase beteiligt sich die Lehrerin an der Arbeit einer Gruppe von drei schwächeren Schülern im Bereich Lesen/Schreiben, indem sie die Rolle der Schreiberin übernimmt, während die drei Jungen – durch Nachfragen unterstützt – assoziativ ihr Wissen zusammentragen. Bemerkenswert ist, dass das Gespräch, das fast 10 Minuten dauert, tatsächlich – bei aller assoziativen Reichhaltigkeit – den thematischen Fokus auf »Frösche« beibehält. Wiederum ist es die (mediale) Mündlichkeit, die hier die Textkompetenz vorbereitet, die später im Schreiben benötigt wird (Mehlem, 2020). Der folgende Transkriptauszug zeigt, wie die Mindmap interaktiv bearbeitet wird.

Transkript 2.1: Gesprächsauszug »Frösche« (Mehlem, 2020, S. 20)

(252)	K3:	er hat auch füße
(253)	L:	ACH (.) füße hat der auch (.) wo kommen die denn hin (L zeigt auf das Arbeitsblatt)
(254)	K2:	ÄH ÄH ÄH zu den beinen zu den beinen
(255)	L:	zu den beinen (.) okay
(256)	K3:	stinkefüße he
(257)	K2:	guck mal (zeigt auf das Blatt) wie weit wir schon sind
(259)	L (fängt an zu lachen):	meinst du die stinken? …
(262)	L:	warum stinken die [vielleicht?] #55:49
(263)	K2:	[die stinken]
(264)	K3:	weil:: die im (.) dreck sind
(265)	L:	Achso

2 Schriftspracherwerb und Literalität

Kind 3 fügt in (252) assoziativ ein weiteres Element zur Beschreibung des Frosches hinzu. Durch die Rückfrage der Lehrkraft, wo denn dieses Element auf der Mindmap dazukommt, wird ein Zusammenhang zur Textroutine der Beschreibung hergestellt: die Stelle im Blatt, wo schon »Körper« steht, kann jetzt um weitere Komponenten erweitert werden. Die Mindmap als graphisch-räumliche Anordnung erlaubt nun auch, den »Text« als Ganzes zu überblicken, wie es in Äußerung 257 von K2 deutlich wird. In diese Struktur können dann auch Abschweifungen wie »Stinkefüße« eingebaut werden, die nicht zur Norm der Textsorte gehören, aber noch einen Bezug zu den lebensweltlichen Erfahrungen der Kinder herstellen.

Ein weiterer Schlüsselbegriff bei Feilke ist der der sprachlichen Form, die hier eine viel größere Aufmerksamkeit erhält: sei es in den Formen der Standardsprache, die hier erwartet wird, in einer größeren Klarheit und Deutlichkeit des Sprechens (oder Schreibens), sei es in der Explizitheit der Bezeichnung von Sachverhalten, die eben nicht einfach als im Kontext gegeben unterstellt werden können.

Eine Schnittstelle zu dem, was im folgenden Kapitel genauer untersucht wird, stellt die sogenannte Explizitform dar. Feilke formuliert die Handlungsanweisung an eine schreibende Schülerin so:

> Expliziere die Wörter im Text!
> Expliziere alle Laute, die du an einem Wort wahrnimmst!
> Expliziere auch die Laute, die du nicht wahrnimmst, die aber phonologisch zur Wortform gehören!
> Expliziere die bedeutungstragenden Formteile von Wörtern!
> (Feilke, 2012, S. 13)

Hiermit ist der Weg vorgegeben, der sich nach der Klärung der besonderen Kommunikationssituation des Schreibens, der Textsorte und der Formulierung vollständiger Sätze für die konkreten Handlungsschritte des Schreibens ergibt, wie sie im Folgenden unter dem Stichwort »Orthographie des Deutschen« behandelt werden: beim Schreiben müssen einzelne Wörter durch Zwischenräume klar voneinander abgegrenzt werden. Die Wörter müssen lautlich vollständig verschriftlicht werden. In diesen Prozess interveniert auch ein bereits vorhandenes Wissen über die richtige Schreibung eines Wortes. Im vierten Schritt geht es schließlich um die morphologische Gliederung von Wörtern: Bei <Schiedsrichter>, das sich phonologisch wie [ʃiːtsʁɪçtɐ] anhört, sich also z. B. auch <Schizrichta> schreiben ließe, müssen die beiden bedeutungstragenden Bestandteile »schied« und »richter« klar voneinander getrennt und zusätzlich noch das Fugen-s als eigenes Graphem realisiert werden.

Es war eine der Schwächen des Modells von Koch & Oesterreicher, alle materialen Aspekte des Sprechens und Schreibens dem Medium zuzuschlagen und die Konzeption ausschließlich auf die sprachliche Struktur der Äußerung zu beziehen. Durch die Intervention Feilkes, der hier an Maas anschließt, wird aber deutlich, dass auch die mediale Gestaltung einer Mitteilung durch die Konzeption ›überformt‹ wird: den Lautstrom einer Äußerung irgendwie in eine Buchstabenkette zu überführen, wäre zwar schon geschriebene Sprache, aber eben noch keine Schriftsprache. Die formal angemessene Gestaltung eines Textes, durch die dieser erst seine kommunikative Funktion erfüllen kann, schließt eben auch die korrekte Anwendung der Orthographie ein.

2.5 Kategorienraster zur Einordnung von Texten

Dennoch ist das Modell von Koch & Oesterreicher hilfreich, um kommunikative und grammatische Strukturen von Texten/Diskursen nach dem Grad ihrer Kontextentbindung, Kohärenz und Explizitheit einzuordnen und sie auf dem Kontinuum zwischen den Polen der konzeptionellen Mündlichkeit und Schriftlichkeit zu platzieren. Das folgende Raster erlaubt eine erste Analyse:

1. Um welche Textsorte handelt es sich bei dem Text? Wie stark ist der Text/Diskurs für ein Verständnis auf die Kenntnis des Kontextes angewiesen? Wo ist er zwischen Dialog und Monolog angesiedelt?
2. Sprachliche Form: Syntax:
   In welchem Umfang enthält der Text vollständige Sätze? Kommen auch elliptische Äußerungen (Wortgruppen, Einzelworte wie z. B. »Ich auch«) vor? Gibt es Spuren, die auf seine Entstehung hinweisen, wie Abbrüche, Korrekturen, Neuansätze? Wie viele Informationen sind in einen Satz integriert (z. B. durch Nebensätze, Adjektive, erweiterte Nominalgruppen)?
3. Explizitheit:
   Wie werden Sachverhalte, über die gesprochen wird, kenntlich gemacht? Enthält der Text lexikalische oder deiktische Ausdrücke? Sind die lexikalischen Ausdrücke präzise oder eher undifferenziert? Gibt es eindeutige Rückverweise mithilfe von Personalpronomina (Peter1 ging in den Garten, wo Paul2 saß. Er1 sagte zum ihm2?) oder Inkohärenzen (Peter1 ging in den Garten. Er1 sagte zum ihm?)?
4. Mediale Einordnung: geschrieben oder gesprochen (und dann erst später abgetippt)?
5. Konzeptionelle Einordnung: eher am Pol der konzeptuellen Mündlichkeit oder dem der Schriftlichkeit? (Auch unter Berücksichtigung weiterer Kriterien der kommunikativen Nähe oder Distanz wie z. B. Privatheit/Öffentlichkeit, emotionale Beteiligung/Sachlichkeit, freie Themenentwicklung/Themenfixierung.)

Folgender Text, der im Rahmen der Wochenplanarbeit einer 2. Klasse entstand (Corvacho & Mehlem, 2019), soll als Beispiel für eine Analyse mit dem Kriterienraster dienen:

Raupe

Ich und mein beste Freund
Als ich zur Schule gehen wollte, saß eine riesen große Raupe vor der tür.
Sie hat mich gefragt darf ich auch in denn Schule gehen darf. Ich
hab gesagt Ja [unleserlich] eine riesen Schule für die raupen nach der
Schule sitzen wir bei demm Mond Heute Nacht OK.

1. Bei dem Text handelt es sich um eine Phantasieerzählung, wie durch den Einleitungssatz bereits deutlich wird. Die Überschrift deutet auf ein persönliches Erlebnis hin. Beides zusammen liefert einen Kontext für das Verständnis der folgenden Sätze des Kindes. Hier ist anzumerken, dass der Einleitungssatz von der Lehrkraft vorgegeben wurde, die Überschrift dagegen vom Kind später eingefügt wurde, nachdem die Geschichte bereits zu Ende geschrieben war. Die weitere Abfolge der Sätze ist dialogisch. Durch die Redeeinleitungssätze, die im Perfekt stehen, wird aber kenntlich gemacht, dass es sich um einen Dialog innerhalb einer Erzählung, also einen dominant monologischen Texttyp handelt.
2. Der Text gliedert sich (ohne Überschrift und Einleitungssatz) in vier vollständige Sätze (2 Redeeinleitungssätze, einen Modalsatz (›darf ich‹) und einen Aussagesatz. Es gibt drei nicht satzförmige Redeteile: ›Ja‹, ›eine Riesenschule für die Raupen‹ und ›OK‹. Das doppelte Prädikat im zweiten Satz deutet auf Planungsprobleme hin. Ansonsten entsprechen die nicht satzförmigen Redeteile Strukturen, die in Dialogen vorkommen können. In den letzten Satz sind drei Adverbiale integriert, zwei der Zeit (nach der Schule, heute Nacht) und eines des Ortes (beim Mond).
3. Der Text ist ausreichend explizit, um die Handlung zu verstehen. Das Pronomen ›sie‹ lässt sich eindeutig auf die Raupe beziehen. Die deiktischen Ausdrücke der wörtlichen Rede (heute, wir) sind durch den Einleitungssatz klar in der Erzählstruktur verankert.
4. Der Text ist als schriftlicher Text entstanden.
5. Der Text ist – wenn von dem vorgegebenen Einleitungssatz einmal abgesehen wird – näher am Pol der konzeptionellen Mündlichkeit einzuordnen, was vor allem an seiner dialogischen Struktur liegt. Emotionale Beteiligung steht im Vordergrund. Die Themenentwicklung folgt der Vorgabe der Phantasiegeschichte, die ohnehin größere Spielräume für Unerwartetes lässt. Der Text ist ein gutes Beispiel dafür, dass die Erzählung ein Genre ist, das noch viele Strukturen der konzeptionellen Mündlichkeit enthalten kann, ohne dass dadurch Normerwartungen verletzt werden (vgl. Mehlem, 2013, S. 340ff.).

2.6 Schriftsprachliche Kompetenzen im Überblick

In den seit der Einführung der Bildungsstandards geläufigen Kompetenzmodellen, wie sie auch den Kerncurricula der verschiedenen Bundesländer zugrunde liegen, teilen sich die hier entwickelten Kompetenzen in drei unterschiedliche Bereiche auf:

- »Lesekompetenz« beschreibt die Fähigkeit, Texte, also geschriebene Sprache zu nutzen, um Informationen zu entnehmen, die für das eigene Handeln und

die Teilhabe an der Gesellschaft bedeutsam sind. Dabei wird zwischen hierarchieniedrigen und hierarchiehohen Prozessen unterschieden.
- »Textkompetenz« beschreibt die Fähigkeit, selbst eigene Texte zu verfassen, die für die Teilhabe im pragmatischen Sinne, aber auch als ästhetisches Ausdrucksmittel und zur Speicherung und Weitergabe von Informationen genutzt werden.
- »Rechtschreibkompetenz« schließlich wird definiert als die Fähigkeit, orthographisch korrekt zu schreiben, also über ein Wissen über Rechtschreibregeln des Deutschen zu verfügen und dieses beim Schreiben von Texten angemessen anwenden zu können.

Zwischen diesen drei Kompetenzbereichen besteht insofern ein asymmetrisches Verhältnis, als Lesen auch einen basalen Teil, nämlich das Umwandeln von Buchstaben in lautliche Strukturen und im Zuge dessen das Dekodieren von Wörtern, enthält, während beim Schreiben beide Bereiche klar getrennt sind.

Becker-Mrotzek (2018, S. 51) versucht diese Asymmetrie in der Modellierung der einschlägigen Kompetenzen zu vermeiden, indem er zunächst zwischen »Schriftkompetenz« und »Textkompetenz« unterscheidet und dann im zweiten Schritt jedem Bereich eine rezeptive (Schrift lesen und Texte lesen) und eine produktive Seite (Schrift schreiben und Texte schreiben) zuordnet:

Tab. 2.5: Schrift- und Textkompetenz

	Schriftkompetenz	Textkompetenz
Rezeption	Schrift lesen: Buchstaben, Wörter, Sätze	Texte lesen
Produktion	Schrift schreiben: Buchstaben, Wörter, Sätze	Texte schreiben

Rechtschreibkompetenz würde dann – neben anderem, z. B. der Graphomotorik – zum »Schrift schreiben« gehören und basale Lesefähigkeit im Unterschied zum Textverstehen zu »Schrift lesen«. Der Preis dieser Modellierung ist allerdings, dass »Rechtschreibung« zu einem nachgeordneten Phänomen herabgestuft wird.

Ein weiterer Grund für die Unübersichtlichkeit der Strukturgitter vieler Kerncurricula ist der Status des Kompetenzbereichs »Sprache und Sprachgebrauch untersuchen«. Wenn wir Ivos Diktum von der Herrschaft der Grammatik (Ivo, 1999, S. 71) ernst nehmen, besteht hier wiederum ein enger Zusammenhang zum Erwerb der Schriftsprache. Erst die schriftliche Fixierung der Sprache, so schon Humboldt (1981, Band 3, S. 156), ermögliche überhaupt ihre Betrachtung und Untersuchung. Nur im bayerischen Kerncurriculum wird dieser Zusammenhang explizit hergestellt (Bayer. Staatsmin. f. Kultus, 2014, S. 48, zit. in Baumann, 2022, S. 383). In Hessen, z. B., werden Rechtschreibstrategien unter andere Strategien des Lesens und Texteschreibens ebenso subsumiert wie Rechtschreibung unter die Beachtung anderer sprachlicher Normen beim Schreiben. Ob die Fähigkeit, nicht nur orthographische Regeln, sondern auch eigene Strategien bei der Behandlung orthographischer Phänomene zu explizieren, tatsächlich zur orthographischen Kompetenz gehört, ist in den Modellierungen nach wie vor umstritten. Im Vordergrund steht häufig das fehlerfreie Schreiben, also die handlungspraktische Bewältigung im Sinne des Könnens.

Im Folgenden stehen die basale Lesekompetenz und die Rechtschreibkompetenz im Vordergrund – wohl wissend, dass beide in einem instrumentellen Verhältnis zu den Textkompetenzen stehen. Deshalb ist es auch nicht möglich, diese vollständig auszuklammern, zumindest aus dem didaktischen Teil. Ein Kriterium für die Beurteilung unterschiedlicher didaktischer Ansätze beim Lesen und Schreiben im Anfangsunterricht wird die Frage sein, wie der Zusammenhang zwischen den vier (vgl. Schema von Becker-Mrotzek) bzw. den fünf Kompetenzbereichen (unter Einschluss von »Sprache und Sprachgebrauch untersuchen«) bearbeitet wird.

2.7 Aufgaben

1. Ordnen Sie die folgenden Texte mithilfe des unter ▶ Kap. 2.5 vorgestellten Kategorienrasters ein (die Quellennachweise der Texte finden Sie bei den Lösungen):

Text 1:
»Man könnte sagen, dass die Erkenntnis der Differenz eine Art Utopie darstellt, oder vielmehr nicht die Erkenntnis der Differenz, sondern die Differenz selber: dass das Verschiedene nebeneinander besteht, ohne sich gegenseitig zu vernichten, dass ein Verschiedenes dem andern Raum lässt, um sich zu entfalten, und dass – könnte man hinzufügen – das Verschiedene sich liebt, das wäre eigentlich der Traum überhaupt von einer versöhnten Welt.«

Text 2:
»Steh auf, hatte Lehrer Mohren gesagt. Meine Knie gaben nach. Ich hockte mich auf das unterste Brett des Blumenbänkchens. Mohren klopfte neben sich. Ich setzte mich zu ihm. Saß nun mit den drei Männern dem Vater gegenüber. Ich war bei ihnen, in ihrem Wir. Der Vater war allein. Wir schauten ihn erwartungsvoll an. Er blieb stumm. Schließlich hielt der Pastor eine Art Ansprache. Von den Talenten, die der Herr seinen Knechten anvertraut habe, erzählte er, und daß es Sünde sei, sein Licht unter den Scheffel zu stellen. Auch für ein Mädchen […]«.

Text 3:
»(17) Was is da drin? – (18) Nichts. Is leer – (19) Irgendwas is doch da drin? – (20) Nee, is überhaupt nichts drin. Die roch nach Bananen. – (21) Pana…

(22) – ›Pana‹ / Was sagst du? – (23) da war'n Bananengeschäft, dass der alles auf/ aufisst? – (24) Er wollte fischen? Nee, du, weiß ich nicht. – (25) Is da Fisch drin? (26) Nee, nichts. Is leer. – (27) Is die leer, ja? – (28) Ja. – (29) Fisch von den Bananen.«

Text 4:
»Tagesform? So was darfs bei der Comedy nicht geben. Die Leute haben Geld bezahlt, die haben eine 120 %-Show zu kriegen. Und zwar jeden Abend, scheissegal ob ich krank oder gesund bin oder ob meine Oma gestorben ist.«

Text 5:
»(1) [1] Jeder junge Mensch hat ein Recht auf Bildung. [2] Dieses Recht wird durch ein Schulwesen gewährleistet, das nach Maßgabe dieses Gesetzes einzurichten und zu unterhalten ist. [3] Aus diesem Recht auf schulische Bildung ergeben sich einzelne Ansprüche, wenn sie nach Voraussetzungen und Inhalt in diesem Gesetz oder aufgrund dieses Gesetzes bestimmt sind.
(2) Für die Aufnahme in eine Schule dürfen weder Geschlecht, Behinderung, Herkunftsland oder Religionsbekenntnis noch die wirtschaftliche oder gesellschaftliche Stellung der Eltern bestimmend sein.«

2. Wofür ist es notwendig, zwischen medialer und konzeptioneller Mündlichkeit bzw. Schriftlichkeit zu unterscheiden?
3. Inwiefern weist auch die mediale Seite des Schreibens einen »konzeptionellen« Aspekt auf?

3 Schriftsystem und orthographische Strukturen des Deutschen

Mit Orthographie werden die normativ vorgegebenen Schreibungen einer Sprache bezeichnet, die für das Deutsche im amtlichen Regelwerk und im Rechtschreibduden festgelegt sind (Duden, 2020). Der Begriff des Schriftsystems erfasst dagegen den Teil der Orthographie, der sich aus Regeln und Regularitäten ableiten lässt, wie sie sich im Zuge einer jahrhundertelangen Praxis entwickelt haben und auch immer noch, insbesondere durch den Gebrauch der häufig und viel schreibenden Personengruppen, weiterentwickeln (Eisenberg, 2000, S. 288). Nach den Regularitäten des deutschen Schriftsystems wäre <Fater> ebenso regelhaft wie <Vater>: hier bestimmt die Norm der Orthographie, dass [f] als <v> geschrieben werden muss. Ein Schriftsystem, das sich aus dem Gebrauch entwickelt hat, muss grundsätzlich genauso lernbar sein wie Regeln der Morphologie oder Syntax. Einzelne administrative Regelungen der Orthographie können im Widerspruch zu den impliziten Regeln eines Schriftsystems stehen. Den Fokus des schulischen Schriftspracherwerbs sollte zunächst das Schriftsystem bilden.

Im internationalen Vergleich gilt das Deutsche als ein Schriftsystem, das eine relativ transparente Struktur aufweist (Seymour et al., 2003). Das bedeutet, dass den Schreibungen in großem Umfang eindeutige Laut-Buchstabenbeziehungen zugrunde liegen, die durch klare prosodisch-silbenbezogene, morphologische und syntaktische Regeln ergänzt werden. Man spricht daher häufig von einer lautorientierten Alphabetschrift (Schründer-Lenzen, 2013, S. 16) oder einer flachen im Unterschied zu einer tiefen Orthographie (Goswami, 2003).

Im Folgenden wird – analog zum Sprachsystem selbst – von vier Komponenten des Schriftsystems des Deutschen ausgegangen. Entscheidend für die Beschränkung der Komponenten auf vier (im Gegensatz zu den sechs Prinzipien bei Riehme, 1981, der außerdem das silbische Prinzip nicht berücksichtigt) ist das Ergebnis der Fachdiskussion, etwa bei Eisenberg (2000, S. 311), dass nur diese vier tatsächlich Regularitäten begründen, dass sie nicht nur bei einer Sammlung von Einzelfällen verwendet werden. Damit ist auch hier wieder der Gedanke der Systematik und damit der Lernbarkeit der Orthographie des Deutschen leitend, wie er in der Einleitung entwickelt wurde.

3.1 Das phonologische Prinzip

Grundlage des phonologischen Prinzips sind die sogenannten Phonem-Graphem-Korrespondenzen. Es wird angenommen, dass einem Phonem des Deutschen zumindest ein Graphem entspricht, was für die Mehrzahl der Fälle gilt. Unter Phonem wird die kleinste lautliche Einheit einer Sprache verstanden, die zur Bedeutungsunterscheidung genutzt wird. Die Methode, den Phonemcharakter eines lautlichen Elements zu ermitteln, ist die Bildung von Minimalpaaren: Führt der Austausch eines lautlichen Segments zu einer Bedeutungsveränderung, liegt ein phonologischer Kontrast vor.

Die sieben folgenden Wortformen unterscheiden sich nur durch ein Segment, weshalb diese jeweils als Phoneme unterschieden werden können:

Tab. 3.1: Minimalpaare

	Phonologische Wortformen	Geschriebene Wortformen
1	[fʊnt]	Fund
2	[vʊnt]	wund
3	[bʊnt]	bunt
4	[mʊnt]	Mund
5	[hʊnt]	Hund
6	[ʔʊnt]	und
7	[ʁʊnt]	rund

Die Internationale Lautschrift (IPA)

Zur Darstellung lautlicher Phänomene wird in diesem Buch die Lautschrift der International Phonetic Association (IPA) verwendet, um sie eindeutig von Buchstaben zu unterscheiden. Lehrkräfte sollten zumindest über Grundkenntnisse dieser Schrift verfügen, um die Aufgaben in diesem Buch lösen zu können. Die Kenntnis der Lautschrift der IPA trägt auch zum besseren Verständnis von Schülerschreibungen bei, da diese oft die phonetischen Strukturen eines gesprochenen Wortes genauer abbilden als normgerechte Schreibungen. In den folgenden Inventaren deutscher Phoneme und einiger Allophone sind die wichtigsten IPA-Zeichen aufgeführt.

Zur besseren Unterscheidung von Graphemen, Phonen und Phonemen werden auch die folgenden Klammern verwendet: <Buch> für Grapheme, /buːç/ für Phoneme und [buːx] für Phone.

Die Ersetzung des jeweils ersten konsonantischen Segments der sieben Wortformen durch ein anderes führt zu einer Wortform mit anderer Bedeutung. Phoneme können mithilfe sogenannter phonologischer Merkmale noch genauer beschrieben werden. Bei Konsonanten werden hier der Artikulationsort, die Artikulationsweise und die Sonorität (Stimmhaftigkeit) unterschieden.

Die Bezeichnungen für die Artikulationsorte gehen auf die lateinischen Namen der entsprechenden Organe zurück, die an der Artikulation beteiligt sind (Lippen: labies → labial, Zähne: dentes → dental; Zahndamm: alveolae → alveolar; harter Gaumen: palatum → palatal; weicher Gaumen, Gaumensegel: velum → velar; Zäpfchen: uvula → uvular; Stimmritze: glottis → glottal).

Bei den Artikulationsarten werden die verschiedenen Arten von Geräuschen unterschieden, die bei der Artikulation entstehen:

- Plosive: Bei den Verschlusslauten wird zunächst mithilfe der Zunge ein direkter Kontakt mit einem zweiten Organ hergestellt und danach schlagartig gelöst: es entsteht ein explosionsartiges Geräusch. Verschlusslaute können nicht gedehnt werden.
- Frikative: Bei den Reibelauten entweicht die Luft durch eine schmale Öffnung zwischen der Zunge und der Kontaktstelle. Es entsteht ein gleichmäßiges, dehnbares Geräusch in der Art eines Summtones.
- Bei den Nasalen entweicht die Luft durch die Nase, der Mundraum wird durch das Senken des Gaumensegels geschlossen. Auch dieser Laut kann gedehnt werden.
- Bei den Lateralen wird wie bei den Verschlusslauten mithilfe der Zunge ein direkter Kontakt mit dem zweiten Organ hergestellt, die Luft entweicht hier aber an den Seiten.
- Affrikaten sind Laute, bei denen ein Plosiv in einen Frikativ übergeht. Sie werden als Doppellaute empfunden und häufig auch orthographisch so dargestellt (z. B. pf).
- Als Gleitlaut existiert im Deutschen nur das [j]: hier gleitet der Zungenrücken langsam am Hartgaumen entlang.
- Bei den Vibranten schlägt die Zunge mehrfach an die Kontaktstelle, sodass ein intermittierendes, schlagendes Geräusch entsteht (am deutlichsten wahrnehmbar beim Zungenspitzen-r). Das Deutsche kennt als Vibranten nur zwei der möglichen Artikulationen des r-Lauts.

Stimmhaftigkeit bzw. Stimmlosigkeit eines Plosivs oder Frikativs entsteht dadurch, dass bei der Artikulation des Phonems die Stimmritze entweder geöffnet ist, so dass die Luft ungehindert in den Mundraum gelangt, oder eine Enge gebildet wird, so dass die Stimmbänder durch die Luft in Schwingung versetzt werden und so ein lauterer Ton bzw. ein Summgeräusch entsteht.

Die folgende Übersicht ordnet die Konsonanten des Deutschen entsprechend ein:

3.1 Das phonologische Prinzip

Tab. 3.2: Phonologisches Inventar des Deutschen (Konsonanten)

	bi-labi-al	labio-den-tal	den-tal	alveo-lar	post-alveo-lar	pala-tal	velar	uvu-lar	glot-tal
Plosive	p b			t d			k g		ʔ
Frikative		f v		s z	ʃ (ʒ)	ç	(x)	(X) ʁ	h
Nasale	m			n			ŋ		
Laterale				l					
Vibran-ten				(r)				(R)	
Affrika-ten	pf			ts	tʃ				
Gleitlaute						j			

In ▶ Tab. 3.2 sind in der ersten Zeile von links nach rechts die Artikulationsorte, in der ersten Spalte von oben nach unten die Artikulationsweisen dargestellt. Bei einem Kontrast zwischen stimmhaften und stimmlosen Phonemen steht das stimmlose Phonem immer links vom stimmhaften.

Die ersten beiden Phoneme der ▶ Tab. 3.1 in den Wörtern <Fund> und <wund>, [v] und [f], unterscheiden sich also nur aufgrund des Merkmals der Stimmhaftigkeit, ansonsten handelt es sich in beiden Fällen um labiodentale Frikative. Sie stimmen also in Bezug auf Artikulationsort und Artikulationsweise überein. In Tabelle 3.2 stimmt das Phonem [b] dagegen mit [v] in Bezug auf die Stimmhaftigkeit überein, es unterscheidet sich aber durch den Artikulationsort (bilabial statt labiodental) und die Artikulationsweise (Plosiv statt Frikativ). Das folgende [m] stimmt mit [b] in Bezug auf Artikulationsort und Stimmhaftigkeit überein, unterscheidet sich aber durch die Artikulationsweise (Nasal vs. Frikativ). Auffällig ist, dass für ein Phonem des Deutschen, den Glottisverschluss /ʔ/, kein Graphem existiert, während sein frikatives Gegenstück, das /h/, mit dem Graphem <h> geschrieben wird. Eine solche Lücke in der Phonem-Graphem-Zuordnung ist möglich, weil beide Phoneme nur sehr eingeschränkt vorkommen, nämlich am Anfang betonter Silben. In anderen Sprachen wie dem Hebräischen oder dem Arabischen, die den Glottisverschluss auch am Silbenende sprechen, existiert für den Glottisverschluss selbstverständlich ein eigenes Graphem, der Buchstabe Aleph bzw. Alif, mit dem diese Alphabete beginnen.

Im Unterschied zu solchen phonologischen Unterschieden führen die folgenden Varianten in der Aussprache des Wortes ›Kerze‹ nicht zu einer Unterscheidung von Phonemen:

Tab. 3.3: Allophone: freie Variation beim Beispiel des /r/

	Phonetische Formen	Phonologische Form	Geschriebene Wortform
1	[kɛɐtsə]	/kɛʁtsə/	<Kerze>
2	[kɛʁtsə]		
3	[kɛrtsə]		
4	[kɛxtsə]		

Das dritte Segment in dem Wort <Kerze>, dem orthographisch ein <r> entspricht, wird in unterschiedlichen Dialekten des Deutschen auf ganz unterschiedliche Weise artikuliert: am häufigsten ist wohl die vokalisierte Variante (1), auch wenn das Aussprachewörterbuch (2) mit stimmhaftem uvularem Frikativ anzeigt (Duden, 2015). Das gerollte Zungenspitzen-r, der apikale Vibrant (3), kommt nur noch in der älteren Bühnensprache vor. Dagegen findet sich im Kölner Dialekt eine zu (2) komplementäre stimmlose Variante (4). Diese Unterschiede in der Artikulation wirken sich aber nicht auf die Bedeutung des Wortes aus, das zweifelsfrei von allen Sprecher*innen des Deutschen als »meist zylindrisches Gebilde aus gegossenem Wachs o.Ä. mit einem Docht in der Mitte, der mit ruhiger Flamme langsam brennt, dessen Funktion es ist, Licht zu spenden« (Duden 2002, Bd. 10, S. 525) verstanden wird. Die Realisierungen eines Phonems in unterschiedlichen Kontexten oder Varianten werden als Allophone bezeichnet. Im oberen Beispiel wären also [r, x, ɐ] Allophone von /ʁ/. Für den Orthographieerwerb ist die Frage der Allophone relevant, da Kinder dazu tendieren, auch solche phonetischen Lautunterschiede in der Schrift zu markieren, die auf der phonologischen Ebene unnötig und daher orthographisch falsch sind. Kinder gelten daher als die besseren Phonetiker*innen im Vergleich mit den Erwachsenen, die solche Ausspracheunterschiede beim Schreiben nicht mehr beachten, weil sie bereits die Standardorthographie beherrschen und die Irrelevanz dieser lautlichen Unterschiede verinnerlicht haben.

Ein weiteres Phänomen, das für die Unterscheidung von Phonemen und Allophonen relevant ist, ist die komplementäre Verteilung. Danach gelten unterschiedliche Varianten eines Phonems wie [x] oder [ç] nicht als Phoneme, da sie nicht in derselben lautlichen Umgebung vorkommen können, sondern nur als Allophone desselben Phonems. Mit dem Ich- und dem Ach-Laut lassen sich keine Minimalpaare bilden:

Tab. 3.4: Allophone: komplementäre Verteilung

	Phonologische Wortformen	Geschriebene Wortformen
1	[dax]	<Dach>
2	[diç]	<dich>

3.1 Das phonologische Prinzip

Die Wahl des entsprechenden ch-Lauts wird durch den vorausgehenden Vokal bestimmt: Wird dieser vorne im Mund artikuliert, folgt als palataler Frikativ der Ich-Laut, wird er eher hinten gesprochen, dagegen der uvulare Ach-Laut. Nach [a] kann im Standarddeutschen nie [ç] gesprochen werden, nach [ɪ] nie [x]. Deshalb bilden beide Laute zusammen nur ein Phonem.

Mithilfe der Minimalpaaranalyse und der Beschränkung auf die Standardsprache lassen sich die Phoneme des Deutschen bestimmen, denen nun entsprechende Grapheme zugeordnet werden. Es ergibt sich eine erste Liste:

Tab. 3.5: Phonem-Graphem-Korrespondenzen: Konsonanten

stimmlose	Plosive	/p/	<p>
		/t/	<t>
		/k/	<k>
	Frikative	/f/	<f>
		/s/	<s>
		/ʃ/	<sch>
		/ç/	<ch>
stimmhafte	Plosive	/b/	**<b>**
		/d/	<d>
		/g/	<g>
	Frikative	/v/	<w>
		/z/	<s>
		/j/	<j>
		/ʁ/	<r>
	Laterale	/l/	<l>
	Nasale	/m/	<m>
		/n/	<n>
		/ŋ/	<ng>
stimmlose	Glottale	/ʔ/	–
		/h/	<h>
	Affrikaten	/pf/	<pf>
		/ts/	<z>

Die Liste ist von oben nach unten jeweils nach Artikulationsstellen geordnet; Frikative folgen auf Plosive; stimmhafte folgen auf stimmlose Phoneme. Danach

3 Schriftsystem und orthographische Strukturen des Deutschen

stehen laterale, nasale und glottale Laute und die beiden Affrikaten. Außerdem könnten noch zwei Lautverbindungen hinzugefügt werden, deren Status als Phonem strittig ist, die als ›spezielle Verbindungen‹ (Herné & Naumann, 2002) für das Deutsche charakteristische Grapheme aufweisen: <qu> für /kv/ und <chs> bzw. <x> für /ks/.

Eine Eindeutigkeit der Phonem-Graphem-Beziehungen scheint überwiegend gegeben. Der einzige Fall von Inkonsistenz stellt das <s> dar, das sowohl den stimmhaften wie den stimmlosen alveolaren Frikativ repräsentiert. Stellen Sie sich vor, welche Unsicherheiten beim Lesen entstehen würden, wenn die deutsche Orthographie auch bei b/p oder d/t jeweils auf einen der beiden Buchstaben verzichten würde! ›Bein‹ und ›Pein‹ oder ›Dorf‹ und ›Torf‹ wären dann nicht mehr zu unterscheiden. Beim /s, z/ ist der Schaden deutlich kleiner, weil an den meisten Positionen im Wort die s-Laute komplementär verteilt sind: Am Anfang eines Wortes steht in der Regel das stimmhafte /z/ wie in [zɔnə] <Sonne>, am Ende das stimmlose /s/ wie in [haʊs]. Nur zwischen zwei Vokalen ist ein Kontrast möglich: Hier steht <reisen> [raizn] <reißen> [raisn] gegenüber. Die Uneindeutigkeit wird mithilfe des <ß> gelöst. Dieses kommt hier also – in einer überschaubaren Zahl von Fällen – als sogenanntes Orthographem (s. u.) hinzu.

Grapheme, die nur ein Phonem repräsentieren, können aus zwei oder drei Buchstaben bestehen, wie umgekehrt Lautverbindungen nur mit einem Buchstaben geschrieben werden können. Es ist daher wichtig, Buchstaben und Grapheme als Begriffe klar zu unterscheiden. Buchstaben sind Bestandteile des Alphabets, mit deren Hilfe gesprochene Sprache in Schrift überführt werden kann. Dabei gelten dann die – je nach Sprache verschiedenen – Phonem-Graphem-Korrespondenzregeln.

Auch die Vokale des Deutschen können mithilfe von Minimalpaaren bestimmt werden. Als Merkmale treten hier die Höhe, die vordere oder hintere Lage der Zunge, die Lippenrundung, die Gespanntheit und die Länge auf. Das Vokalinventar lässt sich mithilfe der folgenden Tabelle darstellen:

Tab. 3.6: Das Vokalinventar des Deutschen

		vorne		Mitte	hinten
		ungerundet	gerundet	ungerundet	gerundet
oben	gespannt	/i:/	/y:/		/u:/
	ungespannt	/ɪ/	/ʏ/		/ʊ/
Mitte	gespannt	/e:/	/ø:/		/o:/
	ungespannt	/ɛ:/ /ɛ/	/œ/	/ ə /	/ɔ/
unten	ungespannt			/ ɐ /	
	gespannt			a: / a	

An dieser Übersicht fällt zunächst auf, dass die Merkmale Gespanntheit und Dehnung nicht bei allen sieben Phonemen übereinstimmen. So gibt es kein ungespanntes [a], dafür aber außer dem gespannten gedehnten [e:] noch ein ungespanntes, aber ebenfalls gedehntes /ɛ:/ (wie in ›Käse‹). Das ungespannte Gegenstück zum /ɛ:/ ist das /ɛ/ in <Ente>, das gleichzeitig mit dem /e:/ in <Esel> – diesmal aber in Bezug auf Länge und Gespanntheit – kontrastiert. Neben diesen sogenannten Vollvokalen sind in der Tabelle 3.6 auch die zentralen Reduktionsvokale, die sogenannten Schwalaute aufgeführt: neben dem mittleren Schwalaut /ə/ auch das offene Schwa /ɐ/, über dessen Phonemstatus Zweifel bestehen. Allerdings lassen sich zwischen beiden problemlos Minimalpaare bilden: <Fliege> und <Flieger> weisen einen klaren Bedeutungsunterschied auf und unterscheiden sich nur in Bezug auf den auslautenden Reduktionsvokal, sofern man nicht den Versuch unternimmt, das auslautende [ɐ] tiefenstrukturell auf ein Schwa und eine r-Vokalisierung zurückzuführen.

Aus der Verbindung von zwei Vokalen miteinander entstehen die Diphthonge (Doppelvokale). Das Deutsche unterscheidet hier nur drei schließende Diphthonge: Eine Bewegung führt vom offenen [a] mit Schließung des Mundes, Zurückbewegung der Zunge und Lippenrundung zum /au/ <au>. Eine weitere führt mit Schließung des Mundes, Vorwärtsbewegung der Zunge und Lippenspreizung zum /aɪ/ <ei>. Die dritte Bewegung beginnt bereits hinten bei halbgeschlossenem Mund und gerundeten Lippen und führt mit weiterer Schließung des Mundes und Vorwärtsbewegung der Zunge zum /ɔɪ/ <eu> (Noack, 2010, S. 37; Dahmen & Weth, 2018, S. 36).

Neben diesen schließenden Diphthongen, deren Status als Phoneme weithin anerkannt wird (aber auch hier gibt es die Rede ›speziellen Verbindungen‹), gibt es im Deutschen auch öffnende Diphthonge, die keinen Phonemstatus haben, weil sie aus der Koartikulation eines Vollvokals und des vokalisierten r entstehen. Das gesamte Vokalspektrum – außer den a-Lauten – ist bei diesem Phänomen beteiligt:

Tab. 3.7: Die öffnenden Diphthonge des Deutschen

		vorne		hinten
		ungerundet	gerundet	gerundet
oben	gespannt	[i:ɐ] »wir«	[y:ɐ] »Tür«	[u:ɐ] »Uhr«
	ungespannt	[iɐ] »wirr«	[ʏɐ] »Gürtel«	[ʊɐ] »Turm«
Mitte	gespannt	[e:ɐ] »wer«	[ø:ɐ] »hört«	[o:ɐ] »Ohr«
	ungespannt	[ɛɐ] »Berg«	[œɐ] »Hörner«	[ɔɐ] »Horn«

In der im Duden verwendeten Lautschrift werden die geöffneten Diphthonge nur bei den gespannten Vokalen gekennzeichnet, während bei den ungespannten eine Version mit konsonantischem ›r‹ erscheint. Diese tritt hier zwar häufiger auf, neben ihr wird aber auch im standardnahen Deutsch häufig die vokalisierte Form verwendet. Die ›lautgetreue‹ Schreibung der öffnenden Diphthonge, z. B. <feat> für ›Pferd‹, ist in den ersten Grundschuljahren weit verbreitet.

Was ergibt sich nun aus dieser phonetisch-phonologischen Analyse der deutschen Vokale für die Graphemzuordnung? Hier ist es sinnvoll, die Vollvokale nach ihrer Länge/Gespanntheit in zwei Reihen anzuordnen und diesen jeweils die Grapheme zuzuweisen:

Tab. 3.8: Phonem-Graphem-Korrespondenzen der Vokale

gespannte Vokale		ungespannte Vokale	
/aː/	<a>	/a/	<a>
/eː/	<e>	/ɛ/	<e>
/oː/	<o>	/ɔ/	<o>
/iː/	<ie>	/ɪ/	<i>
/uː/	<u>	/ʊ/	<u>
/ɛː/	<ä>		
/øː/	<ö>	/œ/	<ö>
/yː/	<ü>	/ʏ/	<ü>
		/ə/	<e>
		/ɐ/	<er>

Während bei den Konsonanten überwiegend eindeutige Laut-Buchstabenziehungen festgestellt wurden, fällt dagegen bei den Vokalen auf, dass in den meisten Fällen (außer bei <ie>) zwei unterschiedlichen Phonemen jeweils dasselbe Graphem zugeordnet wird. Während aus der Perspektive des*der Schreibenden das Problem einfach scheint, müssten Leser*innen also über weitere Regeln verfügen, mit deren Hilfe sie den Vokalgraphemen eindeutige Phoneme zuweisen. Diese Regeln weisen über die Einzelanalyse von Phonemen hinaus. Hier stößt also bereits das phonographische Prinzip an seine Grenzen.

3.2 Das silbische Prinzip

Um einen Eindruck vom Regelwissen erwachsener Schreiber*innen des Deutschen zu bekommen, kann man die folgenden Pseudowörter vorlesen lassen (vgl. eine ähnliche Liste in Röber, 2009, S. 33):

(1) SPLESER – (2) PENKE – (3) PEFFEN – (4) TEHMTE

Relativ schnell lässt sich nämlich Einigkeit über die folgenden Lautierungen der Wörter (in deutscher Standardlautung) herstellen:

ʃpleːzɐ – pɛŋkə – pɛfn̩ – teːmtə

Offensichtlich fällt es geübten Leser*innen nicht schwer, die acht e-Grapheme der geschriebenen Wörter jeweils in ganz unterschiedliche Lautungen zu überführen:

- in ein gedehntes, gespanntes [eː] in der ersten Silbe von (1) und (4),
- in ein kurzes, gespanntes [ɛ] in der ersten Silbe von (2) und (3),
- in einen zentralen Schwalaut in den zweiten Silben von (2) und (4),
- in einen offenen Schwalaut in der zweiten Silbe von (1),
- in einen silbischen Konsonanten [n̩] in der zweiten Silbe von (3).

Die Leser*innen der Pseudowörter nutzen also ihr Wissen über die prosodische Struktur deutscher Wörter. In der Regel bestehen zweisilbige Wörter des Deutschen aus einer betonten und einer unbetonten Silbe. Nur in den betonten Silben sind entsprechende Vollvokale möglich, also die beiden Varianten [eː, ɛ], während die unbetonten Silben durch Vokalreduktion [ə,ɐ] oder einen silbischen Konsonanten charakterisiert sind.

> Mit **Prosodie** werden lautliche Phänomene von Sprache bezeichnet, die nicht direkt an die Artikulation einzelner Segmente im Sinne von Phonemen gebunden sind. Das Wort kommt vom griechischen ›Pros-odein‹, was »dazu singen« bedeutet. Zu den prosodischen Phänomenen der Sprache gehören ihre Gliederung in Silben, Akzente im Sinne eines stärkeren Drucks bei der Artikulation, Tonhöhe, Sprechtempo und weitere.

Innerhalb der ersten Gruppe deutet die offene Silbe in (1) auf ein dehnbares [eː] hin, während die geschlossene Silbe in (2) zur kürzeren, ungespannten Variante [ɛ] führt. In (3) löst die Verdoppelung des Konsonantenbuchstabens denselben Effekt wie in (2) aus, während das Dehnungs-h in (4) zu einer Artikulation des [eː] führt, obwohl die Silbe geschlossen ist. Die Leser*innen nutzen hier also das Wissen über silbische Strukturen, um die nicht eindeutigen Vokalbuchstaben richtig zu lesen. Die hier verwendeten Begriffe zum Bau von Silben werden im Folgenden erklärt.

Der Bau der Silbe

Die Silbe stellt im Gegensatz zum Phonem eine größere lautliche Einheit dar, die in der Regel aus mehreren lautlichen Segmenten besteht. Sie ist aber – im Unterschied zu Phonemen, mit Ausnahme von einigen Dauerkonsonanten – die kleinste Einheit, die tatsächlich isoliert gesprochen werden kann. So entsteht bei der isolierten Aussprache eines Vokals eine Silbe mit dem Glottisverschluss als erstem Segment: [ʔaː] für <a>, bei der entsprechenden Aussprache eines Konsonanten folgt in der Regel ein vokalisches Element [bə] für <b>. Dieses lässt sich sehr gut bei Leseanfänger*innen beobachten. Die Schwierigkeit des ›Zusammenschleifens‹ besteht nämlich darin, aus den einzeln gesprochenen Silben [bə] und [ʔaː] eine ganz neue Silbe, nämlich [baː] zu bilden. Der Ausdruck Silbe drückt – vom Lesen einzelner Buchstaben her gedacht – genau diese Tätigkeit aus. Das griechische Verb ›syllabein‹ bedeutet nämlich »zusammennehmen«, also die einzelnen Buchstaben bzw. Laute als ein Lautgebilde auszusprechen. Silben werden bei der IPA-Schreibweise durch Punkte voneinander abgegrenzt.

Die Beispiele zeigen bereits, dass Silben mindestens aus zwei Bestandteilen bestehen, nämlich einem Anfangsrand (Onset) und einem Reim (Rime). Im oberen Beispiel [baː] wäre [b] der Onset und [aː] der Reim. Letzterer kann dann nochmals in einen Kern und einen Endrand (Coda) unterteilt werden. Bei [baː] wäre der Kern [aː], der Endrand leer, bei [bam] ist er mit einem Konsonanten gefüllt. Silben ohne Endrand heißen offene, mit Endrand dagegen geschlossene Silben. Sowohl der Kern wie der Endrand einer Silbe können mehrere Elemente enthalten, also sich verzweigen: im Beispiel [baː] würde sich der Kern verzweigen (in den Vokal und die Dehnung), im Beispiel [bant] würde sich der Endrand verzweigen (in die Konsonanten n+t). Für das Deutsche ist charakteristisch, dass sich in der Regel nur der Kern oder nur der Endrand verzweigen: [baːn] <Bahn> hätte also genauso einen dreiteiligen Reim wie [baʊm] (hier ersetzt der 2. Teil des Diphthongs die Länge) oder [bant].

Tab. 3.9: Konstituenten der Silbe

A		R				orthographisch
		K		E		
A1	A2	K1	K2	E1	E2	
b		a	ː			ba
b		a		m		bam
b		a	ː	n		Bahn
b		a	ʊ	m		Baum
b		a		n	t	Band
b	r	a		n	t	Brand
ʔ		a		l	t	alt

Auch der Anfangsrand einer Silbe kann sich verzweigen. Im Deutschen können mindestens drei Konsonanten im Anfangsrand oder im Endrand stehen, wie in dem Beispiel <Strumpf>. Während Silben nie ohne Reim sein können, können sie manchmal ohne Anfangsrand sein, man spricht dann von nackten Silben. Solche Silben kommen aber nur als Reduktionssilben in Wörtern vor, in denen mindestens eine betonte Silbe steht. In [maʊ.ɐ] <Mauer> besteht die Reduktionssilbe tatsächlich nur aus dem offenen Schwa.

Silbentypen des Deutschen

Das Deutsche zeichnet sich durch einen starken Kontrast unterschiedlicher Silbentypen aus. Die im Deutschen besonders häufige zweisilbige Wortform weist die Abfolge einer betonten und einer unbetonten Silbe (Trochäus) auf.

Grundlegend für jedes Wort des Deutschen ist die sogenannte **prominente Silbe** (S'). Sie trägt innerhalb eines Wortes immer den Hauptakzent. Sie weist unverwechselbare Merkmale auf:

a. nur in prominenten Silben können Langvokale stehen
b. nur in prominenten Silben können vor und nach dem Vokal bis zu drei Konsonanten stehen (komplexe Ränder). Bei zweisilbigen Wörtern steht die prominente Silbe meist am Anfang des Wortes. Häufig ist dies gleichzeitig die Stammsilbe.

Umgekehrt gilt von der **Reduktionssilbe** (S^0), dass

a. in ihr nur Reduktionsvokale oder silbische Konsonanten stehen können,
b. Anfangs- und Endrand sich in der Regel nicht verzweigen. Bei zweisilbigen Wörtern stehen Reduktionssilben in der Regel am Ende, bilden nicht den Stamm, sondern die Endung.

Neben diesen wichtigsten Silbentypen des Deutschen kommt aber auch noch die Normalsilbe (S) vor: Sie ist dadurch charakterisiert, dass sie keine Betonung trägt, aber auch nicht reduziert ist. Das bedeutet, dass in ihr nur Vollvokale, also keine Reduktionsvokale stehen können. In ihrem Aufbau ist die Normalsilbe in der Regel einfach. Die Normalsilbe tritt in Fremdwörtern auf, aber auch in dreisilbigen deutschen Wörtern.

Tab. 3.10: Die drei Silbentypen

S		S'					S^0	
A	R	A	R				A	R
			K		E			
		A1	A2	K1	K2	E1	E2		
t	o	m		a	ː			t	ə

Mit der Unterscheidung der Silbentypen, über die Leser*innen des Deutschen intuitiv verfügen, konnten die korrekten Lautierungen des Graphems <e> in den Reduktionssilben erklärt werden.

Der Reim der prominenten Silbe: Silbengelenk, Dehnungsgraphie und silbentrennendes h

Für die Unterscheidung der e-Laute in den betonten Silben muss nun deren innere Struktur genauer betrachtet werden. Hierfür können die Erkenntnisse über den Aufbau des Reims aus der einsilbigen auf die zweisilbige Form übertragen werden:

Die Artikulation des gedehnten [e:] in <spleser> ergibt sich aus der Regel des Längenausgleichs: da die Silbe keinen Endrand hat, muss der Kern gedehnt werden. Umgekehrt ergibt sich die Artikulation des ungespannten [ɛ] in <penke> daraus, dass die erste Silbe geschlossen ist, einen Endrand hat und damit der Vokal in der Regel verkürzt wird. Erklärungsbedürftig sind nun die beiden restlichen Formen:

In <peffen> liegt ein sogenanntes Silbengelenk vor: der Konsonant nach dem [ɛ] schließt die prominente Silbe, gleichzeitig öffnet er aber die folgende Reduktionssilbe. Nach der Erklärung von Eisenberg (2000, S. 298) lässt sich der Konsonant /f/ nicht mehr eindeutig der ersten oder der zweiten Silbe zuordnen. Da er zwei Funktionen hat, muss er doppelt geschrieben werden. Nur so kann eine Dehnung der prominenten Silbe verhindert werden. Die Konsonantenverdopplung ist also eine Möglichkeit, dem Leser die Kürze des vorausgehenden Vokals zu signalisieren. Sie wird aber nur benötigt, wenn kein zweiter Konsonant zwischen dem Kern der prominenten und dem der Reduktionssilbe steht.

Tab. 3.11: Der Reim der prominenten Silbe mit Reduktionssilbe

Erklärung	orthographisch	S'				S⁰	
		A	R			A	R
			K		E		
		A1	K1	K2			
Langvokal in offener Silbe	Hüte	h	y		:	t	ə
Kurzvokal in geschlossener Silbe	Hüfte	h	ʏ	f		t	ə
Silbengelenk	Hütte	h	ʏ			t	ə
Langvokal in geschlossener Silbe	Wüste	v	y	:	s	t	ə

Es fehlt noch eine Erklärung der 4. Pseudowortform <tehmte>. Hier tritt eine Dehnung des Vokals auf, obwohl die Silbe geschlossen ist. Es handelt sich also um eine »überschwere« Silbe, wie sie für das Deutsche eher untypisch ist. Man denke aber z. B. an das gedehnte [oː] in <Mond> im Gegensatz zum ungespannten [ʊ] in <Mund>. Bereits dieses Beispiel zeigt, dass eine zusätzliche Dehnungsmarkierung hier keineswegs regelhaft ist. Eindeutig als Dehnung erkennbare Formen wie z. B. die Vokalverdopplung in <oo>, <aa> und <ee> beschränken sich auf einen sehr kleinen Teil des Wortschatzes. Das <h> tritt nur bei ca. 40 % der Dehnungsmarkierungen und auch nur vor den Konsonanten <l, m, n, und r> auf. Nur beim <ie> steht ein eindeutiges Dehnungszeichen in den meisten Fällen des [iː] zur Verfügung.

Die Diskussion des Reims der prominenten Silbe führt also zu zwei neuen Graphemreihen, die systematisch aufeinander bezogen werden können. Zunächst gibt es die Doppelkonsonanten-Grapheme, die für das Silbengelenk (und die abgeleiteten Wortformen) benötigt werden:

Tab. 3.12: Sondergrapheme des Silbengelenks

Phonem	Graphem		Phonem	Graphem	Beispiel
/p/	<pp>	Treppe	/d/	<dd>	Kladde
/t/	<tt>	Mitte	/g/	<gg>	Egge
/k/	<ck>	Wecker	r	<rr>	Karren
/s/	<ss>	Wasser	l	<ll>	Welle
/f/	<ff>	Schiffe	m	<mm>	schwimmen
/b/	<bb>	Ebbe	n	<nn>	Kanne
	<tz>	Katze			

Komplementär dazu gibt es Grapheme, die – in bestimmten Fällen – die Länge des Vokals eindeutig anzeigen:

Tab. 3.13: Dehnungsgrapheme

Phonem	Graphem	Beispiel	Graphem	Beispiel
/aː/	<ah>	Wahn	<aa>	Haar
/eː/	<eh>	Reh	<ee>	See
/oː/	<oh>	Sohn	<oo>	Boot
/iː/	<ih>	ihr	<i>	Tiger
/uː/	<uh>	Stuhl		
/ɛː/	<äh>	Zähne		
/øː/	<öh>	verwöhnen		
/yː/	<üh>	Stühle		

Zu beachten ist hier der Sonderfall der i-Schreibungen: hier ist das <ie> die Defaultbezeichnung des Langvokals, während das einfache <i> nur in einer Minderheit der Fälle den Langvokal bezeichnet.

Ein letzter, silbenanalytisch erklärbarer Bereich betrifft das sogenannte silbentrennende <h>. Es tritt auf, wenn auf einen dehnbaren betonten Vokal (aber nicht bei einem Diphthong) in einer offenen prominenten Silbe eine nackte Reduktionssilbe folgt. Die direkt hintereinanderstehenden Vokale könnten als Dehnung missverstanden werden, weswegen hier als Hinweis auf die Silbengrenze ein stummes <h> eingefügt wird. Man schreibt also <Rehe> für [ʁeː.ə] und nicht etwa <Ree>*, obwohl hier zwei Vokale direkt aufeinanderfolgen. Ins amtliche Regelwerk hat diese Regel tatsächlich in §6 Eingang gefunden, auch wenn hier die Rede von Silben vermieden wurde: »Wenn einem betonten einfachen langen Vokal ein unbetonter kurzer Vokal unmittelbar folgt […], so steht nach dem Buchstaben für den langen Vokal stets der Buchstabe h.« (Amtliche Regelung, 2020, S. 1164).

3.3 Das morphologische Prinzip

Wörter in der Schrift

Wörter stellen neben Phonemen und Graphemen einen zweiten, grundlegenden Bezugspunkt aller Schriftsysteme dar. Aber was sind Wörter? Der amerikanische Psycholinguist Steven Pinker (Pinker, 2006, S. 30ff.) unterscheidet beim Wort einmal die bedeutungstragende Einheit, das Morphem, stellt aber gleichzeitig fest, dass viele Wörter aus mehr als einer solchen Einheit bestehen. So ist das Wort ›Baum‹ gleichzeitig ein Morphem, das die Bedeutung »großes Gewächs mit einem Stamm aus Holz« trägt. Aber auch ›Bäume‹ ist ein Wort. Dieses setzt sich aus einem Morphem ›Bäum‹ (einer leicht veränderten Form des Stammes) und einem weiteren Morphem, dem Suffix -e (für den Plural) zusammen. Nicht alle Wörter sind also einzelne Morpheme, und auch nicht alle Morpheme sind Wörter. Wir unterscheiden Stammmorpheme, die selbständige Wörter bilden können, und Flexionsmorpheme. Diese lassen sich nochmals in Wortbildungsmorpheme (wie z. B. -ig in ›lustig‹ für die Bildung von Adjektiven oder -heit in ›Freiheit‹ für die Bildung von Substantiven) und Flexionsmorpheme (wie -st zur Bildung der 2. Person Singular bei Verben wie in ›du geh-st‹ oder -t zur Bildung des Partizip Perfekt bei schwachen Verben) unterscheiden.

Für die Schrift ist das Wort eine grundlegende Einheit, die graphisch durch Leerzeichen vor dem ersten und nach dem letzten Buchstaben abgetrennt werden muss. Die Erfindung der Wortzwischenräume stellt vielleicht eine der großartigsten Leistungen der Schriftgeschichte dar (Saenger, 1992). Ihre Wirksamkeit lässt sich leicht veranschaulichen, wenn wir einen Text ohne solche Spatien schreiben:

vondiesendreienscheintdirdernächstegewesenzuseindemwelcherunterdieräuber
fieljenerantwortetederwelcherbarmherzigkeitanihmgeübthatundjesussprachzu
ihmgehehinundtuedesgleichenesbegabsichaberalssieweiterwandertenkamerine
indorf

In diesem Textstück aus dem Codex Sinaiticus aus dem 3. Jahrhundert nach Christus in deutscher Übersetzung (vgl. Maas, 1992, S. 28) werden Grapheme als Entsprechungen von Phonemen wie an einer Perlenkette aneinandergereiht, was die Lektüre deutlich verlangsamt. Als Leser*in brauche ich zum Verständnis des Textes deutlich länger, als wenn dieser Zwischenräume zwischen den Wörtern hätte.

Beim Schreiben lernen müssen Kinder also nicht nur Phoneme identifizieren und dazu Grapheme ermitteln, sondern auch wissen, wo ein Wort anfängt oder aufhört. Was das Kriterium für ein Wort ist, ist dabei keineswegs trivial. Phonologische Kriterien (ein Wort besteht mindestens aus einer Silbe) reichen ebenso wenig wie semantische (ein Wort hat eine klar abgegrenzte Bedeutung), zumal solcher Wörter wie »er«, »doch«, »schon« etc. gar keine so klare Bedeutung haben. Letztlich entscheidet sich erst mithilfe syntaktischer Proben, was tatsächlich als Wort nicht weiter auftrennbar ist und bei Verschiebungen oder Substitutionen im Satz immer zusammenbleibt.

Wenn Kinder früh mit dem Schreiben von Texten experimentieren, werden häufig noch gar keine Wortgrenzen kenntlich gemacht. In einem zweiten Schritt werden zunächst Inhaltswörter durch Leerzeichen abgetrennt. Dabei kann es auch zur Übergeneralisierung kommen, wenn Komposita wieder in ihre Stämme (Baum + Haus) aufgeteilt werden. Zuletzt gelingt die Getrenntschreibung von unbetonten Funktionswörtern (kannst # du, in # einen). Komplexere Phänomene der Getrennt- und Zusammenschreibung spielen in der Grundschule noch keine Rolle.

Das Prinzip der morphologischen Konstanz

Beim morphologischen Prinzip wird die Existenz von Wörtern und Wortbausteinen (den Morphemen, die keine eigenen Wörter sind) bereits vorausgesetzt. Der Kerngedanke besteht darin, ein Wort bzw. einen Wortstamm unabhängig von Veränderungen in unterschiedlichen Kontexten immer mit denselben Graphemen zu schreiben. Worin die Leistung dieses Prinzips der morphologischen Konstanz besteht, lässt sich gut mithilfe der folgenden Graphik veranschaulichen:

Tab. 3.14: Prinzip der morphologischen Konstanz

	phonetisch			orthographisch		
Präfix	Stamm	Suffix/ 2. Stamm	Präfix	Stamm	Suffix/ 2. Stamm
	faːʀ	ən		fahr	en
	fɛːɐ̯	t		fähr	t

Tab. 3.14: Prinzip der morphologischen Konstanz – Fortsetzung

phonetisch			orthographisch		
Präfix	Stamm	Suffix/ 2. Stamm	Präfix	Stamm	Suffix/ 2. Stamm
aʊf	aːʁ	t	Auf	fahr	t
	faː	ʁaːt		Fahr	rad
	faːʁ	t		Fahr	t
	faː	t		Fahr	t
	fɛːʁ	ə		Fähr	e

Die Tabelle zeigt links phonetische Realisierungen des Wortstamms ›fahr‹ in unterschiedlichen Kontexten. Dabei verändern sich alle Elemente des Stammes, so dass von diesem immer nur ein Teil deutlich artikuliert wird: z. B. wird das [ʁ] vokalisiert oder reduziert, sobald ein Konsonant folgt, das [aː] wird zu [ɛː] umgelautet, das anlautende [f] verschmilzt mit dem Auslaut des Präfixes.

Dagegen macht sich in der rechten Spalte die Wirkung der Konstantschreibung bemerkbar. Abgesehen von der syntaktisch motivierten Groß- und Kleinschreibung und den ä-Pünktchen bleibt das Schriftbild des Stammes immer dasselbe und erlaubt daher schnell, dieses morphologische Element beim Lesen zu erfassen. Wieder zeigt sich aber, dass die Erleichterung der Aufgabe für die Leser*innen durch zusätzliche Anforderungen an die Schreiber*innen erkauft wird. Diese können nicht einfach die Kette einzelner abgehörter Laute in Schrift übertragen, sondern müssen die größeren Einheiten der Schrift als Wörter analysieren.

Bei der Konstantschreibung bildet immer eine phonographisch verschriftete Form den Ausgangspunkt. Diese wird als Stütz-, Referenz- oder Explizitform bezeichnet. Im oberen Beispiel wäre dies die trochäische Form [faːʁən] → <fahren>, die entsprechend der phonologischen und silbischen Regeln geschrieben wird. Ebenso wie das <e> in der zweiten Silbe einen Reduktionsvokal repräsentiert, entspricht das Dehnungs-h in der ersten Silbe der l-, m-, n-, r-Regel. Die Stützform ist in der Regel zweisilbig nach trochäischem Muster, das für den prosodischen Aufbau deutscher Wörter typisch ist. Bei der Dehnung und der Umlautschreibung können auch einsilbige Formen den Bezugspunkt bilden (Eisenberg, 2000, S. 355).

Diese Stützform vererbt dann ihre besondere Schreibung auf die abgeleitete Form, auch wenn diese eine solche Schreibung nicht erfordert: Z. B. wird das <r> in ›Fahrrad‹ oder das <f> in ›Auffahrt‹ zweimal geschrieben, obwohl es nur einmal hörbar ist. Oder das [ɛː] wird mit einem Umlautgraphem geschrieben, in dem die Ähnlichkeit mit <a> noch erkennbar ist.

Allerdings gibt es eine Grenze bei der Konstantschreibung: Bei der Übertragung der Schreibweise der Stützform dürfen phonographische Regeln nicht verletzt werden. Z. B. kann sich das <mm> bei <kommen> [kɔmən] (Silbengelenk) nicht auf die Form <kam> [kaːm] vererben, da hier ein gedehnter Vokal vorliegt.

Anwendungsbeispiele der morphologischen Konstantschreibung

Zu den klassischen Beispielen der Konstantschreibung, die schon am Ende des ersten oder zu Beginn des zweiten Schuljahrs behandelt werden können, gehören die sogenannte Auslautverhärtung und die Umlautschreibung. Nach der Regel der Auslautverhärtung wird <Hund> [hʊnt] mit <d> geschrieben wegen <Hundə> [hʊndə]) bzw. <König> [kø:nɪk] mit <g> wegen <Könige> [kø:nɪgə]. Daneben existiert aber im Hochdeutschen noch die Form [kø:nɪç]. Bei der Realisierung des <g> als ›ich-Laut‹ muss daher von Auslautspirantisierung gesprochen werden. Die Schreibungen des Auslauts in der (einsilbigen) Singularform richten sich nach der »verlängerten« Pluralform, obwohl man im Singular einen anderen Laut wahrnimmt. Die Pointe besteht darin, dass das problematische Phonem aus dem Endrand der ersten in den Anfangsrand der zweiten Silbe rutscht, wo der Kontrast der Stimmhaftigkeit wieder besteht.

Eine weitere Form der Konstantschreibung liegt beim Umlaut vor: <Äpfel> [ʔɛpfl] wird wegen <Apfel> [ʔapfl] mit dem ›ä-Umlaut‹ geschrieben, <Bäume> [bɔʏmə] wegen <Baum> [baʊm] mit dem ›äu-Umlaut‹. Das <ä> zeigt als Graphem weitgehende Übereinstimmung mit <a> und damit die Verwandtschaft der beiden Formen, obwohl dies phonetisch/phonologisch nicht offensichtlich ist. Trotz der verwandten Schreibung bleibt phonographische Treue gewahrt (Amtliches Regelwerk 2020, §13–17).

Weniger offensichtliche Fälle von Konstantschreibung treten bei der r-Vokalisierung auf, die bereits bei den Diphthongen diskutiert wurde (vgl. Maas, 1992, S. 303). Durch die morphologische Schreibung mit <r> auch bei einer Wortform, in der das r vokalisiert ist, lässt sich das Wort im Lexikon sofort finden. Dies gilt besonders, wenn die r-Vokalisierung nach [a] auftritt, weil dann die Vokalisierung nicht mehr erkannt werden kann: In <Jahr> [ja:] wird das <r> wegen <Jahre> [ja:.ʁə] geschrieben, wo es in den Anfangsrand der Reduktionssilbe wechselt und damit hörbar wird. Bei <Garten> [ga:tn] ist eine solche Ableitung aber nicht möglich. Hier hilft der Umweg über <Gärten> [gɛɐtən], wo der offene Diphthong hörbar wird. Die r-Vokalisierung ist keine Dudenregel, da <r> immer als /r/ unterstellt wird. Sie taucht auch bei Eisenberg (2000) und Fuhrhop (2009) nicht als morphologische Schreibung auf.

Ein weiteres wichtiges Feld der Konstantschreibung ist die Behandlung von Silbengelenken in Formen, in denen das Silbengelenk nicht zwischen den Kernen von prominenter und Reduktionssilbe steht. So wird die einsilbige Form [bɪs] <Biss> mit einem doppelten s geschrieben wegen der zweisilbigen Form <Bisse> [bɪsə], in der das ›s‹ ein Silbengelenk bildet – im Unterschied zu der homophonen (gleichklingenden) Form <bis> [bɪs], die sich eben aus keiner Form mit Silbengelenk ableiten lässt. Das Wortspiel im Buch- und Filmtitel »Biss zum Morgengrauen« nutzt genau diese Pointe.

Eisenberg liefert diese Ableitungsregel direkt nach seiner Definition des Silbengelenks: »E1 Die Verdoppelung bleibt auch in solchen Flexionsformen und abgeleiteten Wörtern erhalten, in denen der Konsonant nicht Silbengelenk ist.«

(Eisenberg, 1997, S. 332; Fuhrhop, 2009, S. 27f.). Damit entkoppelt er die silbische Erklärung der Konsonantenverdopplung in »kommen« von der morphologischen Erklärung in »kommt«, die im amtlichen Regelwerk durch den Gebrach des Begriffs ›Wortstamm‹ vermischt werden. Auch didaktisch ist dieses Vorgehen sehr plausibel. Die Formel »Ich schreibe schwimmt mit zwei m, weil es von schwimmen kommt« findet sich in zahlreichen Sprachbüchern.

Auch beim silbentrennenden h wird von einer Vererbung von der zweisilbigen Form auf die einsilbige gesprochen: <Reh> [ʁeː] wegen <Rehe> [ʁeː.ə] oder <zieht> [tsiːt] wegen <ziehen> [tsiː.ən]. Dieses letzte Beispiel zeigt auch, dass bei dem eigentümlichen Aufeinandertreffen von <ie> + <h> letzteres eben kein Dehnungszeichen ist.

Besonders komplex sind die Verhältnisse bei der s-Schreibung: Die Schreibungen mit <ß> waren nötig geworden, um den Kontrast von /s/ und /z/ im Wortinnern, zwischen zwei Vokalen, anzuzeigen. Diese Schreibung wird nun auch auf Formen übertragen, in denen das <ß> im Silbenendrand steht, also phonologisch das <s> ausreichen würde. Die Schreibung von <Fuß> /fuːs/ ist also nötig wegen <Füße> [fyːsə], das als stimmloser Frikativ nach dehnbarem Vokal am Anfang der Reduktionssilbe steht. Ist das /s/ in dieser Position dagegen Silbengelenk, tritt Konsonantenverdopplung ein – die dann auch in der einsilbigen Form auftritt, also <Fluss> wegen <Flüsse> [flʏsə]. Das /s/ als Silbengelenk ist im Standarddeutschen immer stimmlos, weshalb hier keine Lesung als /z/ möglich ist.

Wie die Beispiele beim Wortstamm ›fahren‹ zeigen, spielt die Konstantschreibung auch bei der Bildung von Komposita eine große Rolle. Auch wenn die entsprechenden Phoneme miteinander verschmolzen oder teilweise reduziert sind, müssen also die Formen der isolierten Wortbausteine vollständig geschrieben werden, also <Auffahrt> wegen ›auf‹ + ›Fahrt‹ trotz [aʊfaːt], <Fahrrad> wegen ›fahr‹ + ›Rad‹ trotz [faːrat]. Die zeigt sich auch in dem noch komplexeren Beispiel <Schiedsrichter> wegen ›schied‹ + ›s‹ + ›Richter‹ trotz [ʃiːtsʁɪçtɐ].

Das letzte Beispiel zeigt, in welchem Maße die morphologische Konstantschreibung eine grammatische Analyse voraussetzt. Hier muss zunächst im ersten Wortteil ein Verbstamm erkannt werden, dessen Auslautverhärtung nur durch Verlängerung zum Infinitiv (›schied‹ kommt von ›scheiden‹) bearbeitbar wird. Das folgende ›s‹ muss als Fugen-s von diesem Stamm getrennt geschrieben und darf nicht etwa mit ihm zum <z> verschmolzen werden, bevor dann der dritte Wortbestandteil ›richter‹ folgt.

3.4 Zwischenbilanz: Basis- und Orthographeme

Die in den drei vorherigen Abschnitten entwickelten Komponenten der deutschen Orthographie sollen hier noch einmal mithilfe der von Thomé (2000) entwickelten Unterscheidung von Basis- und Orthographemen zusammengefasst werden. Die einfache Definition besagt, dass das Basisgraphem jeweils die häufigste, das Orthographem eine seltenere Laut-Buchstaben-Beziehung darstellt. So wurden im phonologischen Teil überwiegend Basisgrapheme dargestellt, die in den beiden darauf folgenden Abschnitten durch Orthographeme ergänzt wurden.

Zu den Orthographemen des phonologischen Teils gehören die s-Schreibungen <ß> sowie <s> vor <t> und <p>. Beim <x> vs. <chs> existieren unterschiedliche Auffassungen, welches der beiden als basal einzuschätzen ist.

Die meisten Orthographeme (25) bearbeiten das Problem der Vokallänge und -kürze. Thomé trennt hier Markierungen von Konsonanten von solchen der Vokale. 13 Silbengelenkschreibungen stehen hier 12 Dehnungsschreibungen gegenüber.

Es folgt eine kleinere Zahl von Orthographemen, die im Zuge der Konstantschreibung nötig werden: Hier sind der Umlaut <ä> sowie der Diphthong <äu>, die Vererbung des Dehnungs-h bei <ieh> ebenso zu nennen wie die Schreibungen der stimmlosen Plosive als stimmhafte: <d>, <b> und <g>. Auch das <v> erfüllt hier eine wichtige Funktion zur Markierung von Wortbausteinen.

Schließlich folgen noch einige typische Grapheme, die nur in Fremdwörtern auftreten, aber gleichwohl auch für Grundschüler*innen relevant werden können:

Tab. 3.15: Fremdwortgrapheme

Phonem	Graphem	Beispiel	Referenzsprache
/k/	<c>	Cowboy	Englisch
/ts/	<c>	Cent	Englisch
/k/	<ch>	Chor	Griechisch
/f/	<ph>	Physik	Griechisch
/R/	<rh>	Rhetorik	Griechisch
/t/	<th>	Apotheke	Griechisch
/w/	<v>	Vase	Latein/Franz.
/j/	<y>	Yacht	Niederländ.
/i/	<y>	Baby	Englisch
/y/	<y>	Physik	Griechisch

Die Unterscheidung von Basis- und Orthographemen ist in der fachlichen Diskussion umstritten, da damit eine Zweiteilung der Orthographie in lauttreue ›Basisgrapheme‹ und komplexere ›Orthographeme‹ unterstellt wird. Insbesondere ist beim Ausdruck ›Orthographem‹ zu bemängeln, dass er keine Erklärung für die sehr unterschiedlichen Phänomene enthält, die darunter subsumiert werden. In dieser Einführung wird nur mit dem Kriterium der Häufigkeit argumentiert, das natürlich als solches – genauso wie im Spracherwerb generell – für den Erwerb psychologisch relevant ist.

3.5 Das syntaktische Prinzip

Die grammatische Fundierung des deutschen Schriftsystems gilt in noch größerem Maße für den syntaktischen Bereich, worunter nach mehrheitlicher Auffassung die Getrennt- und Zusammenschreibung sowie die Klein- und Großschreibung fallen. Die Zeichensetzung wird dagegen als eigener Bereich der Orthographie angesehen, bei dem es vor allem um die Gliederung größerer Einheiten innerhalb eines Textes geht. Sie spielt in dieser Darstellung keine Rolle.

Einen besonders problematischen und in der Reformdiskussion heftig umkämpften Bereich stellt die Groß- und Kleinschreibung dar. Sie gehört nicht nur in der Grundschule, sondern auch in der Sekundarstufe I zu den fehleranfälligsten Phänomenen. In der Studie von Steinig & Betzel (2013, S. 366) liegt der syntaktische Bereich mit 5,96 Fehlern auf 100 Wörter noch deutlich vor der Vokalquantität (5,33) und der Phonem-Graphem-Korrespondenz (3,89). Das galt aber auch schon in älteren Untersuchungen, z. B. bei Menzel, 1985. Interessanterweise hat dieser Fehlerbereich schon 2002 den größten Zuwachs erfahren, was auch mit den Verunsicherungen der Orthographiereform 1996 zusammenhängen könnte (Steinig et al., 2009, S. 267).

Im Sprachvergleich ist hier der Sonderweg des Deutschen auffällig. Alle europäischen Nachbarsprachen, die sich auf das lateinische Alphabet stützen, beschränken die Großschreibung auf Satzanfänge (im Deutschen: Amtliches Regelwerk, §54) und Eigennamen (Amtliches Regelwerk, §59–62), legen also einerseits ein klares syntaktisches, andererseits ein semantisches Konzept zugrunde.

Für das Deutsche wurde die Großschreibung des Substantivs (Amtliches Regelwerk, §55) lange als ein sehr komplexes System von Regeln begriffen, bei dessen Bestimmung ebenfalls syntaktische und semantische Kriterien ineinandergreifen (Amtliches Regelwerk, §56–58). Als Basis diente die Lehre der Wortarten, in der sich eine jahrhundertealte und nicht systematisch geklärte Tradition weiterschleppt (Ivo, 2011), die die Wortarten lexikalisch, also unabhängig von ihrem Vorkommen im Satz, definierte (z. B. Nerius et al., 1987).

In dieser älteren didaktischen Tradition wurden Substantive semantisch als Namen und Bezeichnungen für Lebewesen und Gegenstände definiert, wobei Dinge dann weiter erklärt werden als etwas, das man »sehen oder anfassen« kann. Die Literatur ist voll von Berichten über Komplikationen bei der Vermittlung dieser Definition. Bereits Konkreta wie ›Luft‹ oder ›Feuer‹ lassen sich nur bedingt anfassen, noch schwieriger sind Abstrakta wie ›Liebe‹, ›Gerechtigkeit‹ etc. Morphologische Kriterien wie typische Suffixe, etwa -er zur Bezeichnung von Personen, die eine Tätigkeit gewohnheitsmäßig ausüben, oder -heit, -keit zur Bezeichnung von aus Adjektiven abgeleiteten Substantiven, bilden auch nur Teilmengen von Substantiven ab. Auch die Artikelprobe brachte hier keine vollständige Klarheit.

Fuhrhop (2009) macht im Anschluss an Maas (1992), Röber-Siekmeyer (1999) und Eisenberg (2000) dagegen den Vorschlag, das Substantiv als Kandidaten der Großschreibung syntaktisch zu bestimmen, indem seine Verwendung im Satz genauer untersucht wird. Mit dieser Neuorientierung, die von zahlreichen Didaktiker*innen aufgegriffen wurde, ist auch in diesem Bereich der Orthographie des Deutschen die Systematik und Lernbarkeit des Systems gestärkt worden. Insbesondere werden Bezüge zu anderen Bereichen der Grammatik hergestellt, deren Aneignung durch die Kenntnis der Großschreibung erleichtert wird.

Eisenberg und Fuhrhop definieren daher die prototypische Verwendung des Substantivs als Kern einer erweiterten oder erweiterbaren Nominalgruppe (Eisenberg, 2000; Fuhrhop, 2009). In dem Satz »[Das Haus] steht neben [dem Fluss]« bilden die Wörter ›Haus‹ und ›Fluss‹ jeweils Kerne von Nominalgruppen (markiert durch die eckigen Klammern), die in beiden Fällen erweitert sind, nämlich durch die Artikel ›das‹ bzw. ›dem‹. Diese Nominalgruppen sind außerdem durch Adjektivattribute erweiterbar: »[Das kleine Haus] steht an [dem breiten Fluss]«. Wenn Substantive alleine in einem Satz auftreten, helfen solche Proben bei der Prüfung, ob tatsächlich eine Erweiterung möglich ist. In dem Satz »Er kauft Butter und Käse« könnten die beiden Substantive, die hier unbestimmte Mengen bezeichnen, problemlos zumindest durch Adjektive erweitert werden: »Er kauft frische Butter und geriebenen Käse.«

Auf diese Weise lässt sich auch das Problem der »Substantivierung« (Amtliches Regelwerk, § 58) anderer Wortarten wie Verben oder Adjektiven lösen:

»Sie wartete lange in der Schlange« → »Das lange Warten machte sie müde.«
»Er trug eine grüne Hose.« → »Das helle Grün seiner Hose fiel allen auf.«

Nur im zweiten Satz können die Wörter »warten« bzw. »grün« durch einen Artikel und ein Adjektiv erweitert werden. Dass der unbestimmte Artikel »eine« im zweiten Satz sich nicht etwa auf »grüne«, sondern auf »Hose« bezieht, macht der folgende Satz deutlich: »Sie war eine Grüne« – womit etwas völlig anderes gemeint ist. In dem Satz »Sie trug keine blaue Bluse, sondern eine grüne« ergibt sich dagegen die Kleinschreibung von ›grüne‹ dadurch, dass das Wort ›Bluse‹ im zweiten Teil des Satzes weggelassen wurde, es sich also um eine Ellipse handelt.

Dass auch die Großschreibung eine Fundierung in den Besonderheiten der Syntax des Deutschen haben könnte, wurde mehrfach untersucht. Entscheidend sind hier die für das Deutsche besonders charakteristische Verb- und die Nominalklammer. Im Deutschen können die Teile des Prädikats im Satz sehr weit auseinanderstehen, wie auch schon an relativ einfachen Sätzen deutlich wird:

»Zum Geburtstag bekam das Mädchen von seinem Vater eine neue Uhr geschenkt.«

Die Prädikatsteile »bekam ... geschenkt« stehen hier in bestimmten Positionen, der linken und der rechten Satzklammer. Vier Nominalgruppen gehören außerdem zum Satz, von denen eine im Vorfeld und drei im Mittelfeld stehen. Die Großschreibung der am rechten Rand der Nominalgruppe stehenden Kerne hilft dabei, sich einen Überblick über den Satz zu verschaffen und die Nominalgruppen möglichst einfach von den Verben abgrenzen zu können. Dies schlägt sich dann auch in einer größeren Lesegeschwindigkeit nieder.

Diese Funktion der satzinternen Großschreibung wird noch wichtiger aufgrund der sehr komplexen Struktur, die – nur im Deutschen – Nominalgruppen annehmen können: Der Satz »[Der in den Bahnhof eingefahrene Zug] war überfüllt« enthält eine Nominalgruppe, die durch den Artikel und den Kern, eben das großgeschriebene Substantiv ›Zug‹, eingeklammert wird. Zwischen diesen Klammern steht außerdem ein attributiv gebrauchtes Partizip, von dem eine weitere Präpositionalgruppe mit einer eingebetteten Nominalgruppe abhängig ist. Durch die Großschreibung der jeweils rechts stehenden Kerne wird die Gesamtstruktur dieser Phrase übersichtlicher. Hier wird ein besonders enger Zusammenhang zwischen orthographischen Regeln und der Aneignung des Deutschen als Bildungssprache deutlich.

Dass die Großschreibung der nominalen Kerne tatsächlich das Lesen beschleunigt, konnte Bock mit verschiedenen Experimenten (1989, 1990) zeigen, bei denen neben Deutschen auch Leser*innen des Niederländischen mit Texten konfrontiert wurden, die unterschiedliche Varianten der Großschreibung enthielten. Im Ergebnis konnten sowohl die deutschen als auch die niederländischen Leser*innen den Text, der den Regeln der deutschen Großschreibung entsprach, schneller lesen als die Texte mit überwiegender oder gemäßigter Kleinschreibung. Das galt sogar für die niederländischen Leser*innen, obwohl diese eigentlich an eine gemäßigte Großschreibung gewöhnt waren. In einer neueren Studie, die das Verfahren des Eye-tracking, also die Messung der Augenbewegungen beim Lesen, für ihre Experimente nutzten (Pauly & Nottbusch, 2020), wurde das Experiment so abgewandelt, dass ein Wort in einem Kontext präsentiert wurde, der sowohl eine Lesart als Adjektiv als auch als Substantiv zulässt. Durch die schnelle Erfassung des substantivischen Charakters mithilfe der Großschreibung sollte auch eine schnellere Sinnentnahme des Satzes möglich sein, so die Ausgangshypothese. Das Experiment wurde mit 54 Teilnehmer*innen mit höherem Bildungsabschluss durchgeführt. Es zeigte sich eine signifikant höhere Lesegeschwindigkeit bei den Sätzen, in denen die Großschreibung regelkonform markiert war (183,8 Wörter pro Minute gegenüber nur 171,1 Wörter pro Minute im Falle der Kleinschreibung).

Mithilfe psycholinguistischer Experimente kann also gezeigt werden, dass orthographische Strukturen wie die Groß- und Kleinschreibung nicht einfach eine Schikane für Schüler*innen sind, die dazu dient, dass »[…] der soziale Aufstieg der Grundschicht […] behindert« wird (Reichen, 2003, S. 122). Ohne hier Mechanismen sozialer Selektivität im Bildungswesen in Abrede stellen zu wollen, ist es zunächst einmal sinnvoll, die Funktionalität bestimmter sprachlicher und orthographischer Strukturen in den Blick zu nehmen. Eine solche Perspektive ist insbesondere für Lehrkräfte notwendig, die einen Beitrag dazu leisten können, dass auch Rechtschreibung – wie Mathematik – ein in großen Teilen lernbares System darstellt, mit dessen Hilfe das Lesen, also die Aneignung von Wissen, in hohem Maße erleichtert wird.

3.6 Aufgaben

Basis- und Orthographeme

1. Untersuchen Sie die jeweils unterstrichenen Grapheme: Schn<u>ee</u>ball, W<u>o</u>rte, Glan<u>z</u>, Z<u>äh</u>ne, <u>Th</u>ese, Ob<u>s</u>t, Ra<u>t</u>, Ra<u>d</u>, Fen<u>s</u>ter, <u>S</u>terne, Rolle<u>r</u>, schwi<u>mm</u>en, Ko<u>ch</u>, <u>V</u>ogel, <u>Ch</u>or
2. Welcher Laut wird repräsentiert? (Bitte IPA-Zeichen eintragen.)
3. Handelt es sich um Basis- oder Orthographeme?
4. Wenn es Orthographeme sind, welches ist ihre Funktion? (Vokaldehnung, Silbengelenk, Auslautverhärtung, Fremdwortschreibung, s-Schreibung vor t oder p, Stammkonstanz beim Umlaut, lexikalisch)

Silbenanalyse

1. Schreiben Sie die folgenden Wörter in Lautschrift (gemäßigte Hochlautung): Herzen, gefangen, Wolke, sitzen, schreiben, wollen
2. Gliedern Sie die Wörter in prominente (S') und Reduktionssilben (S⁰)!
3. Ordnen Sie jedem lautlichen Segment eine Silbenposition (A, K oder E) zu!
4. Bei welchen Wörtern liegen Silbengelenke vor?
5. Warum wird das Silbengelenk nicht in allen Beispielen mit einem Doppelkonsonanten markiert?

4 Erwerbsprozesse beim Lesen und Schreiben lernen

Der Schriftspracherwerb schließt visuelle und auditive, sprachliche, kognitive und kulturelle Kompetenzen ein. Zu den visuellen Fähigkeiten gehört neben der physikalisch-medizinischen Sehfähigkeit die Verarbeitung der spezifischen visuellen Reize im Gehirn. Dass aber die wahrgenommenen Objekte als Buchstaben verarbeitet werden können, setzt eine kulturelle Kompetenz, die Buchstabenkenntnis, voraus, die zu den frühen literalen Fähigkeiten gehört (Schneider, 2017, S. 38). Das Wissen um die besonderen formalen Merkmale geschriebener Sprache schließt eine Vorstellung relevanter Teile der Buchstabenform ebenso ein wie die Struktur von Text, der in Zeilen angeordnet ist, von links nach rechts erfasst werden muss und in einem Zusammenhang mit gesprochener Sprache steht.

Ein weiterer, sprachlicher Kompetenzbereich ist die phonologische Informationsverarbeitung. Später kommen noch andere Aspekte der Sprachkompetenz wie der Umfang des Wortschatzes, grammatische Fähigkeiten und das Hörverstehen hinzu. Diese wirken sich aber stärker auf höhere Kompetenzen des Leseverstehens und Rechtschreibens aus (Schneider, 2017, S. 42).

Zu den kulturellen Kompetenzen gehören über die Buchstabenkenntnis hinaus Erfahrungen mit geschriebener Sprache, die in Vorlesesituationen, aber auch bei der alltäglichen Begegnung mit Schrift und den Reaktionen der Erwachsenen auf Schrift gesammelt werden. Diese wirken sich direkt auf die Motivation und Neugier, lesen und schreiben lernen zu wollen, aus.

4.1 Erwerbsprozesse im Vorschulalter

Phonologische Informationsverarbeitung

Eine Reihe der genannten Kompetenzen wird bereits im Vorschulalter erworben. Besonders gut erforscht ist der Erwerb der Phonologischen Informationsverarbeitung, der sich in die phonologische Bewusstheit, die Kapazität des sprachlichen Arbeitsgedächtnisses und die Geschwindigkeit der sprachlichen Informationsverarbeitung gliedert.

Die Kapazität des sprachlichen Arbeitsgedächtnisses ist vor allem zu Beginn des Leselernprozesses wichtig, weil phonologische Informationen über einzelne

Grapheme zwischengespeichert werden müssen, bis ein ganzes Wort gelesen werden kann. Man spricht hier auch vom phonologischen Rekodieren. Die Geschwindigkeit der sprachlichen Informationsverarbeitung stellt sicher, dass aus dem Langzeitgedächtnis Wörter schnell abgerufen werden können. Als Impuls hierfür werden meist Bilder verwendet. Für das Lesenlernen ist dieser Prozess wichtig, wenn die bereits gespeicherte lautliche Information über ein Wort mit dem Lexikon verknüpft werden soll (Schneider, 2017, S. 37).

Besonders stark konzentrierte sich die Forschung aber auf das Konstrukt der phonologischen Bewusstheit. Eine verbreitete Definition entwickelt den Begriff in direktem Zusammenhang mit dem Schriftspracherwerb:

> Um Einblick in diese sprachlichen Einheiten [der Schriftsprache, Anm. d. Verf.] zu gewinnen, müssen Kinder nun erstmals seit Beginn ihrer Sprachentwicklung ihre Aufmerksamkeit von der Bedeutung einer Mitteilung abwenden und auf die formale Struktur des sprachlichen Materials lenken [...]. Dieser Prozess, der es ermöglicht, sich auf die linguistischen Einheiten der Schriftsprache zu konzentrieren, wird [...] als **phonologische Bewusstheit** bezeichnet. (Küspert & Schneider, 1999, S. 12)

Entscheidend in dieser Definition sind die Begriffe Aufmerksamkeit oder Bewusstheit und die formale Struktur des sprachlichen Materials, genauer: phonologische Merkmale dieses Materials. Wie kann ›Aufmerksamkeit‹ nachgewiesen werden? Hier hat sich eine Fülle unterschiedlicher Aufgabentypen entwickelt, die einen sehr unterschiedlichen Schwierigkeitsgrad aufweisen:

- feststellen, ob sich bestimmte Wörter reimen, oder ein passendes Reimwort finden: Wal – Schal (identifizieren von Reimen)
- ein Wort in seine Silben zerlegen, indem zum Beispiel bei jeder Silbe geklatscht oder gehüpft wird: Kro – ko –dil (analysieren von Silben)
- mehrere Silben zu einem Wort zusammenziehen (synthetisieren von Silben)
- mehrere einzelne Laute zu einem Wort zusammenziehen (»r – o – t: Was ergibt das zusammen?«)
- Vertauschung von erster und zweiter Silbe in den Wörtern »Ziege« und »Kamel«, die dann zu »Ziemel« und »Kage« werden (Manipulation lautlichen Materials, vgl. Martschinke et al., 2004).

Wie steht es nun mit den phonologischen Merkmalen des sprachlichen Materials? Auf der obersten Ebene weist Sprache einen Rhythmus auf, der aus einer charakteristischen Abfolge betonter und unbetonter Silben besteht. Aus der Spracherwerbsforschung ist bekannt, dass Kinder schon vor der Geburt den Rhythmus der Sprache ihrer Mutter als beruhigend empfinden, lange bevor einzelne Laute unterschieden oder gar selbst gebildet werden können (Penner, 2006).

Unterhalb des Sprachrhythmus stehen Wörter, die ein- oder mehrsilbig sein können. Die Silbenzahl entscheidet darüber, wie lang ein Wort zu hören ist. Erst wenn Kinder imstande sind, die Länge eines Wortes von der Länge oder Größe des bezeichneten Gegenstandes zu unterscheiden, kann von einer besonderen Aufmerksamkeit für die lautliche Seite der Sprache gesprochen werden.

Innerhalb der Silben können als nächste Ebene der Onset und der Reim unterschieden werden, bevor auf der untersten Ebene tatsächlich Phoneme in den Fokus der Aufmerksamkeit geraten. Dass sich diese beiden Analyseebenen nochmals unterscheiden, wird erst dann klar, wenn Wörter mit Konsonantenhäufungen analysiert werden müssen. In dem Wort »Hose« können zwei Silben und jeweils Onset und Reim unterschieden werden. Viele Anlautspiele, die eigentlich auf die Phonemebene zielen, isolieren also zunächst nur den Onset und den Reim. Erst wenn der Unterschied z. B. zwischen Brot und Boot (Onset) oder zwischen Schlumpf und Schlupf (Koda) erfasst werden kann, ist tatsächlich die Phonembewusstheit erreicht (Schnitzler, 2008, S. 23).

Die hier beschriebenen sprachlichen Einheiten sind unterschiedlich groß. Die bereits in vielen Studien überprüfte These lautet, dass Kinder zunächst die Aufmerksamkeit nur auf größere, später auf immer kleinere Einheiten richten können. Eine verbreitete Unterscheidung spricht daher von der phonologischen Bewusstheit im weiteren und im engeren Sinne (Skowronek & Marx, 1989). Erstere bezieht sich auf Silben und Reime und schließt relativ einfache Aufgaben ein, während sich letztere auf Phoneme bezieht. Diese tritt im Vorschulalter nicht spontan auf, sondern erst im Zusammenhang mit der schulischen Anleitung; sie erfordert den gleichzeitigen Umgang mit Buchstaben.

Ein Nachteil dieses zweigliedrigen Modells ist es, dass hier zwar die Größe der Einheit unterschieden wird, aber keine genaueren Aussagen zur Komplexität der Aufgaben gemacht werden. Im deutschen Forschungskontext hat daher Schnitzler (2008) erstmals herausgearbeitet, dass eigentlich die beiden Dimensionen unabhängig voneinander betrachtet werden müssen. Das schlagende Beispiel hierfür ist die Schüttelreimaufgabe auf Silbenebene (»Zie.ge/Ka.mel« wird zu »Zie.mel/Ka.ge«), die selbst nur von 30 % der Erstklässler*innen richtig gelöst werden kann, obwohl Aufmerksamkeit von Silben schon bei Vierjährigen vorhanden ist (Schnitzler, 2008, S. 41).

Schnitzler (2008) schlägt daher ein zweidimensionales Modell vor, das die Größe der Einheit (Granularität) und die Aufgabenkomplexität klar unterscheidet. Auf der Basis dieser Matrix können nun Aufgabentypen in bekannten Tests zur phonologischen Bewusstheit eingeordnet und geprüft werden, wie aussagekräftig dann die Testergebnisse für die jeweiligen Teilkompetenzen der phonologischen Bewusstheit einer bestimmten Altersgruppe sind.

Zum Zusammenhang von phonologischer Bewusstheit und Schriftspracherwerb wurden im Laufe der vergangenen 35 Jahre drei Hypothesen diskutiert: Die Voraussetzungshypothese geht davon aus, dass ohne eine gut ausgebildete phonologische Bewusstheit im Vorschulalter mit erheblichen Nachteilen beim Schriftspracherwerb zu rechnen ist. Dagegen vertreten die Anhänger*innen der Konsequenzhypothese, dass wesentliche Entwicklungen der phonologischen Bewusstheit erst nach dem Beginn des Schriftspracherwerbs einsetzen, also der Beginn des Schriftspracherwerbs selbst erst die entsprechenden Prozesse der Bewusstwerdung auslöst. Schließlich behauptet die Interaktionshypothese, dass ein gewisses Niveau der (insbesondere impliziten) phonologischen Bewusstheit tatsächlich unabhängig vom Schriftspracherwerb entsteht und sich positiv auf diesen auswirkt, während explizite phonologische Bewusstheit sich tatsächlich erst im Zuge des Schriftspracherwerbs entwickelt (Schnitzler, 2008, S. 55).

Forschungsergebnisse zu den Erwerbsprozessen der phonologischen Bewusstheit in unterschiedlichen Altersgruppen im Bereich der Dimensionen ›Einheit‹ und ›Aufgabe‹ können zu einer Klärung der Debatte beitragen.

Der relevante Teil der Entwicklung der phonologischen Bewusstheit im Vorschulalter bezieht sich nur auf die niedrigere Kompetenzstufe ›identifizieren‹ und ›segmentieren‹ von Silben mit Sprechpausen. Beim Zerlegen von Wörtern in Phoneme sind diese Kinder schon nur noch zu 22 % erfolgreich. Bei den Schulanfänger*innen kommen (bei fehlenden Daten zur Onset-/Reim-Ebene) schon gewisse Fähigkeiten in der Manipulation von Silben sowie bei expliziten Aufgaben der Phonemebene hinzu, diese werden aber von weniger als einem Drittel der Kinder gelöst. Erst bei den Zweitklässler*innen erreichen die Leistungen beim Segmentieren und Synthetisieren auf Silben, Onset- und Reimebene gute bis sehr gute und auch beim Manipulieren schon mittlere Werte. Bei den Dritt- und Viertklässler*innen erfolgt dann nochmals eine Steigerung insbesondere im anspruchsvollsten Aufgabenbereich, dem Manipulieren, und zwar sowohl auf Onset- und Reim- wie auf Phonemebene (Schüttelreimaufgaben). Die Analysen zeigen, dass sich die phonologische Bewusstheit also während der Schulzeit noch weiterentwickelt, insbesondere in Bezug auf die Komplexität der jeweiligen Aufgaben.

Insgesamt bestätigen zahlreiche Analysen, dass explizite phonologische Bewusstheit auf Phonemebene erst mit dem Beginn des Schriftspracherwerbs einsetzt und vor allem durch diesen vorangetrieben wird. Damit wurden sowohl die Voraussetzungshypothese als auch die Konsequenzhypothese deutlich relativiert. Bei der Variable »phonologische Bewusstheit« muss daher immer genau geprüft werden, auf welche sprachlichen Einheiten sich diese beziehen und wie komplex die Aufgaben konstruiert sind.

Mithilfe von Programmen wie dem Würzburger Trainingsprogramm »Hören Lauschen Lernen« (Küspert & Schneider, 1999; Plume & Schneider, 2004) wird seit den 1990er Jahren die phonologische Bewusstheit im Kindergarten gefördert, um die Ausbildung einer späteren Lese-Rechtschreibschwäche zu verhindern. Die Wirksamkeit dieser Programme ist in einer Reihe von Studien überzeugend nachgewiesen worden (Schneider, 2017, S. 47ff.). Sie gilt insbesondere für solche Kinder, die vorher mithilfe eines Screeningverfahrens zur phonologischen Bewusstheit als Risikokinder identifiziert worden waren. Allerdings zeigten sich besonders starke positive Effekte, wenn das Trainingsprogramm mit der Einführung einfacher Laut-Buchstaben-Beziehungen kombiniert wurde (Schnitzler, 2008, S. 64; Schneider, 2017, S. 53).

Kulturelle Erfahrungen mit Büchern und Schrift

Wie die Entwicklung der phonologischen Bewusstheit Lerngelegenheiten voraussetzt, so werden auch kulturelle Erfahrungen mit Schrift durch das familiale und soziale Umfeld sehr stark beeinflusst. Ein Schlüsselmoment der literalen (und literarischen) Sozialisation sind Vorlesesituationen. Die gemeinsame Beschäftigung eines*einer Erwachsenen und eines Kindes mit einem Bilderbuch regt Lernprozesse auf zahlreichen sprachlichen Ebenen an: So wiederholt sich die bereits für den frühen Spracherwerb zentrale Erfahrung der gemeinsamen Aufmerksamkeit für etwas Drittes (joint attentional frame, vgl. Tomasello, 2003), in diesem Fall das Buch. Durch einfache Handlungen des Zeigens, Benennens, Bestätigens und Nachfragens erhält das Kind viele Gelegenheiten zum sprachlichen Lernen. Wenn das Betrachten und Besprechen das Vorlesen des Textes begleitet, entsteht ein fließender Übergang zwischen konzeptionell mündlicher und schriftlicher Sprache. Im Anschluss an Wieler (1997) wurde in zahlreichen Untersuchungen bestätigt, dass die sprachliche Begleitung des Vorlesens und die Gelegenheiten zur eigenen Beteiligung des Kindes im Sinne eines dialogischen Lesens einen großen Einfluss auf spätere Sprach- und Lesekompetenzen haben.

Textauszug 3 in den Aufgaben in ▶ Kap. 2.7 gibt einen Dialog zwischen Mutter und Kind bei der Betrachtung einer Seite des Bilderbuchs »Oh wie schön ist Panama« wieder, der den Prozess der Sinnkonstruktion auf Seiten des Kindes sehr schön veranschaulicht. Das Kind kann die Tätigkeit des kleinen Bären (»fischen«) nicht mit der Aussage verbinden, dass »die Kiste nach Bananen roch.« Bananen gibt es allenfalls im Supermarkt, während im Fluss Fische gefangen werden. Nur durch das Hin und Her des Dialogs im Anschluss an die vorgelesene Stelle wird diese Irritation überhaupt wahrnehmbar und vielleicht Ausgangspunkt einer späteren Lerngelegenheit. Das Besprechen erweitert so das Weltwissen des Kindes, wie der Wechsel zwischen dem vorgelesenen Text »die Kiste roch nach Bananen« zur Alltagssprache »da ist überhaupt nichts drin« einerseits das Verstehen erleichtert, andererseits aber konzeptionelle Schriftlichkeit schon in den Aufmerksamkeitshorizont rückt.

Zusammenhänge zwischen familialer Lernumgebung (Home Literacy Environment, HLE) und späteren literalen Fähigkeiten wurden etwa in der BiKS-Studie (Bildungsprozesse, Kompetenzentwicklung und Selektionsentscheidungen im Vorschul- und Schulalter, vgl. Lehrl et al., 2012) untersucht. Bei dem Konstrukt der HLE unterscheiden die Autor*innen im Anschluss an Sénéchal & Le Fevre (2002) zwischen formellen (1) und informellen (2) Lerngelegenheiten und der Qualität der Eltern-Kind-Interaktion (3). Die ersten beiden Variablen ergeben sich aus den Antworten eines Elternfragebogens, während bei der dritten Bilderbuchinteraktionen zwischen Eltern und Kind beobachtet und das elterliche Verhalten entlang von 6 Kategorien durch Rating bewertet (›geratet‹) wurde. Hierfür relevante Kategorien waren der Gebrauch von Fragen, die Gesprächsanteile von Erwachsenem*r und Kind, das nonverbale Verhalten (sozial-emotionales Klima) und das Niveau der elterlichen Sprache. Formelle Gelegenheiten bestehen in direkter Unterweisung im Lesen und Schreiben, z. B. durch das Benennen von Buchstaben oder das Üben des Schreibens des eigenen Namens. Zu den informellen Lerngelegenheiten zählen das dialogische Bilderbuchlesen oder andere Formen der gemeinsamen Beschäftigung mit Büchern, wobei hierbei auch nach der Zahl der Erwachsenen- und der Kinderbücher im Haushalt gefragt wurde. Qualität der Eltern-Kind-Interaktion (3) und (informelle) Erfahrungen mit Büchern (2) korrelieren in einem hohen Ausmaß miteinander, nicht aber mit der formellen Instruktion (1). Außerdem wurden der sozioökonomische Status der Eltern und der Migrationshintergrund, also der Gebrauch einer anderen Familiensprache neben dem Deutschen, als unabhängige Variablen einbezogen.

Zusammenhänge zwischen diesen Variablen und späteren sprachlichen und literalen Kompetenzen der Kinder wurden in Form eines Strukturgleichungsmodells dargestellt. Ein höherer sozioökonomischer Status der Eltern wirkt sich positiv sowohl auf die Qualität der Eltern-Kind-Interaktion als auch auf die Erfahrungen mit Büchern aus und beeinflusst über diese auch den rezeptiven Wortschatz, das inhaltliche Vorwissen und die Grammatikfähigkeiten des Kindes vor der Einschulung. Die Buchstabenkenntnis wird dagegen am stärksten von der formellen Instruktion beeinflusst, steht aber in keinem engeren Zusammenhang zu den anderen Kompetenzen. Der Faktor Migrationshintergrund stand wiederum in einem positiven Zusammenhang mit der formellen Instruktion, aber einem negativen mit den Erfahrungen mit Büchern und der Qualität der Eltern-Kind-Interaktion.

Einen ähnlichen Ansatz verfolgten Niklas, Möllers und Schneider (2013). Im Unterschied zur BiKS-Studie wurde die kulturelle Praxis in den Familien auch über einen Fragebogen erhoben. In dem Modell wurde aber zusätzlich zum Wortschatz und der Buchstabenkenntnis (hier Teil der Variable phonologische Bewusstheit) auch die Lesekompetenz am Ende des ersten Schuljahres berücksichtigt. Das Strukturgleichungsmodell weist signifikante Einflüsse des kulturellen Kapitals (Buchbesitz etc.) sowohl auf Wortschatz wie phonologische Bewusstheit nach, während die kulturelle Praxis stärker den Wortschatz als die phonologische Bewusstheit beeinflusst. Beide Variablen wirken aber etwa gleich stark auf die Lesefähigkeit. Der Faktor Migrationshintergrund steht auch hier in einem negativen Zusammenhang mit den beiden Variablen der häuslichen Lernumgebung.

Bei solchen Analysen drängt sich natürlich die Frage auf, ob durch die Konstrukte der Forschung ein bestimmtes kulturelles Bias entsteht, das etablierte literale Praktiken aus Mittelschichtsfamilien eher begünstigt (vgl. insbesondere die Ratings zur Qualität der Eltern-Kind-Interaktion). Von Interesse ist daher auch ein Blick auf kulturell unterschiedliche Praktiken, wie sie z. B. in Latino-Familien in den USA untersucht wurden (Caspe, 2009). Hier wurden Mütter mit einem entsprechenden sprachlichen und kulturellen Hintergrund gebeten, mit ihren Kindern gemeinsam ein bestimmtes Bilderbuch (ohne Text) anzuschauen. Die Gestaltung der Situation war ihnen überlassen. Die mit Rekorder aufgezeichneten Dialoge wurden nach der Zahl der Äußerungen unterschiedlichen Typs (Aussagen bzw. Fragen/Aufforderungen an das Kind, Beiträge zum Inhalt oder zu anderen Themen) ausgewertet. Mithilfe einer Clusteranalyse konnten drei Haupttypen von Gesprächssituationen ermittelt werden: 1. Die Geschichtenerzählerin, 2. Die Geschichtenbilderin und Benennerin, 3. Die abkürzende Geschichtenerzählerin. Wider Erwarten hatte der Typus der Geschichtenerzählerin – im Unterschied zu den beiden anderen Typen – den stärksten Einfluss auf spätere Erzählfähigkeiten der Vorschulkinder. Der Einfluss der abkürzenden Geschichtenerzählerin auf die späteren Erzählfähigkeiten war nur in Kombination mit einer mehrjährigen Teilnahme des Kindes am sogenannten Head Start-Programm, also einer besonders intensiven vorschulischen Sprach- und Lernförderung, wirksam. Die Praxis der Geschichtenbilder- und Benenner*innen, die den Modellvorstellungen des dialogischen Bilderbuchlesens, wie es die US-Kleinkindpädagogik bestimmt, am nächsten kommt, war dagegen – außer im Bereich der evaluativen Äußerungen von Kindern – nicht signifikant wirksam. Eine mögliche Erklärung sieht die Autorin in der mangelnden Passung dieser Praktik mit der kulturellen Tradition des Geschichtenerzählens in Latino-Familien. Eine Wertschätzung der jeweils vorhandenen spezifischen kulturellen Traditionen im Umgang mit Schriftkultur wird daher als der geeignetere Weg zur vorschulischen Literacy-Förderung in der Familie gesehen (Caspe, 2009).

Beim Bilderbuchlesen kann auch Schrift in ihrer materiellen Gestalt zum Thema werden. Das Hören des immer gleichen Textes »Die Kiste roch nach Bananen« macht auf die Invarianz der Schrift aufmerksam, im Gegensatz zu den vielfältigen Variationsmöglichkeiten einer mündlichen Erzählung. Der Blick auf den Finger des Erwachsenen, der dem Gelesenen folgt, schafft eine Aufmerksamkeit für den Zusammenhang zwischen dem Gedruckten und gesprochener Sprache. Ohne dass der Code selbst tatsächlich geknackt wird, übt das Kind sich in die kulturelle Praxis des Lesens ein, zu der auch eine charakteristische Veränderung der Stimme gehört (Becker, 2014, S. 168).

Kulturelle Vorformen des Schreibens sind die bereits in ▶ Kap. 2 erwähnten Kritzelbriefe, d. h., der Einsatz von gleichförmigen graphischen Elementen, die nicht primär bildlich interpretiert werden können, sondern bereits an Schrift erinnern. Von solchen Vorformen des Schreibens macht insbesondere die »Reception Class«, also die Übergangsklasse von der Vor- in die Grundschule im englischen Bildungssystem, intensiven Gebrauch (Brooker, 2012). In Deutschland fand in den letzten Jahren dagegen ein anderes Verfahren in Kitas vermehrte Beachtung, nämlich das Diktieren: Hier werden Kinder dazu ermutigt, der Fachkraft eine Geschichte zu diktieren, so dass sie von der eigentlichen Schreibaufgabe entbunden werden und ihre Anstrengung auf die Textproduktion und die Formulierungen im Sinne einer konzeptionellen Schriftlichkeit richten können.

In ihrer Analyse der so entstandenen Texte arbeitet Merklinger (2011, S. 96ff.) vier unterschiedliche Zugänge zur Schriftlichkeit heraus: 1. Der Formaspekt von Sprache, u. a. die grammatische Richtigkeit, wird bedeutsam, z. B., indem die Kinder statt des gesprochenen ›n‹ Mann‹ ausdrücklich ›einen Mann‹ diktieren. 2. Beim wortgenauen Formulieren wird nach mehreren mündlichen Anläufen ein Satz wörtlich diktiert, der auch anders betont wird. 3. Thematisieren von Buchstaben: »Jetzt hab ich schon drei Wörter mit S: Maus, Schlange, Fuchs« (ebd., S. 112) oder der Wortlänge (»Das waren die kürzesten Namen«). 4. Manchmal werden auch einzelne Zeichen von den Kindern thematisiert: »Warum hast du einen Punkt gemacht« (ebd., S. 119). Diese Beispiele zeigen, wie allein durch die Zerdehnung der Schreibsituation (der*die Schreiber*in wiederholt den vom Kind diktierten Satz, während er*sie schreibt) die Aufmerksamkeit der Kinder viel stärker auf die Gestaltung des Textes gerichtet wird. Gleichzeitig machen sie aber auch Beobachtungen zu dem, was auf dem Blatt durch die Hand des*der Erzieher*in fixiert wird, indem Bezüge zwischen Wörtern bzw. Teilsätzen und Teilen des Geschriebenen hergestellt werden.

Im Gegensatz zu der bereits in zahlreichen Studien gut dokumentierten Entwicklung der phonologischen Bewusstheit sind die in diesem Abschnitt diskutierten kulturellen Erfahrungen von Vorschulkindern mit Schrift in ihrer Vielfalt noch lange nicht ausreichend erforscht. Ihre Bedeutung für die spätere Lese- und Schreibentwicklung steht aber außer Frage.

4.2 Der Erwerb basaler Lese- und Schreibkompetenzen

Modelle des Lese- und Schriftspracherwerbs im Sprachvergleich

Im Zuge der entwicklungspsychologischen Forschungen seit Anfang des 20. Jahrhunderts sind auch für den Schriftspracherwerb Gesetzmäßigkeiten der Entwicklung postuliert und z. T. nachgewiesen worden. Nach dem Modell Piagets zur kognitiven Entwicklung von Kindern wurde angenommen, dass auch der Erwerb des Lesens bzw. Rechtschreibens bestimmten Gesetzmäßigkeiten folgt.

Bei der Erfassung der basalen Bestandteile der Lese- bzw. Rechtschreibfähigkeit wird häufig übersehen, dass sich die Schriftsysteme in den unterschiedlichen Sprachen der Welt sehr stark unterscheiden. Das gilt nicht nur für die unterschiedlichen Buchstaben bzw. Grapheme (oder andere basale Einheiten des Schriftsystems), die natürlich gelernt werden müssen. Vielmehr geht es auch um die unterschiedliche Struktur der jeweiligen Orthographien, die Lerner*innen kleinere oder größere Hindernisse in den Weg legen. Dies gilt sogar schon für Schriftsprachen, die alle mehr oder weniger dieselben Buchstaben, nämlich die des lateinischen Alphabets, für ihre Orthographien nutzen.

In einem groß angelegten vergleichenden europäischen Projekt (Seymour et al., 2003) wurden Grundschüler*innen der ersten und 2. Klassen in ihren Lesekompetenzen verglichen, wobei sowohl das Lesen häufiger Realwörter als auch das von einfachen ein- und zweisilbigen Pseudowörtern miteinander verglichen wurde. Pseudowörter sind Wörter, die es nicht gibt, die aber entsprechend den Regeln der jeweiligen Orthographie ›lesbar‹ sind. Für das Deutsche wurden z. B. Einsilber wie ›kup‹ oder Zweisilber wie ›rela‹ verwendet, für das Englische etwa ›tas‹ bzw. ›feno‹ (Seymour et al., 2003, S. 174). Pseudowörter sind in Lesetests hilfreich, weil durch sie ermittelt werden kann, ob ein Wort tatsächlich mithilfe der Graphem-Phonem-Korrespondenzen erlesen werden kann. Ein Realwort könnte auch auswendig gelernt worden sein.

Die beteiligten Sprachen wurden einmal danach unterschieden, ob sie eine eher flache oder tiefe Orthographie aufweisen, bzw. ob eine einfache oder komplexe Silbenstruktur vorlag. Als Kriterium für die Tiefe der Orthographie dienten der Umfang unterschiedlicher Phonem-Zuordnungen eines Graphems und deren

4 Erwerbsprozesse beim Lesen und Schreiben lernen

Transparenz. Besonders das Englische erwies sich als ein Schriftsystem mit einer großen Vielfalt unterschiedlicher Graphem-Phonem-Zuordnungen:

Tab. 4.1: Schreibungen des /i:/ im Englischen (nach Fry, 2004, S. 88)

Phonem	Graphem	Beispiel	Häufigkeit	Alternatives Phonem	Beispiel
[i:]	<e>	›he‹	40,34 %	/e/	›red‹
	<y>	›very‹	41,17 %	/ai/	›why‹
	<ea>	›meat‹	5,60 %	/e/	›sweat‹
	<ee>	›meet‹, ›sweet‹	5,69 %	–	–
	<e C e>	›delete‹	1,42 %	/e/	›fence‹
	<ie>	›brief‹	1,42 %	/ai/	›pie‹
	<i C e>	›police‹	1,01 %	/ai/	›nice‹
	<ey>	›money‹	0,93 %	/ɛi/	›they‹
	<ea C e>	›peace‹	0,69 %	–	–
	<i>	›unique‹	0,85 %	/ai/	›tidy‹
	<ei>	›receive‹	0,37 %	/ai/	›height‹
				/i/	›foreign‹

Im Vergleich zum Deutschen gibt es hier nicht nur mehr Varianten, sondern es fehlt auch eine eindeutige Häufigkeitsverteilung: Zwei Schreibungen teilen sich nur 80 %, mit den beiden Digraphen werden zwar immerhin 90 % erreicht, wobei ein Korpus von 17.310 verschiedenen Wörtern der Analyse zugrundelag. Aber fast alle diese Grapheme kommen noch einmal mit anderen Phonem-Korrespondenzen vor.

Dennoch werden auch im Englischen einfache und kontextabhängige Phonem-Graphem-Korrespondenzen unterschieden. So wird <a> in der Regel als /æ/ realisiert wie in <hat>, aber als /a/ in <swan>, aufgrund des <w> im Onset, und als /ɔ:/ in <tall> aufgrund des <l> in der Coda. Im Vergleich dazu erscheinen die in ▶ Kap. 3 gezeigten Ambiguitäten bestimmter Grapheme im Deutschen eher geringfügig, und sie betreffen auch nur in geringerem Maße das Lesen. Deshalb wurde das Deutsche bei Seymour et al. (und auch sonst in der vergleichenden Literatur) als eine relativ flache Orthographie präsentiert.

Eine komplexe Silbenstruktur trägt ebenfalls zu Verzögerungen im Erwerb des Lesens und Schreibens bei. Einfache CV-Silben, wie sie z. B. im Italienischen vorherrschen, stimmen bereits mit der früher erworbenen Onset-Reim-Gliederung überein. Bei Sprachen mit Konsonantenclustern muss dagegen jeweils im Onset sowie im Reim genauer analysiert werden.

Hinzu kommt noch die Veränderung der Vokalqualität und -quantität, die ebenfalls von der Silbenstruktur beeinflusst wird, wie bereits am Beispiel der deutschen Orthographie in ▶ Kap. 3.2 herausgearbeitet wurde: Für das richtige Erfassen der Vokalqualität bzw. -quantität muss der gesamte Silbenreim in den Blick genommen werden. Die Orthographie bildet hier nur die größere Komplexität der Silbenstruktur ab.

Allerdings können auch Sprachen mit einer einfacheren Silbenstruktur eine große orthographische Tiefe aufweisen. Dies zeigt sich zum Beispiel beim Französischen, das mithilfe ›stummer‹ Buchstaben grammatische Strukturen repräsentiert. Hier kann aber die jeweils unterschiedliche Schreibung auf der Ebene des Satzverstehens genutzt werden. Für die Leser*innen stellen diese zusätzlichen Informationen daher eine große Hilfe bei der Bedeutungsentnahme dar.

Tab. 4.2: Französisch: Grammatische Funktion von Graphemen

Wort	Grammatische Bedeutung	orthographische Darstellung
[εme]	Infinitiv: lieben	ai-mer
	2. Person Plural: ihr liebt	ai-mez
	Partizip Perfekt, Mask. Sing: geliebt	ai-mé
	Partizip Perfekt, Mask. Plural: geliebt	ai-més

In der Studie von (Seymour et al., 2003) wurde zur Erfassung der wortbezogenen Lesekompetenz das Lesen von häufigen ein- und zweisilbigen Wörtern sowie von Pseudowörtern getestet. Dabei wurden sowohl die Geschwindigkeit des Wortlesens als auch die Lesegenauigkeit gemessen. In allen durchgeführten Tests fiel ein besonders großer Rückstand der schottischen, d.h. Englisch lesenden Kinder ins Auge, gefolgt von den portugiesischen, den französischen und den dänischen Kindern:

Tab. 4.3: Lesegenauigkeit und -geschwindigkeit in verschiedenen europäischen Schriftsprachen am Ende des ersten Schuljahres; aufgrund der früheren Einschulung im Vereinigten Königreich mit 5 Jahren wurden hier außerdem Schüler*innen der 2. Klasse getestet.

Ortho- graphie	Silben- struktur	Sprache/Land	Wörter		Nichtwörter	
			Genauig- keit*	Geschwin- digkeit**	Genauig- keit	Geschwin- digkeit
flach	einfach	Finnisch	98.29	1.25	95.04	1.44
flach	einfach	Italienisch	95.32	1.70	89.40	1.99
flach	komplex	Deutschland	97.72	1.06	94.35	1.45
flach	komplex	Niederlande	95.44	1.60	82.24	3.67

Tab. 4.3: Lesegenauigkeit und -geschwindigkeit in verschiedenen europäischen Schriftsprachen am Ende des ersten Schuljahres; aufgrund der früheren Einschulung im Vereinigten Königreich mit 5 Jahren wurden hier außerdem Schüler*innen der 2. Klasse getestet. – Fortsetzung

Orthographie	Silbenstruktur	Sprache/Land	Wörter		Nichtwörter	
			Genauigkeit*	Geschwindigkeit**	Genauigkeit	Geschwindigkeit
tief	einfach	Portugal	73.54	3.22	76.90	2.97
tief	einfach	Frankreich	79.07	5.61	84.94	4.13
tief	komplex	Dänemark	71.07	1.85	53.72	4.58
tief	komplex	Schottland Klasse 1	33.89	7.78	29.26	6.69
tief	komplex	Schottland Klasse 2	76.39	2.18	63.52	3.17

*durchschnittlicher Anteil korrekt gelesener Wörter, **durchschnittliche Lesegeschwindigkeit pro Wort in Sekunden (vgl. Seymour et al., 2003, S. 153, S. 156; Schneider, 2017, S. 75)

Die Tabelle zeigt eine deutlich geringere Lesegenauigkeit in den tiefen Orthographien mit einfacher und nochmals verstärkt bei komplexer Silbenstruktur. Bei den flachen Orthographien spielt die Komplexität der Silben keine Rolle. Beim Lesen von Nichtwörtern liegt die Lesegenauigkeit immer etwas niedriger als bei realen Wörtern, außer im Französischen.

Aus den Ergebnissen der Studie konnte abgeleitet werden, dass die Komplexität einer Sprache und die Regularität eines orthographischen Systems die Geschwindigkeit des Schriftspracherwerbs beeinflusst. Nicht beantwortet wurde dagegen die Frage, ob Lerner*innen unterschiedlicher Schriftsprachen auch unterschiedliche Entwicklungsstufen durchlaufen bzw. unterschiedlich lange auf einer Stufe verharren.

Die Analysen haben aber auch Auswirkungen auf die Bedeutung der phonologischen Bewusstheit für den späteren Schriftspracherwerb. In Sprachen mit einfacher Silbenstruktur und transparenter Orthographie, wie z. B. Finnisch, wird basale Lesefähigkeit evtl. so schnell etabliert, dass sich phonologische Bewusstheit auf die weiteren Prozesse gar nicht mehr auswirkt. Bei den transparenten Orthographien übt der Prozess des Lesenlernens selbst einen Effekt zum Aufbau phonologischer Bewusstheit aus, so dass evtl. vorher bestehende phonologische Defizite kompensiert werden können. Umgekehrt ist bei weniger transparenten Orthographien die Bedeutung der phonologischen Bewusstheit besonders hoch, weil hier ständig auf verschiedenen Ebenen der lautlichen Struktur Analysen vorgenommen werden müssen, um im Geschriebenen Muster erkennen und für das Lesen und Schreiben nutzen zu können (Ziegler et al., 2010).

In der frühen Forschung (z. B. bei Frith, 1985) wurde noch ein integriertes Entwicklungsmodell für das Lesen- und Rechtschreiben lernen vertreten. Dabei wurden jeweils getrennte logographische (oder logographemische), alphabetische und schließlich orthographische Entwicklungsstufen vermutet. Ausgangspunkt des logographischen Lesens bzw. Schreibens ist das ganze Wort, das auch als graphische Einheit wahrgenommen wird. Die einzelnen Grapheme werden nicht lautlich analysiert, sondern direkt mit dem gesprochenen Wort verbunden.

Die eigenständige Bedeutung der logographemischen Stufe konnte aber nur für das Englische nachgewiesen werden. Dies ist insofern plausibel, als das Englische sehr viele kurze, schnell zu überblickende Wörter enthält, und gleichzeitig eine große Menge nicht eindeutiger Phonem-Graphem-Beziehungen aufweist, die eine schnelle alphabetische Vorgehensweise erschweren. Frith (1985) sah die Stärke der logographemischen Strategie vor allem beim frühen Lesen, während sie beim Schreiben schon früher von der zweiten, der sogenannten alphabetischen Strategie abgelöst wurde.

Bei dieser werden den Graphemen direkt Laute zugeordnet, so dass auf diese Weise Wörter nur noch schrittweise erlesen bzw. aufgeschrieben werden. In der dritten Entwicklungsstufe, der orthographischen Strategie, werden die von den Leser*innen analysierten Einheiten wieder größer – entweder ganze Wörter oder zumindest einzelne Silben oder Wortteile, die bereits im Lexikon gespeichert sind und dort direkt abgerufen werden können. Am Ende steht die orthographische Strategie bei Frith (1985) auch für das Schreiben zur Verfügung.

In Auseinandersetzung mit diesem Modell wurden für das Deutsche jeweils getrennte Stufenmodelle für das Lesen- und Schreibenlernen entwickelt, die im Folgenden diskutiert werden.

Der Erwerb der basalen Lesefähigkeit

Die Analyse der basalen Lesefähigkeit beschränkt sich auf das Lesen einzelner Wörter. Den Ausgangspunkt bildet also eine graphische Einheit zwischen zwei Leerzeichen. Zum ersten Mal wurde bereits von Coltheart (1978) ein so genanntes Zwei-Wege-Modell vorgeschlagen, das in den folgenden Jahrzehnten weiterentwickelt und auch mithilfe von Computermodellen getestet wurde. Bei diesem Modell wird davon ausgegangen, dass zwei unterschiedliche Strategien von Anfang an gleichzeitig verfolgt werden. Eine erste ganzheitliche Strategie überprüft, ob die vorliegende charakteristische Buchstabenfolge bereits im Lexikon gespeichert ist und dort einem realen Wort der entsprechenden Sprache zugeordnet werden kann. Dann können für dieses Wort phonologische und semantische Informationen direkt aus dem Langzeitgedächtnis abgerufen werden.

Parallel hierzu wendet ein*e Leser*in eine indirekte Strategie an, indem er bzw. sie, beginnend mit dem ersten Buchstaben, nach dessen lautlicher Repräsentation sucht, diese zwischenspeichert und danach seine*ihre Aufmerksamkeit auf das nächste Graphem richtet. Die einzelnen Grapheme werden so rekodiert, d. h. in Phoneme umgewandelt. Dabei geht der*die Leser*in Schritt für Schritt vor, artikuliert die entzifferten Buchstaben, zieht sie zu Silben und schließlich zu einem ganzen Wort zusammen. Dieses stellt die indirekte Route des Zwei-Wege-Modells dar. Dabei werden die Grapheme zunächst in der Weise realisiert, wie sie gelernt wurden, nämlich isoliert. Aus einer Verbindung solcher Lautierungen entsteht nicht zwingend ein Wort, das einer im Lexikon gespeicherten phonologischen Wortform bereits entspricht. Scheerer-Neumann (2015) spricht von einer Wort-Vorform, die erst nach Abgleich mit dem Lexikon in ein natürliches Wort umgewandelt wird.

Bereits hier wird deutlich, wie sehr beide Routen bei der Verarbeitung einer geschriebenen Buchstabenfolge ineinandergreifen. Der Prozess des schrittweisen Rekodierens kann immer dann abgebrochen werden, wenn die direkte Route einen Treffer meldet. Dabei können auch Konflikte auftreten, wenn z. B. der erste gelesene Buchstabe <S> ist, aber das Lexikon eine hohe Ähnlichkeit des Wortes zu [ʃpiːl] anzeigt.

Tab. 4.4: Stufen des Leseerwerbs (nach Scheerer-Neumann, 2015, S. 74)

Stufe	Lesestrategie	Sichtwörter	Einfluss des Kontextes	Normale Fehler	Ungefähres Auftreten
0	Erkennen von Symbolen		wichtig		vorschulisch
1a	»ganzheitliches« logographisches Worterkennen	wenige Sichtwörter: Merkmale	wichtig	andere Wörter	vorschulisch
1b	»ganzheitliches« logographisches Worterkennen mit lautlichen Elementen	Fibelwörter, zunehmende Orientierung an Buchstaben	wichtig	andere Wörter mit z. T. gleichem Anfangsgraphem	vorschulisch, Beginn 1. Schuljahr
2a	beginnendes Erlesen	oft Erlesen bei bisherigen Sichtwörtern	bei schwierigen Wörtern wichtig	Wörter mit ähnlichen Graphemen, Wortteile, Nicht-Wörter	erste Monate 1. Schuljahr
2b	vollständiges Erlesen	kaum Nutzung von Sichtwörtern	Kontext weniger wichtig	Nichtwörter	zweite Hälfte 1. Schuljahr
3a	Erlesen mit größeren funktionalen Einheiten (z. B. Silben, Morpheme, Signalgruppen, häufige Wörter)	zunehmende Nutzung von Sichtwörtern, »strukturierte Wörter«	Kontext wieder wichtiger, wird flexibel genutzt	wieder häufiger andere Wörter	ab 2. Schuljahr
3b	Lesen mit größeren funktionalen Einheiten, Nutzung orthographischer Strukturen	strukturierte Sichtwörter sehr wichtig	Kontext wird flexibel genutzt	andere Wörter (weniger Fehler)	ab 3. Schuljahr

Eine klassische Darstellung möglicher Erwerbsstufen hat für das Deutsche Scheerer-Neumann (2003, 2015) vorgelegt: Die Tabelle zeigt, dass die logographemische Phase für das Deutsche nur eine marginale Rolle spielt. In Stufe 1a werden die ersten Wörter als ganze gespeichert und können in einem passenden Kontext wiedererkannt werden, wie der Coca-Cola-Schriftzug oder das Namensschild vor dem entsprechenden Geschäft, ohne dass ein Bezug zur Lautstruktur der Grapheme besteht. Bereits in Stufe 1b kommt aber dieses Element hinzu. Jetzt werden z. B. Wörter aufgrund ihres gemeinsamen Anfangsbuchstabens verwechselt, auch die Länge eines gesprochenen Wortes wird nun schon mit der Zahl der Buchstaben in Verbindung gebracht.

Ab Stufe 2a wird die alphabetische Strategie dominant, d. h., nun wird die indirekte Route beim Lesen wie eine feste Routine angewendet. Der Prozess des Rekodierens wird unabhängig vom Kontext angewendet, d. h., auch dann, wenn das Wort schon mehrfach gelesen wurde, werden die einzelnen Grapheme schrittweise rekodiert und zusammengesetzt. Sichtwörter werden also nicht oder nur selten genutzt.

Allerdings hängt es z. T. von der Unterrichtsmethode ab, wie schnell auch größere Einheiten für die Worterkennung wieder genutzt werden. So bezieht die silbenanalytische Methode von Anfang an Füße, Silben, Reime und Anfangsränder in die Erarbeitung des Lesens ein. Dadurch erweitert sich das Fenster der Graphemverarbeitung wieder, wenn nicht gleich auf das gesamte Wort, so doch auf den Silbenreim, wodurch der Vokalkontrast schneller erfasst und damit auch zu einer natürlichen Wortform vorgedrungen werden kann. Auch die Unbetontheit der zweiten Silbe im trochäischen Fuß kann mithilfe bestimmter Buchstabenfolgen schnell erkannt und für das Lesen genutzt werden, wodurch sich ebenfalls der Weg von den artikulierten Wortteilen zu einer natürlichen Wortform verkürzt.

Beim Blitzwortlesen werden sehr häufige kurze Wörter gezielt über das ganzheitliche Erkennen trainiert, ohne dass natürlich deswegen die Strategie des Erlesens aufgegeben wird. Da allein 100 Wörter etwa 60 % der geschriebenen Wörter eines Textes ausmachen, lohnt sich diese Strategie, um beim Lesen von Sätzen und Texten schneller zu werden.

Bei Scheerer-Neumann (2003, 2015) tauchen solche Strategien erst wieder in der Erwerbsstufe 3a auf. Sie nennt hier sogenannte funktionale Einheiten, d. h. Buchstabenfolgen, die als ganze einem bestimmten Silbentyp oder einem Morphem entsprechen. Entscheidend ist, dass sich der Ausschnitt des Wortes, der im Fokus des Leseprozesses steht, wieder allmählich erweitert. So erlaubt der Blick auf die folgenden Doppelkonsonanten, den Vokal bereits als ungespannten zu realisieren, oder eine Morphemgrenze erleichtert die Segmentierung, z. B. ›verstecken‹. Falsche Segmentierungen erschweren entsprechend das Lesen längerer Wörter, so z. B. bei ›Buch-eckern‹, das noch von Fünftklässlern ›Buchen-kerne‹ gelesen wird (Noack, 2004).

Insgesamt stellt die geringe Differenzierung der höheren Erwerbsstufen eine Schwäche des vorgestellten Stufenmodells dar. Neuere internationale Forschung weist aber darauf hin, dass mit der fortgeschrittenen basalen Lesefähigkeit die Bedeutung der silbischen und morphologischen Gliederungen wieder zunimmt.

Die bisherige Darstellung des Leseerwerbs war auf einzelne Wörter fokussiert. Auch bei basalen Leseprozessen spielen aber bereits Sätze und kurze Texte eine Rolle. Was in der Tabelle von Scheerer-Neumann (2003, 2015) jeweils als Kontext verstanden wird, verschiebt sich von einem außersprachlichen und zu einem sprachlichen Kontext: Während der Coca-Cola Schriftzug im Supermarkt durch den Kontext ›Supermarkt‹ und die Namen der Fibelkinder durch Abbildungen in der Fibel interpretierbar werden, rückt später, auf einer höheren Abstraktionsebene, der Satzkontext in den Blick. In einem Satz wie: »Der Fußballer schoss auf das /__/.« engt der Aufbau des Satzes die Optionen für ein passendes Wort schon sehr ein. Das gesuchte Wort ist ein Nomen, es ist ein Neutrum, es ist als Richtungsangabe für das Schießen eines Fußballs erwartbar. Natürlich könnte die Leerstelle auch durch »Fenster« oder »Auto« gefüllt werden. Aber dafür müsste es dann ggf. auch Anhaltspunkte im Text geben. Innerhalb eines Satzes leistet der*die Leser*in also zunächst eine grammatische Analyse dessen, was die syntaktische Leerstelle füllen könnte. Dabei kommt ihr natürlich auch eine semantische Analyse des Textes zu Hilfe. Einige Modelle der Lesekompetenz bezeichnen diese Ebene als Satzidentifikation (z. B. Rosebrock et al., 2011, S. 8), wobei der Ausdruck »Identifikation« hier nicht ganz passend ist, weil ein Satz immer aus mehreren Bedeutungselementen besteht, die aktiv konstruiert werden.

Bei einer Folge von mehreren Sätzen müssen Informationen, die schon gewonnen wurden, im Gedächtnis gehalten werden, um sie für die Verknüpfung mit den neuen Sachverhalten zu nutzen. Hier kommen grammatische Markierungen der Kohärenz ins Spiel wie z. B. der Rückverweis auf bereits erwähnte Nomina mithilfe von Pronomen oder die Verwendung von Konnektoren, die logische Bezüge zwischen den Sätzen verdeutlichen:

»(1) ¹Jeder junge Mensch hat ein Recht auf Bildung. ²Dieses Recht wird durch ein Schulwesen gewährleistet, das nach Maßgabe dieses Gesetzes einzurichten und zu unterhalten ist.« (Hessisches Schulgesetz §1).

Dieser den Aufgaben aus ▶ Kap. 2.7 entnommene Textanfang von Text 5 enthält in dem Pronomen ›dieses‹ einen Rückverweis auf das vorher mit dem unbestimmten Artikel neu eingeführte ›Recht auf Bildung‹. Das Relativpronomen ›das‹ verweist auf das vorher mit dem Artikel ›ein‹ neu eingeführte ›Schulwesen‹ (vgl. Lenhard, 2013, S. 18ff.). Natürlich sind solche Verknüpfungen leichter zu erkennen, wenn der Leser bereits ein Textmuster kennt, dem auch der gerade zu lesende Text folgt. Mit der lokalen Kohärenzbildung sind die hierarchieniedrigen Leseprozesse abgeschlossen.

Der Erwerb der Rechtschreibfähigkeit

Der Erwerb orthographisch korrekten Schreibens stellt höhere kognitive Anforderungen als der des Lesens (Schneider, 2017, S. 26). Dies liegt daran, dass beim Lesen ein Wort auch schon aufgrund weniger graphischer Merkmale erkannt und korrekt dekodiert werden kann, während beim Schreiben immer eine vollständige Fixierung des Wortes notwendig ist. Neben der lautlichen Analyse und der schrittweisen Konversion seiner Phoneme in Grapheme ist dann auch noch der graphomotorische Prozess des Schreibens notwendig. Schließlich verfügt die Orthographie über eine Vielzahl von Regeln, die über die lautliche Repräsentation des gehörten oder im Lexikon aktivierten Wortes weit hinausgehen.

Dennoch besteht auch beim Schreiben seit der kognitiven Wende der Entwicklungspsychologie Einigkeit darin, dass Kinder zu immer korrekteren Schreibungen von Wörtern gelangen, indem sie auf unterschiedliche Gedächtnisstrukturen zurückgreifen:

- das Wissen über die Phonem-Graphem-Beziehungen des Deutschen
- das Wissen über Rechtschreibregeln und orthographische Regelmäßigkeiten
- bereits im Lexikon gespeicherte Sichtwörter und Morpheme

Das Schreiben beginnt dort, wo in den graphischen Darstellungen von Kindern ein Unterschied zum Malen im Sinne einer figürlichen Darstellung zu erkennen ist. Indem Kinder buchstabenähnliche Zeichen auf Linien hintereinander fixieren, nähern sie sich der Schrift gewissermaßen über Texte. Eine eigene logographische Stufe beim Schreiben, sofern diese davon abgrenzbar ist, besteht in der vollständigen Wiedergabe aller oder der wichtigsten Grapheme eines Wortes aus dem Gedächtnis, kann aber auch aus einer willkürlichen Buchstabenfolge (so die Bezeichnung dieser Stufe bei Valtin, 2000) bestehen, die das schreibende Kind nur mit einem Wort identifiziert. Eine Schlüsselstellung nimmt hier der eigene Name ein. Auch dieser wird noch ganzheitlich verarbeitet, ohne dass tatsächlich ein Bezug zur Lautstruktur der Buchstabenschrift hergestellt wird. Beim Nachmalen eines Coca-Cola-Schriftzugs oder anderer charakteristischer Buchstabenformen wird noch nicht zwischen notwendigen Formmerkmalen und besonderen graphischen Gestaltungen unterschieden. Bei diesen Schreibversuchen können die Kinder noch keinen Zusammenhang zwischen Buchstabenformen und lautlichen Strukturen der gesprochenen Sprache herstellen, wohl aber zu sprachlichen Botschaften. Insofern ist die Bezeichnung ›präkommunikatives Stadium‹ für derartige Schreibversuche irreführend, wie ein Beispiel von Feilke zeigt (2016), in dem Kinder mithilfe von Kritzelschrift die literale Praktik des Briefeschreibens inszenieren.

Danach entstehen erste Bezüge zwischen einzelnen Buchstaben und Lautierungen, die Thomé (2003, S. 371) als ›protoalphabetisch-phonetisch‹ bezeichnet und damit klar von den (vollständig) alphabetischen Schreibungen abgrenzt. Thomé (2003, S. 371) und Dehn (2006, Bd. II, S. 74) sprechen zunächst von ›rudimentären Schreibungen‹, die Valtin (2000, S. 18f.) im Unterschied zu den ›willkürlichen Schreibungen‹ ›vorphonetisch‹ nennt, aber darunter ebenfalls schon einen ersten Lautbezug fasst, der in der Regel nur aus einem Buchstaben pro Wort besteht und meist den Silben-Onset repräsentiert. Valtin (2000, S. 19) spricht dann von einer ›halbphonetischen Stufe‹, wenn pro Wort mehrere Laute in Buchstaben dargestellt werden. Thomé (2003, S. 372) nennt diese Stufe ›beginnende Lautorientierung‹, Scheerer-Neumann (2015, S. 113) ›beginnende alphabetische Strategie‹. Häufig wird hierfür auch der Begriff der ›Skelettschreibung‹ Thomé (2003, S. 372) verwendet. Linguistisch präziser wäre allerdings der Ausdruck Silbenrandschreibung, da es in der Regel die konsonantischen Silbenanfangs- und -endränder sind, die verschriftet werden (z. B. in KNDWGN). Ein Grund für die Präferenz für Konsonanten in frühen Schreibversuchen zumindest bei deutschsprachigen Kindern dürfte die größere kinästhetische Wahrnehmbarkeit dieser Laute sein: Luftströme und plötzliche Lösungen von Verschlüssen lassen sich leichter wahrnehmen als Vokale, die ein Klangkontinuum bilden (Tophinke, 2002).

Der Übergang zur alphabetischen Phase im engeren Sinne erfolgt bei Valtin (2000) und Scheerer-Neumann (2015) mit der ›vollständigen phonetischen Abbildung‹ bzw. ›Entfaltung der alphabetischen Strategie‹. Ein eindeutiges Kriterium zur Abgrenzung von der vorherigen Stufe fehlt, da nun die Zahl der verschrifteten Laute ›zunimmt‹. Die Vollständigkeit der gehörten Laute wird auch bei Valtin wieder etwas relativiert, insofern manche Verbindungskonsonanten (z. B. in komplexen Silbenrändern) ausgelassen werden (Valtin, 2000). Nur Thomé (2003, S. 372) schlägt dieses Stadium noch nicht der alphabetischen Strategie zu, sondern nennt es ›phonetisch-orientiert‹. Auch seine Beispiele weisen auf das Fehlen einzelner Laute in der Verschriftung hin, was sie wiederum von der nächsten Stufe einigermaßen abgrenzt.

Tab. 4.5: Stufenmodelle des Rechtschreiberwerbs im Vergleich

Frith (1985)	Valtin (2000)	Thomé (2003)	Scheerer-Neumann (2015)
	0. Kritzelschrift		
1. logographemisch	1. willkürliche Schreibungen		1. LOGOGRAFISCHE STRATEGIE
	2. vorphonetisch	1.1. proto-alphabetisch: rudimentär: *S = Sofa/*K = Katze	2. ALPHABETISCH 2a. beginnende alphabetische Strategie: Verschriftung einzelner Laute,
	3. halbphonetisch	1.2. proto-alphabetisch: beginnende Lautorientierung (Skelettschreibungen) *KNDWGN	konsonantische Skelettschreibungen: *WHSTU? (wie heißt du?)
2. alphabetisch	4. vollständige phonetische Abbildung	1.3. proto-alphabetisch: phonetisch-orientiert: *OAN, *WÖFEL	2b. Entfaltung der alphabetischen Strategie: Die Anzahl der verschrifteten Laute nimmt zu. Weiterhin gibt es Auslassungen, vor allem bei Konsonantenhäufungen und längeren Wörtern.
	5. phonetische Umschrift und erste Verwen-	2.1. phonetisch-phonologisch *wasa, *Tuam *Ais, *Oile, *gesen	2c. voll entfaltete alphabetische Strategie: vollständige Wiedergabe aller Phoneme Nutzung

Tab. 4.5: Stufenmodelle des Rechtschreiberwerbs im Vergleich – Fortsetzung

Frith (1985)	Valtin (2000)	Thomé (2003)	Scheerer-Neumann (2015)
	dung orthograph. Muster		der Silbenstruktur beim Mitsprechen während des Schreibens.
		2.2. phonologische Stufe: Turm, Eule, Leiter, *Waser, *Reuber, *fon	
3. orthographisch		3.1. semiarbiträre Übergeneralisierungen *vrisst, *Marcken, *inns	3. ORTHOGRAPHISCH 3a. »beginnende Einsicht in orthographische und morphematische Strukturen«
		3.2. silbisch oder morphologisch orientierte Übergeneralisierungen *vertig, *vergoßen, *Weld	
	6. weitgehend korrekte Verwendung orthograph. Muster	3.3. korrekt mit wenigen Übergeneralisierungen	3b. »zunehmend weitere Einsichten in orthographische und morphematische Strukturen«

Hieran schließt sich in allen Modellen eine Phase der vollständigen Verschriftung an (voll entfaltete alphabetische Strategie). Der Ausdruck »phonetische Umschrift« bei Valtin (2000) deutet an, dass diese Schreibungen zwar vollständig sind, aber noch Abweichungen von der konventionellen Laut-Buchstaben-Zuordnung enthalten können, wie z. B. bei ungespannten Vokalen (<e> statt <i>, <o> statt <u>), der r-Vokalisierung (<a> statt <er>), der s-Schreibung vor t und p (<schpilen>), fehlenden e's in der Reduktionssilbe (<Löfl>, <flign>) oder bei der Diphthong-Schreibung.

Nur Thomé (2003) hat – entsprechend seiner Theorie der Basis- und Orthographeme – diese alphabetische Stufe weiter ausdifferenziert und als eine eigene Stufe die sogenannten phonologischen Schreibungen (Stufe 2.2) eingeführt. Bei dieser werden jetzt von der spontanen Lautierung abweichende, aber für das Deutsche typische Basisgrapheme beherrscht. Hierunter fallen z. B. die Diphthonge <ei> und <eu>, das <ie>, das <er> bei Reduktionssilben und die r-Vokalisierung in der Silbencoda generell sowie das <qu> für [kv]. Gemeinsamkeit aller dieser Schreibungen ist ihre große Häufigkeit und/oder hohe Regularität, die von zusätzlichen orthographischen Regeln unabhängig gilt. Empirisch ist ein Nachweis einer solchen, von morphologisch korrekten Schreibungen unterschiedenen Stufe allerdings nicht gelungen, da in der Regel zusammen mit diesen Regularitäten auch im engeren Sinne orthographische erworben werden. Allerdings ist die begriffliche Differenzierung für die Fehleranalyse hilfreich, da bei diesen Schreibungen noch kein zusätzliches silben- oder morphembezogenes Wissen benötigt wird.

Von einer orthographischen Stufe spricht Thomé (im Unterschied zu Scheerer-Neumann und Valtin, die hier einen allmählichen Übergang annehmen) erst dann, wenn auch die morphologischen Ableitungen (Auslautverhärtung, Umlautschreibung) und die besonderen Kennzeichnungen der Vokalkürze und -länge (Konsonantenverdopplung, Dehnungs-h) beherrscht werden. Für diese Schreibungen nimmt er eine ›semiarbiträre‹, also nicht mehr völlig willkürliche (Stufe 3.1) und eine Phase der silbisch bzw. morphologisch orientierten Übergeneralisierungen (Stufe 3.2) an, bevor schließlich die Kompetenzphase (Stufe 3.3) folgt.

Die Entdeckung der Konsonantenverdopplung als ein sehr häufiges Merkmal der Wortschreibungen des Deutschen führt dazu, dass diese auch in Kontexten gebraucht wird, wo sie unzulässig ist. Experimentelle Schreibungen wie <kallt> oder <inns> weisen aber schon darauf hin, dass eine Verknüpfung zwischen ›Vokalkürze‹ und ›Doppelkonsonanz‹ hergestellt wurde, so wie bei der Schreibung ›auß‹ etwas Richtiges erkannt wurde, nämlich dass <ß> immer einen stimmlosen s-Laut repräsentiert. Auch das Spiel mit dem <v> in <vrisst> macht deutlich, dass eine Alternative zum <f> nun zur Verfügung steht. Ob sich neben derartigen Übergeneralisierungen auch noch solche wie die in <vertig> oder <vergoßen> systematisch finden, dürfte aufgrund der geringen Datenlage nicht entscheidbar sein.

Insgesamt wird bei allen diesen Stufenmodellen eine Abfolge unterstellt, die von einer Annäherung an die lautliche Gestalt von Wörtern über eine vollständige Repräsentation der lautlichen Strukturen in der Schrift zu einer orthographisch korrekten Schreibung übergeht, in der auch morphologische und syntaktische Strukturen des Schriftsystems berücksichtigt werden. Dies gilt übrigens auch für Ansätze, die Stufenmodelle als zirkulär, weil durch ein mehrheitliches didaktisches Vorgehen vorgegeben, kritisieren.[3] Insofern bleiben Stufenmodelle insbesondere bei der Diagnostik des Schriftspracherwerbs ein wichtiges Hilfsmittel, um die jeweiligen Leistungen des Schreibers bzw. der Schreiberin einordnen und daraus Förderangebote ableiten zu können. Allerdings hat sich die Erkenntnis durchgesetzt, dass es sich weniger um klar abgrenzbare Stufen, sondern eher um Strategien handelt, die in den Schreibungen eines Kindes mehr oder weniger durchgängig in Erscheinung treten. Eine stärkere empirische Absicherung insbesondere der orthographischen Lernprozesse soll auch im folgenden Kapitel im Vordergrund stehen, das sich zunächst mit diagnostischen Verfahren zur Erfassung der (frühen) Lese- und Rechtschreibkompetenz beschäftigt.

---

3 So unterscheiden Bredel, Fuhrhop & Noack (2017, S. 98) sehr klar zwischen früher erworbenen Schreibungen der Diphthonge ei und eu sowie er, sp oder ck gegenüber den stärker störanfälligen Silbengelenkschreibungen und den morphematischen Schreibungen, auch wenn sie aus der Dominanz des segmentalen Prinzips in der Didaktik die Dominanz des alphabetischen Prinzips in den Schreibprozessen ableiten.

4.3 Aufgaben

1. Welche der folgenden Aufgaben erfassen die phonologische Bewusstheit, welche nicht? Bezieht sich eine Aufgabe auf die phonologische Bewusstheit, welche Einheit ist dabei im Fokus (Betonungsmuster, Silben, Reim, Onset, Phonem)?

A	Bildkarten, deren Wörter denselben Anlaut enthalten, auf Stapel sortieren (Baum, Bär, Brot...)
B	Aus Bildkarten, die verschiedene Gegenstände zeigen, eine nicht zum Oberbegriff passende aussortieren (Stuhl – Tisch – Bank – Hund)
C	Zu einer Zeile einen passenden Reim finden (Die kleine süße Maus...)
D	Einen Satz mit drei Worten bilden und diese mit Bauklötzchen legen (Kim lacht laut)
E	Sich im Rhythmus eines Kinderverses bewegen (Eene, Mene, Hinke, Pinke...)
F	Von einem Wort den letzten Laut wegnehmen: HAUS → HAU

2. Welche Rolle spielt das Arbeitsgedächtnis bei basalen Lese- und Schreibprozessen?
3. Was bedeutet HLE und auf welche Weise kann es empirisch erfasst werden?

5 Diagnostik der Rechtschreib- und der basalen Lesekompetenz

Im Zuge der Forschung zu möglichen Erwerbsstufen im Erwerb basaler Rechtschreib- und Lesekompetenz wurden in den letzten 40 Jahren zahlreiche Instrumente entwickelt, die die individuelle Einordnung eines*einer Lerner*in in am Schulalter ausgerichtete Normen ermöglichen sollen. Die in den folgenden Kapiteln referierte empirische quantitative Forschung stützt sich in erheblichem Maße auf Kompetenzmessungen, die mithilfe der hier behandelten diagnostischen Verfahren durchgeführt wurden. Für das Verständnis dieser Forschungsliteratur ist daher eine grobe Kenntnis der wichtigsten Verfahren notwendig.

Auch zur individuellen Testung können derartige Verfahren eingesetzt werden. Im Sinne einer gezielten Förderdiagnostik können aus den Ergebnissen auch Rückschlüsse auf besonders förderbedürftige Bereiche gezogen werden. Die Bewertung der einzelnen Verfahren ist in der Forschung immer wieder umstritten. Sie orientiert sich nicht nur an den Testgütekriterien, über die meist bereits in den Testmanualen ausführliche Informationen vorliegen, sondern auch an der fachlichen, d. h. sprachwissenschaftlichen bzw. psycholinguistischen Fundierung des jeweiligen Konstrukts der basalen Lese- bzw. Rechtschreibkompetenz.

Anschließend an die Diskussion der Stufenmodelle in ▶ Kap. 4 und die Rechtschreibtests in ▶ Kap. 5.1 und ▶ Kap. 5.2 soll es daher in ▶ Kap. 5.5 auch um ein Gesamtkonstrukt der Rechtschreibkompetenz gehen, wie es im Rahmen der internationalen Schulleistungsstudie IGLU und des IQB-Bildungstrends auch für das Deutsche entwickelt wurde. Hier stellt sich besonders das Problem des Nachweises einzelner Dimensionen eines solchen Konstrukts. Außerdem werden neuere empirische Studien zur Erwerbsfolge bestimmter orthographischer Phänomene vorgestellt. Für eine detaillierte Darstellung der Testtheorie und der entsprechenden Normwerte wird auf Scheerer-Neumann (2015) und Lenhardt (2013) verwiesen.

5.1 Standardisierte Messung der Rechtschreibkompetenz

Unter diesen sind wiederum standardisierte Verfahren, bei denen vorgegebene Wörter und Sätze diktiert werden, von solchen zu unterscheiden, die nicht normiert sind, aber auf freie Texte angewandt werden können. Unter den standardisierten Verfahren sollen nur die HSP und der SLRT kurz vorgestellt werden (vgl. Herné, 2003; Frahm & Blatt, 2011).

Die *Hamburger Schreibprobe (HSP, bzw. DSP: Deutsche Schreibprobe)* wurde von Peter May entwickelt und 1994 erstmals publiziert. Nach einer Überarbeitung 2002 liegt mittlerweile eine Neunormierung (May 2002, 2008, 2012) vor. Es gibt standardisierte Tests für die Jahrgangsstufen 1–9. Der Schwerpunkt liegt auf der Diagnostik im unteren Leistungsbereich. In den ersten Schuljahren wird neben einzelnen Wörtern, die auch bildlich dargestellt werden, nur jeweils ein Satz diktiert. Die Auswertung erfolgt nicht nur über die Zahl der korrekt geschriebenen Wörter (Worttreffer), sondern auch über die Zahl der korrekt geschriebenen Grapheme (Graphemtreffer): damit wird ein sehr viel höherer Genauigkeitsgrad als beim Deutschen Rechtschreibtest (DRT) erreicht. Eine weitere Besonderheit ist die Auszählung von sogenannten Lupenstellen, die als Hinweis auf bereits vorhandene Rechtschreibstrategien dienen.

Die Hamburger Schreibprobe ist der erste Rechtschreibtest, der sich an den mittlerweile gängigen Stufenmodellen orientiert. Er unterscheidet entsprechend vier Strategien: die alphabetische, die orthographische, die morphematische und die wortübergreifende Strategie. Die alphabetische Strategie wird zum Beispiel im ersten Schuljahr über die korrekte Schreibung der Wörter ›Telefon‹ oder ›Löwe‹ erfasst, die orthographische über ›Spiegel‹ (hier gelten <Sp> und <el> als Regelelemente) oder ›Hammer‹ (Doppelkonsonant bzw. -er als Regelelemente), schließlich die morphematische über ›Mäuse‹ oder ›fliegt‹ (<äu> und auslautendes <gt> als Konstantschreibung), ›weg‹ als Merkelement. Die wortübergreifende Strategie umfasst die Großschreibung sowie die Getrennt- und Zusammenschreibung, später auch die Zeichensetzung. Durch die Auswertung der Lupenstellen kann ein Strategieprofil eines Kindes erstellt werden.

Für Wort- und Graphemtreffer des Tests jeder Jahrgangsstufe und für die anhand der Lupenstellen ausgewerteten Strategien können Prozentränge und T-Werte ermittelt werden, die die Leistung des jeweiligen Kindes einer Altersnorm zuordnen. Ein ausgeglichenes Profil liegt dann vor, wenn die T-Werte der alphabetischen, der orthographischen und der morphematischen Strategien nicht mehr als 10 T-Werte auseinanderliegen (May, 2002, S. 51). Treten dagegen starke Diskrepanzen zwischen den Strategien auf, ergeben sich hieraus Empfehlungen für die weitere Förderung. Der Test kann durch Lehrkräfte bequem ausgewertet werden, da die Graphemgliederung des Wortmaterials und die Zuordnung der Lupenstellen zu bestimmten Strategien im Handbuch vorgegeben werden.

Abgesehen von einer grundsätzlichen Kritik an der Erwachsenenbrille auf den Schriftspracherwerb von Kindern, die die Konzeption der HSP präge (Rautenberg, 2012, S. 118; Kohler, 2015), gibt es immer wieder kleinere Einwände bei der Einordnung einzelner Phänomene in die unterschiedlichen Strategien. So erscheint <ie> als orthographische Lupenstelle wenig plausibel, ›Schreck‹ müsste genauso wie ›Rad‹ als morphematische Lupenstelle aufgefasst werden, da es von einer anderen Form (mit Silbengelenk) abgeleitet werden muss (vgl. auch Herné, 2003, S. 891). Zurzeit ist die HSP das am häufigsten eingesetzte Verfahren zur Messung orthographischer Kompetenz in empirischen Studien.

Der *Salzburger Lese- und Rechtschreibtest* (SLRT-II, Moll & Landerl, 2010) enthält neben einem Leseflüssigkeitstest (s. u.) auch einen Rechtschreibteil, der von der 2. bis zur 5. Klasse eingesetzt werden kann. Er erlaubt die getrennte Beurteilung von Schwächen in der lautgetreuen und in der orthographisch korrekten Schreibung (Moll & Landerl, 2010, S. 9). Ein Einsatz des SLRT wird vor allem bei Schüler*innen empfohlen, bei denen bereits Auffälligkeiten im Lesen oder Rechtschreiben festgestellt wurden, dient also zur Ermittlung einer Lese-Rechtschreib-Störung (Scheerer-Neumann, 2015).

Für die Erfassung der Rechtschreibkompetenz wird ein Lückentest verwendet. In der 2. Klasse sind 25, in der 3. und 4. Klasse 49 Wörter zu schreiben. In den höheren Klassen werden aber auch dieselben Wörter wie in der 2. Klasse verwendet. Die Schwierigkeit der einzusetzenden Wörter nimmt dabei allmählich zu. Bei der Auswertung werden N-Fehler (nicht lauttreue Fehler) und O-Fehler (orthographische Fehler) unterschieden. Bei der Einordnung einer Schreibung als nicht lautgetreu wird eine alltagsnahe Artikulation des Zielwortes zugrunde gelegt. So erscheinen die Schreibungen ›Gaten‹ oder ›Gatn‹ für ›Garten‹ nicht als N-Fehler, im Unterschied etwa zu ›Grten‹ oder ›Garen‹). Interessanterweise wird eine Vertauschung von stimmhaftem und stimmlosem Konsonanten bei ›Wasser‹ – ›Fasser‹ als N-Fehler gewertet, bei den Plosiven (z. B. ›Platt‹ für ›Blatt‹) aber als O-Fehler.

Bei der Auswertung werden zunächst alle falsch geschriebenen Wörter (N- und O-Fehler) addiert und anhand einer Normtabelle ein Prozentrang ermittelt. Im Anschluss wird für die Zahl der N-Fehler alleine ein kritischer Wert ermittelt (dieser ist z. B. in der 3. Klasse bereits bei zwei Fehlern erreicht, Moll & Landerl, 2010, S. 40). Kritisch muss beim SLRT-Rechtschreibteil eingewandt werden, dass die Differenzierung der beiden grundlegenden Fehlertypen weit hinter die komplexere Modellierung der HSP zurückfällt. Trotz einer minutiösen Auflistung möglicher Fehler der beiden Typen im Manual erscheint die Trennschärfe der beiden Kategorien nicht immer gegeben.

5.2 Verfahren zur Analyse der Rechtschreibung freier Schülertexte

Im Unterschied zu den bisher genannten Tests ist die *Oldenburger Fehleranalyse (OLFA)* ein Verfahren, mit dem frei geschriebene Schülertexte ausgewertet werden können (Thomé & Thomé, 2017). Es ist entsprechend nicht standardisiert. Es können aber individuelle Kompetenzwerte berechnet werden: ein einfacher Fehlerquotient, der die Fehlerzahl je 100 Wörter angibt, sowie ein leistungsunabhängiger Kompetenzwert, bei dem die prozentualen Anteile der Fehlergruppen II und III addiert und von diesem Ergebnis dann der Anteil der Fehlergruppe I abgezogen wird. Die dieser Vorgehensweise zugrundeliegende Überlegung ist, dass systematische Fehler anders als basale zu bewerten sind, so dass ein leistungsunabhängiger Kompetenzwert von 50 auf einen relativ geringen Anteil der elementaren proto-alphabetischen Fehler schließen lässt.

Es gibt zwei Versionen der OLFA, einmal für die Jahrgangsstufen 1 und 2 (Thomé & Thomé, 2021) sowie ab Klasse 3. In Klasse 1–2 sollten mehrere Texte im Umfang von mindestens 100, ab Klasse 3 von 250–500 Wörtern der Auswertung zugrunde gelegt werden. Der Fehlertypologie liegt das Erwerbsmodell Thomés (2003) zugrunde, das besonders im orthographisch fortgeschrittenen Bereich noch einmal bei den Übergeneralisierungen differenziert.

Die Fehlertabelle der OLFA 3–9 enthält 37 Kategorien, wobei jeder Fehlertyp einer Erwerbsstufe zugeordnet werden kann:

- Fehler auf der voralphabetischen Stufe (11 Kategorien) stellen Abweichungen von einer Verschriftung mithilfe der Basisgrapheme dar. Hierunter fallen auch weggelassene oder überflüssige Buchstaben.
- Bei Fehlern auf der alphabetischen Stufe (10 Kategorien) werden alle Basisgrapheme richtig verschriftet, es treten aber noch Fehler bei Vokallänge und -kürze, v, w und f (›Wase‹ statt ›Vase‹), den s-Graphien (z. B. ›Füse‹ statt ›Füße‹) sowie den morphologischen Ableitungen (Hunt) auf.
- Bei Fehlern auf der orthographischen Stufe werden auch morphologische Schreibungen realisiert, es treten aber Übergeneralisierungen auf (z. B. ›vertig‹ statt ›fertig‹, ›endgegen‹ statt ›entgegen‹).

Außerdem werden Groß- und Kleinschreibung sowie Getrennt- und Zusammenschreibung in das Modell integriert. Großschreibung im Wort oder Getrenntschreibung unselbständiger Teile wie ›ver#loren‹ stellen hier proto-alphabetische Fehler (OLFA 3–9: Kategorien 3 und 6) dar. Oberzeichenfehler und Fremdwortschreibungen werden gezählt, gehen aber nicht in die Systematik ein.

Für die Jahrgangsstufen 1 und 2 nimmt der lautanalytische Teil gegenüber der Anwendung morphematischer und orthographischer Strategien einen größeren Raum ein. Eine Reihe von Fehlschreibungen, die ab Klasse 3 der proto-alphabetischen Phase zugeordnet werden, taucht hier in der zweiten Fehlergruppe (7) auf, die also auch noch Schwierigkeiten in der Zuordnung von Basisgraphemen berücksichtigt, deren Schreibung aber noch als phonetisch plausibel gewertet wird. Hierher gehören z. B. falsche Verschriftungen der r-Vokalisierung, z. B. als a, und Unsicherheiten bei Diphthongen und Umlauten.

Bei der dritten Fehlergruppe (Konsonantenverdopplung, Dehnung, morphologische Ableitung, ß- und v-Schreibung) werden die unmarkierten Schreibungen (einfacher Konsonant statt Verdopplung) noch nicht von Übergeneralisierungen (Konsonantenverdopplung nach Kurzvokal im falschen Kontext) unterschieden (Nr. 44/45, 46 und 49). Hier kommen auch Verwechslungen bei den i-Schreibungen vor, die ab Klasse 3 als normale Vokalfehlschreibungen gewertet werden.

Ein weiteres Verfahren zur Analyse orthographischer Fehler bei frei geschriebenen Schüler*innentexten ist die *AFRA (Aachener Förderdiagnostische Rechtschreibanalyse*, Herné & Naumann, 2002). Ihre Fehlertypologie ist ausschließlich an der orthographischen Norm ausgerichtet, berücksichtigt also zunächst keine

Erwerbsprozesse und mögliche Erwerbsstufen auf Seiten der Schüler*innen. Die Fehler werden in die vier Bereiche Phonem-Graphem-Korrespondenz, Vokalquantität, Morphologie und Syntax gegliedert, folgen also einer linguistisch fundierten Struktur der Orthographie, wobei die Vokalquantität als Schnittstelle phonologischer und morphologischer Strukturen gesehen wird (Herné, 2006, S. 893). Die Fehlerkategorien sind im Unterschied zur OLFA nicht trennscharf, d. h. ein Fehler kann auch mehreren Kategorien zugeordnet werden.

Tab. 5.1: Fehlerkategorien der AFRA (Dimension 1: Phonem-Graphem-Korrespondenz)

BF	Buchstabenform	bie statt die (Zeichenspiegelung)
GA	Graphem-Auswahl: Keine lauttreue Schreibung	›hont‹ statt ›Hunt‹
GF	Graphem-Folge: Auslassung oder Hinzufügung eines Graphems, Vertauschung von Graphemen	›it‹ statt ›ist‹
SG+	Spezielle Grapheme (Mehrheit): <sch>, <ch>, <ng>, <r>, <s>, <f>, <k>	›Raurer‹ statt ›Raucher‹, ›gig‹ statt ›ging‹, ›vertig‹ statt ›fertig‹
SG-	Spezielle Grapheme (Minderheit): <v>, <ß>	›gros‹ statt ›groß‹, ›ferlieren‹ statt ›verlieren‹
SV+	Spezielle Verbindung (Mehrheit): <au>, <ei>, <nk>, <sp>, <st>, <x>, <z>	›Ongkel‹, ›schpielen‹
SV-	Spezielle Verbindung (Minderheit): <ai>, <chs>, <qu>, <pf>	›nägste‹, ›Mei‹, ›kwalle‹
FW	Fremdwortgraphien	›Teater‹, ›Pulower‹

Neben den übergreifenden Kategorien GA und GF, die auch bei Thomé vorhanden sind, werden nach der Häufigkeit Mehrheits- von Minderheitsschreibungen unterschieden. Fehler bei der Mehrheitsschreibung eines Phonems (z. B. ›ai‹ in ›Bein‹ als <ai>) fallen stärker ins Gewicht als Minderheitsschreibungen (z. B. ›ai‹ in Mai als <ei>). Bei den speziellen Graphemen (SG) entspricht die Eingruppierung den von Thomé ermittelten Basisgraphemen. Die Abgrenzung der Grapheme von den Buchstabenverbindungen (Spezielle Verbindung, SV) kommt so zustande, dass die Diphthonge und die Affrikaten alle als Laut- bzw. Graphemverbindungen interpretiert werden. Hier entspricht die Abgrenzung nicht der Thoméschen Klassifikation (sp, st, nk, x wären Orthographeme, chs, pf und qu Basisgrapheme).

Bei der Vokalquantität stimmen dagegen die Klassifizierungen weitgehend überein, so in der Dominanz des <ie> und in der Behandlung der unmarkierten Vokallänge als Basisgraphem. Bei den Kurzvokalen werden zwei Mehrheitsfälle unterschieden, ein unmarkierter bzw. einer mit Doppelkonsonantenschreibung, ohne dass hier das Silbengelenk oder die morphologische Ableitung daraus als Kriterium expliziert werden. Unbefriedigend sind die Verwendung von Doppelkonsonanten nach unbetontem Vokal und die Anwendung von Dehnungsgraphien auf nicht dehnbare Vokale. Bredel, Fuhrhop & Noack machen außerdem deutlich, dass die Regularitäten der i-Schreibung nicht vollständig erfasst werden (2017, S. 162f.).

Tab. 5.2: Fehlerkategorien der AFRA (Dimension 2: Vokalquantität)

LI+	Langes i-Mehrheit: Fehlschreibung des <ie> als i	›verliren‹
LI-	*Langes i-Minderheit:* *Fehlschreibung des <i> als <ie>*	›Maschiene‹
LV+	Lange Vokale (Mehrheit) Unmarkierte Langvokale werden fälschlich mit Dehnungszeichen geschrieben	›Dohse‹
LV-	Lange Vokale (Minderheit) Markierte Langvokale werden fälschlich ohne Dehnungszeichen geschrieben	›Stul‹
KVo+	Kurze und unbetonte Vokale ohne Kennzeichnung (Mehrheit) werden fälschlicherweise mit Doppelkonsonant oder Dehnung geschrieben	›biss‹ für ›bis‹, Hunnt für ›hund‹ ›Fammilie‹
KVd+	Kurze Vokale mit Kennzeichnung (Mehrheit) werden fälschlicherweise nicht mit Doppelkonsonant geschrieben	›Muter‹
KV-	Kurze Vokale mit Kennzeichnung (Minderheit) nicht ableitbare Schreibung	›dan‹ für ›dann‹

Tab. 5.3: Fehlerkategorien der AFRA (Dimension 3: morphologischer Bereich)

MS	Morphologische Segmentierung: fehlerhafte morphologische Analyse	›Falon‹ für ›verloren‹
MD	Morphemdifferenzierung: korrekte Schreibung eines gleich oder ähnlich lautenden Morphems wird übertragen	›höfflich‹, ›Warheit‹
UM	Unselbständige Morpheme	›Fer lipt‹ (verliebt)
KA+	Konsonantische Ableitung (Mehrheit): Nichtbeachtung der Auslautverhärtung	›Berk‹
KA-	Konsonantische Ableitung (Minderheit): Nichtbeachtung der Auslautverhärtung bei irregulären Schreibungen	›unt‹ für ›und‹
VA+	Vokalische Ableitung (Mehrheit) Nichtbeachtung der Umlautschreibung	›rotkepchen‹
VA-	Vokalische Ableitung (Mehrheit) Nichtbeachtung der irregulären <e>- oder <ä>-Schreibung	›Ber‹ statt ›Bär‹

Mit den morphologischen Kategorien leistet die AFRA einen wichtigen Beitrag für die Erfassung morphologischer Kompetenz bei der Rechtschreibung, deren Bedeutung sich auch bei den Texten von Deutsch lernenden Kindern zeigen wird (▶ Kap. 6). Ein fehlendes t-Suffix ist eben nicht nur eine Graphemauslassung, sondern zeigt auch fehlende Kenntnis der 3. Person Singular; die Schreibung von <fer> für <ver> deutet auf ein Verkennen dieses unselbständigen Morphems hin, außer dass die seltenere v-Schreibung für [f] nicht praktiziert wurde. Die anderen vier morphologischen Kategorien folgen wiederum den gängigen Analysen.

5.3 Fehleranalyse in Schülertexten

An einem Beispiel (Dehn, 2006, Bd. I, S. 121) soll die Leistungsfähigkeit der vorgestellten Instrumente diskutiert werden. In einem ersten Schritt wird der Text in seine Grapheme aufgegliedert. Die Grapheme werden nummeriert. Wortgrenzen werden dabei nicht berücksichtigt. Fehlerhafte Grapheme werden markiert, ebenso ausgelassene. Es muss also an manchen Stellen Platz gelassen werden, um die fehlenden Grapheme noch einzufügen. In der dritten Zeile wird dann die orthographisch korrekte Version des Textes eingefügt. Für die fehlerhaften oder ausgelassenen Grapheme wird eine Liste erstellt. Dabei werden Fehler desselben Typs zusammengefasst. Aus Platzgründen werden die Grapheme in »bis er mit einem anderen Wurm« ausgelassen, da hier keine Fehler auftreten.

Tab. 5.4: Graphemanalyse eines Schülertextes

	1	2	3	4	5	6	7	8	9	10	11	12	13	14	15
Sch	i	s	w	A	R	ei	n	m		L	ei	N	k	l	ei
Korr	e	s	w	a	r	ei	n	m	a	l	ei	n	k	l	ei
	16	17	18	19	20	21	22	23	24	25	26	27	28	29	30
Sch	n	a	w	u	r	m	e	r	w	a		z	u	g	ä
Korr	n	er	w	u	r	m	e	r	w	a	r	z	u	g	e
	31	32	33	34	35	36	37	38	39	40	41	42	43	44	45
Sch		n	i	n	d		m	a	p	f		l	e	r	f
Korr	r	n	i	n	d	e	m	a	p	f	e	l	e	r	f
	46	47	48	49	50	51	52	53	54	55	56	57	58	59	60
Sch		a	s		i	ch	k	r	eu	z	u	n	d	kw	e
Korr	r	a	ß	s	i	ch	k	r	eu	z	u	n	d	qu	e
	61	62	63	64	65	66	67	68	69	70	71	72	73		
Sch		b	i	s	e		sch	l	i	s	l	i	ch	…	

Tab. 5.4: Graphemanalyse eines Schülertextes – Fortsetzung

Korr	r	b	i	s	e	r	sch	l	ie	ß	l	i	ch		
	92	93	94	95	96	97	98	99	100	101	102				
Sch		z	u	s	a	m	e	n	sch	t	i	s			
Korr		z	u	s	a	mm	e	n	s	t	ie	ß			

Die AFRA klassifiziert 17 der 20 Fehler im Bereich der Phonem-Graphem-Beziehungen, die übrigen 3 betreffen Länge und Kürze, das fehlende <s> in ›fraß sich‹ könnte außerdem als fehlende morphologische Durchgliederung (Morpheme ›fraß‹ bzw. ›sich‹) interpretiert werden. Der syntaktische Bereich der Orthographieanalyse kann noch nicht durchgeführt werden. Die AFRA erlaubt eine besondere Markierung der r-Fehler (6x SG+), allerdings ohne Unterschied zwischen vokalischer und konsonantischer Artikulation. Außerdem wird <qu> als spezielle Verbindung der Minderheit und <st> als spezielle Verbindung der Mehrheit berücksichtigt (je 1x). Das <ß> wird als spezielles Graphem der Minderheit ebenfalls hervorgehoben (3x). Eine genauere Einordnung des*der Lerner*in ist hier also nicht möglich.

Tab. 5.5: Analyse der 20 abweichenden Grapheme (von insgesamt 102)

Graphem-Nummer		OLFA 1-2	AFRA
1	Falscher Vokal (i für e)	55 / II	GA
30	Ä für e	47 / III	GA
9, 36	Vokal ausgelassen (a, e)	71 / I	GF
17	er als a	53 / II	SG+
41	Schwa vor -l ausgelassen	71/ I	GA
59	Falscher Konsonant (qu)	73/ I	SV-
26, 31, 61, 66	Konsonant ausgelassen (vokalis. r)	53 / II	GF (SG+)
49	S an Morphemgrenze ausgelasssen	69 / I	GF (MS)
46	R im komplexen Onset ausgelassen	53 / II	GF (SG+)
99	<Sch> statt s	58 / III	SV+
69, 101	<ie> als i	59 / III	I+
48, 70, 102	<ß> als s	46 / III	SG-
96	Konsonantenverdopplung	43 / III	KVd+

Die Fehlertypologie der OLFA ermöglicht die Einordnung der Fehlschreibungen auf unterschiedlichen Stufen des Orthographieerwerbs: Vokalauslassungen, fehlende oder falsche Konsonanten (5 Fehler) werden der untersten Erwerbsstufe zugeordnet. Es folgen Fehler im mittleren Bereich, insbesondere bei der r-Vokalisierung (7 Fehler). Schließlich werden falsche Längen- und Kürzemarkierungen, Fehler bei s vor t sowie ß und ä der dritten Stufe zugewiesen (8 Fehler). Hieraus ergibt sich, dass der*die Lerner*in die proto-alphabetische Phase schon fast abgeschlossen hat. Dass der Fehler bei <qu> nicht von anderen Graphemfehlern unterschieden wird, ist hier besonders auffällig. Probleme, die innerhalb der alphabetischen Phase noch bestehen, betreffen ansonsten fast nur die r-Schreibung. Dass die meisten Fehler der dritten Stufe zugewiesen werden, in der es um einen ersten Umgang mit orthographischen Mustern geht, bestätigt diesen Eindruck. Außer der <ä>-Schreibung liegt aber in keinem Fall ein experimenteller Umgang mit Orthographemen vor.

5.4 Messung der basalen Lesekompetenz

Auf das Leseverstehen fokussiert der *ELFE-Test* (Ein Leseverständnistestest für Erst- bis Siebtklässler, Lenhard & Schneider, 2006, Neunormierung Lenhard, Lenhard & Schneider, 2017). Er unterscheidet die drei Ebenen des Wort-, Satz- und Textlesens. Für jeden Testteil wird eine bestimmte Zeit vorgegeben. Beim Wortlesen besteht die Aufgabe darin, zu einem Bild das richtige aus vier Wörtern herauszusuchen und zu unterstreichen. Bei den Sätzen werden für ein Wort mehrere Alternativen angeboten, aus denen die syntaktisch oder semantisch angemessene herausgesucht werden muss. Beim Textverstehen werden zu einem kurzen Text mehrere Aussagen formuliert, bei denen geprüft wird, ob sie im Text enthalten sind oder inferiert werden können. Wichtig ist hier der reine Wortlaut des Textes, d. h., es soll kein zusätzliches Weltwissen bei der Lösung berücksichtigt werden.

Im Testheft werden zunächst die Rohwerte addiert, wobei neben den richtig gewählten Items auch erfasst werden kann, wie viele Items übersprungen wurden. Für die Rohwerte werden jeweils für die Teiltests getrennt Normwerte (Prozentränge, T-Werte und z-Werte) ermittelt, die sich nicht nur nach Klassenstufe, sondern auch innerhalb eines Jahrgangs nach dem Monat unterscheiden. In der älteren Version wurde aus den z-Werten ein Gesamt-z-Wert gebildet, für den dann wiederum Prozentrang und T-Wert ermittelt werden konnten. In der neueren Fassung wird zwischen einer Kurz- und einer Standardversion unterschieden. Bei der Kurzversion wird das Textlesen noch nicht berücksichtigt. Der globale Kompetenzwert wird aus der Summe der T-Werte gebildet, zu denen wiederum ein neuer T-Wert abgelesen werden kann. Neuerdings liegen auch eigene Normen für Kinder anderer Herkunftssprachen vor. Dabei wird zwischen Kindern unterschieden, die angaben, zuhause neben der Erstsprache auch Deutsch zu sprechen, und solchen, bei denen zuhause nur die Erstsprache gesprochen wird.

Wie bereits Bredel, Fuhrhop und Noack (2017, S. 171) hervorheben, setzt schon der Wortlesetest auf einem relativ hohen Niveau an. Das Kind, das in relativ kurzer Zeit das richtige Wort unterstreicht, erkennt das gesuchte Wort wahrscheinlich als Sichtwort. Ob es zum Ausscheiden der Distraktoren (häufig graphische Ähnlichkeit) tatsächlich noch einzelne Graphem-Phonem-Zuordnungen durchführt, um den Eintrag im phonologischen Lexikon zu ermitteln, lässt sich nicht überprüfen. Dass als Distraktoren beim Textlesen Aussagen aus dem Weltwissen eingesetzt werden, die aber im Text nicht vorkommen, trifft auch auf IGLU-Aufgaben zu und erscheint daher nicht als abwegig. Für die Verwendung in der empirischen Forschung ist es nicht unwichtig zu betonen, dass Wort- und Satzlesen den hierarchieniedrigen, der Textleseteil dagegen bereits den hierarchiehöheren Lesekompetenzen zugeordnet wird (vgl. Gold et al., 2013, S. 207).

Der Leseteil des *SLRT* (*SLRT-II*, Moll & Landerl, 2010) enthält dagegen einen Leseflüssigkeitstest, der sowohl reale als auch Pseudowörter umfasst. Die Beschränkung auf die Wortlesefähigkeit beruht auf der Annahme, dass das schnelle, automatisierte Erfassen von Wörtern den Flaschenhals der Lesefähigkeit darstelle und schließt damit an die Theorie des »Simple View of Reading« an (Gough & Tunmer, 1986). Der Einbezug von Pseudowörtern soll entsprechend dem Zwei-Wege-Modell überprüfen, ob auch die indirekte Route beherrscht wird. Den Vorteil des Lautlesetests sehen die Autor*innen darin, dass damit auch Lesefehler erhoben werden und die Lehrkraft so eine genauere Vorstellung des Erwerbsprozesses bekommt.

Beim Wortlesetest werden Wörter in acht Spalten eine Minute lang von oben bis unten laut vorgelesen. Die Schwierigkeit der Wörter nimmt von Spalte zu Spalte in Bezug auf Buchstaben- und Silbenzahl sowie größere Seltenheit zu. Bei der Auswertung wird zunächst die Zahl der insgesamt bearbeiteten Items bestimmt. Von diesen werden dann die falsch gelesenen und nicht selbst korrigierten Wörter und die ausgelassenen Items abgezogen.

Für den verbleibenden Wert (Anzahl richtig gelesener Items pro Minute) wird mithilfe einer Normtabelle ein Prozentrangband (im Sinne eines Konfidenzintervalls) ermittelt. Außerdem wird ein Fehlerprozentwert errechnet, bei dem der prozentuale Anteil der falsch gelesenen an der Gesamtzahl der Wörter ermittelt wird.

Wie die Fallanalysen aus dem Manual zeigen, können mithilfe der beiden Leseflüssigkeitstests unterschiedliche Typen von schwächeren Leser*innen identifiziert werden: Extreme Langsamkeit beim Wortlesen deutet auf Schwierigkeiten beim Abruf der Wörter aus dem mentalen Lexikon hin. Eine hohe Fehlerzahl beim Pseudowortlesen zeigt wiederum Schwierigkeiten bei der indirekten Route, dem phonetischen Rekodieren gelesener Silben an.

Der *ZLT II* (*Zürcher Lesetest*) ist eine überarbeitete Version des klassischen Zürcher Lesetests, der erstmals 1963 von Maria Linder entwickelt wurde. Mit dem ZLT II liegt ein vor allem hinsichtlich der Normierung überarbeitetes Verfahren vor, »[…] das Schüler mit Schwierigkeiten in diesem Bereich zuverlässig entdeckt und ebenso Hinweise zur Bestimmung von Fördermaßnahmen bietet« (Petermann & Daseking, 2015, S. 11). Der Leseprozess wird in vier Dimensionen analysiert und mithilfe von jeweils mehreren Untertests erfasst. Anhand eines Wortlesetests, eines Pseudowortlesetests sowie eines Lesetests von Textabschnitten wird einerseits die Lesegenauigkeit durch die Fehlerrate erfasst und andererseits durch die Messung der Lesegeschwindigkeit ein Hinweis auf den Automatisierungsgrad des phonologischen Rekodierens (vgl. ebd., S. 33) gegeben. Weitere Dimensionen sind Gedächtnisleistungen mit den Untertests zum schnellen Benennen und zum Nachsprechen von Pseudowörtern sowie die phonologische Bewusstheit mit den Untertests zur mündlichen bzw. schriftlichen Silbentrennung. Beim schnellen Benennen wird die Abrufgeschwindigkeit eines Objekts aus dem Langzeitgedächtnis gemessen. Die phonologische Bewustheit als Vorläuferfähigkeit für den Leseprozess wird über die Fähigkeit des*der Lernenden zur Analyse von Wörtern, d. h. über die Zerlegung und Manipulation von Wörtern in ihre Silben erfasst. Die Ergebnisse können anschließend in ein Leistungsprofil überführt werden, aus dem – anhand von Prozenträngen – auffällige, grenzwertige und unauffällige Verarbeitungsprozesse abgelesen werden können.

Bevor ein standardisierter Lesetest eingesetzt wird, empfehlen sich niederschwellige Verfahren, mit deren Hilfe eine erste Einschätzung basaler Lesefähigkeit erfolgen kann. Am Anfang steht natürlich eine Buchstaben- bzw. Graphemtabelle, mit der überhaupt die Buchstabenkenntnis überprüft wird. Es folgen einfache Silben mit der Abfolge einfacher Konsonant und Langvokal, bevor geschlossene Silben, zweisilbige Wörter und schließlich Silben mit komplexen Anfangs- und Endrändern gelesen werden. Nach einer solchen Progression verfährt z. B. das Berlin-Brandenburgische Instrument *ILeA 2* (Scheerer-Neumann et al., 2010). Dadurch, dass hier die Lesegeschwindigkeit noch keine Rolle spielt, können die Schwierigkeiten auf technischer Ebene besser fokussiert werden.

Bei weiter fortgeschrittenen Leser*innen genügt oft ein Lautleseprotokoll, um die Lesegeschwindigkeit und die Lesegenauigkeit zu erfassen. Der*die Schüler*in liest einen Text mit angemessenem Schwierigkeitsgrad eine Minute lang vor. Der*die Protokollant*in markiert bei jedem Wort, ob es richtig oder falsch gelesen wurde, und erfasst auch ausgelassene Wörter. Vom Kind selbst korrigierte Wörter gelten als richtig gelesen. Die richtig gelesenen Wörter pro Minute werden dann zusammengezählt. Außerdem können die ausgelassenen und falsch gelesenen Wörter addiert und deren prozentualer Anteil an allen Wörtern zur Erfassung der Lesegenauigkeit bestimmt werden (Rosebrock et al., 2011, S. 83–85). Bei über 95 % richtig gelesenen Wörtern sprechen Rosebrock et al. vom Unabhängigkeitsniveau, bei über 90 % vom Instruktionsniveau und bei unter 90 % vom Überforderungsniveau eines Textes (ebd., S. 60f.).

5.5 Neuere empirische Forschung zur orthographischen Kompetenz

Während zum Leseerwerb mittlerweile sehr stark differenzierte Kompetenzmodelle existieren, zeichnet sich für den Bereich der Rechtschreibung erst allmählich ein empirisch abgesichertes Modell ab. Hierbei stehen sich zwei unterschiedliche theoretische Modellierungen gegenüber, eine segmentale, die ausschließlich Phonem-Graphem-Beziehungen berücksichtigt, und eine, die darüber hinaus auch noch silbische Strukturen einbezieht.

Das Kompetenzstufenmodell der KMK von 2010, das den IQB-Studien (2012, 2016) für Schüler*innen der dritten bzw. vierten Jahrgangsstufe und dem IQB-Bildungstrend zugrunde liegt (Böhme & Bremerich-Vos, 2009), orientiert sich weitgehend an der Fehlerdiagnostik der AFRA (▶ Kap. 5.2). Da bereits Schüler*innen der dritten und vierten Jahrgangsstufe getestet werden, liegt der Schwerpunkt des Kompetenzmodells auf der orthographischen Stufe. Hierbei kommen insgesamt neun Indikatoren zum Tragen, die sich auf die Kategorien *Spezielle Grapheme, Vokallänge und -kürze, morphologische Ableitungen, häufige Morpheme* (Präfixe und Suffixe), *Morphemgrenzen* und die *Groß- und Kleinschreibung* verteilen. Mithilfe einer Normstichprobe wurde ein fünfstufiges Kompetenzmodell ermittelt, das mit jeweils 12 bzw. 13 % der Schüler*innen in den Kompetenzstufen I und V, jeweils 22 % in den Kompetenzstufen 2 und 4 und 30 % in der Kompetenzstufe 3 eine Normalverteilung aufweist.

Die niedrigste Kompetenzstufe (Mindesstandard nicht erreicht) entspricht einer noch nicht voll etablierten alphabetischen Strategie, insofern erst 90 % der basalen Graphemzuordnungen und etwas weniger Graphemfolgen korrekt sind. Es gibt aber auch schon richtige Lösungen bei der markierten Vokallänge und -kürze, bei der konsonanten Ableitung (Auslautverhärtung) sowie einige korrekte Schreibungen von ›ver‹ und ›vor‹ und von Substantiven. Als Mindesstandard gilt die 100%ige Anwendung der »elementaren Laut-Buchstaben-Beziehungen« (auch bei pf, st und sp, KMK 2013, S. 12) und erster Rechtschreibstrategien, die sich in weitgehend korrekter konsonantischer Ableitung, 50–60 % korrekten Vokallänge- und -kürzemarkierungen sowie vokalischen Ableitungen, weitgehend korrekten Prä- und Suffixen, Morphemgrenzen (›Fahrrad‹) und zahlreichen Großschreibungen niederschlägt. Der Regelstandard schließt darüberhinaus korrektes ›qu‹, erstmals korrekte s-Graphien und zu 80 % korrekte Länge- und Kürzemarkierungen ein. Morphologische Ableitungen und die Gliederung in Wortbausteine gelingen jetzt fast immer, die Großschreibung auch bei einigen Abstrakta. Bei der vierten Kompetenzstufe gelingen Länge- und Kürzemarkierungen zu 100 % (auch in ›Schlittschuhläufer‹), es kommt als Kriterium der GKS die korrekte Schreibung von Abstrakta und Nominalisierungen hinzu. Bei der höchsten Stufe müssen Wörter wie ›Schiedsrichter‹ richtig geschrieben werden, »deren morphologische Struktur schwer zu erkennen ist« (KMK, 2013, S. 14).

Böhme und Bremerich-Vos (2009) untersuchten auch die Frage nach der latenten Struktur einer derartig gemessenen orthographischen Kompetenz. Auch wenn kein statistisches Modell zufriedenstellende Werte lieferte, sehen sie in der Tendenz eine eindimensionale Lösung, also eine Globalkompetenz auf der orthographischen Stufe, als optimal an.

Im Anschluss an die IGLU-E-Studie wurde ein Kompetenzmodell der Rechtschreibung entwickelt, das von den fünf Dimensionen ausgeht: 1. Phonographisches und silbisches Prinzip im Kernbereich, 2. Morphologisches Prinzip im Kernbereich, 3. Peripheriebereich, 4. Prinzipien der Wortbildung und 5. einem wortübergreifenden Prinzip (Blatt et al., 2011, S 237). In einem sprachsystematischen Rechtschreibtest wurde überprüft, welche Kompetenzstufe von wie viel Prozent der Schüler*innen einer bestimmten Jahrgangs- und Schulstufe erreicht wurde. Bei den Viertklässlern wurden für diese Teilkompetenzen Aufgaben (Diktatwörter) mit folgenden Schwierigkeiten gewählt: 1. Insbesondere Konsonantenhäufungen »gl«, schw« etc. in der Dimension phonographisch-silbisch, 2. Umlautschreibung und abgeleitete Konsonantenverdopplung in der Dimension morphologisch, 3. Dehnungs-h und Doppelvokal im Peripheriebereich, 4. Ver- und -lich als Wortbausteine in der Dimension Wortbildung und schließlich 5. Großschreibung in der wortübergreifenden Dimension.

Die statistische Ermittlung einer latenten Struktur führte ebenfalls nicht zu einem eindeutigen, aber im Unterschied zu Böhme & Bremerich-Vos (2009) zu einem vierdimensionalen Ergebnis: 1. Im Kernbereich fallen phonographische und morphologische Schreibungen zusammen, während der Peripheriebereich, die morphologischen Bausteine und die Groß- und Kleinschreibung als eigenständige Dimensionen bestehen bleiben. Für Schüler*innen ab der 5. Klasse traten dann in einer Folgestudie nochmals leichte Verschiebungen auf.

Spaude (2015, S. 172–179) testet – auf der Grundlage der HSP – bei der Modellierung der orthographischen Kompetenz von 114 Kindern mit Migrationshintergrund in der Schuleingangsphase sowohl das KMK- als auch das silbenanalytische Modell und kommt am Ende zu einer optimalen zweifaktoriellen Lösung, indem sie lautbasierte Schreibungen und nicht-lautbasierte Schreibungen (silbische, morphologische und solche der Peripherie zusammen) isoliert.

Bei theoretisch sehr unterschiedlichen Ausgangspunkten lässt sich in diesen empirischen Modellierungen eine gewisse Konvergenz beobachten. Der zwischen segmentaler und silbenanalytischer Theorie umstrittenste Bereich (Schreibung von Reduktionssilben, Markierungen von Vokalkürze und Länge) führt auch im zweiten Modell zu keiner eigenständigen Dimension. Dies lässt sich dadurch erklären, dass ab Klasse 3 dieser Fehlerbereich keine so große Relevanz mehr aufweist bzw. sich mit den morphologischen Ableitungen überlagert. Die Eigenständigkeit weiterer morphologischer und vor allem syntaktischer Indikatoren gewinnt vor allem in der Sekundarstufe an Bedeutung.

In den bisher behandelten Untersuchungen wurden individuelle Entwicklungsprozesse nicht abgebildet (Jaeuthe et al., 2020, S. 830f.). Versuche, die Existenz gewisser Erwerbsstufen und die Entwicklung der Rechtschreibkompetenz individueller Schüler*innen empirisch nachzuweisen, wurden erst in jüngerer Zeit unternommen.

Scheerer-Neumann und Schnitzler (2009) untersuchten 178 Schüler*innen vom Beginn der 2. bis zum Beginn der 3. Klasse. Es konnte gezeigt werden, dass besonders schwache Kinder, die zu Beginn der 2. Klasse noch weniger als 30 % der Wörter mindestens lautgetreu schrieben, bis zur 3. die größten Fortschritte erzielen und auf 60 % lautgetreue Schreibungen kommen. Eine detailliertere Erhebung mit 6 Messzeitpunkten bei um die 700 Schüler*innen nahm Bulut (2018) bei Erwerbsprozessen in den ersten beiden Schuljahren vor. Als orthographische Phänomene wurden das Schwa in ›Stiefel‹, das a-Schwa in ›Hammer‹, die Auslautverhärtung in ›Mund‹ und die Silbengelenkschreibung in ›Hammer‹ analysiert, für die jeweils eine wachsende orthographische Komplexität vermutet wurde.[4] Bulut ging dabei von einem theoretischen Modell aus, dass nicht auf einen Schlag den Erwerb einer neuen Regularität unterstellt, sondern längere Übergangsphasen und auch Rückschritte zulässt, etwa im Sinne des bereits von Eichler formulierten Prinzips der hierarchischen Parallelität (1986). Die Stabilisierung des Erwerbs eines orthographischen Phänomens gilt dann als erreicht, wenn nach einer korrekten Schreibung keine Fehlschreibungen mehr auftreten.

Tab. 5.6: Stabilisierung des Erwerbs einiger orthographischer Phänomene (Bulut, 2018, S. 91–94)

Phänomene	2. Schuljahr (Angaben in %)			3. Schuljahr (Angaben in %)		
	MZP 1	MZP 2	MZP 3	MZP 4	MZP 5	MZP 6
e-Schwa	37,90	67,86	88,76	93,44	96,56	99.06
a-Schwa	05,10	15,92	41,27	56,26	72,01	85,30
Auslautverhärtung	03,00	07,33	23,64	48,10	69,73	85,04
Silbengelenk	00,00	00,00	06,54	12,66	26,57	51,88

Den Erwerb der offenen Schwa-Schreibung (›er‹) kann man der phonologischen Stufe (im Sinne Thomés) oder der bereits durch orthographische Elemente modifizierten alphabetischen Strategie (im Sinne Scheerer-Neumanns) zuordnen, während Auslautverhärtung und Silbengelenk in allen Modellen als orthographisch bzw. morphologisch überformt verstanden werden. Wie Tabelle 5.6 zeigt, fällt der Unterschied im Erwerb zwischen den beiden phonologischen Phänomenen (e- und a-Schwa) und zwischen den beiden orthographischen viel größer aus als der zwischen der -er-Schreibung und der Auslautverhärtung, was für einen parallelen Erwerb komplexer phonologisch-silbischer Phänomene und erster morphologischer Ableitungen spricht. Besonders auffällig ist der sehr späte Erwerb der Silbengelenkschreibung.

Obwohl die Tendenz der Gesamtgruppe eine klare Erwerbsfolge vermuten lässt, kann Bulut (2018) bei den individuellen Erwerbswegen keine konsistenten Muster nachweisen. Zusätzlich zu den sehr unterschiedlichen Zeitpunkten, in denen einzelne Kinder die jeweiligen Phänomene meistern, gibt es auch Kinder, die sie in einer anderen Reihenfolge erwerben. Dies schränkt die empirische Verallgemeinerbarkeit des Stufenmodells erheblich ein.

Zu einer genaueren Untersuchung dieser Frage haben Jaeuthe et al., (2020) bei 697 Schüler*innen eine latente Transitionsanalyse der Rechtschreibentwicklung ebenfalls für das 2. und 3. Schuljahr durchgeführt (3 Messzeitpunkte zu Be-

---

4 Das a-Schwa mit dem er-Graphem wird aufgrund seiner Zweigliedrigkeit komplexer als das e-Schwa eingestuft, ebenso die Silbengelenkschreibung wegen der Beachtung des Kurzvokals (indirekter Zugang zur Schreibung des Konsonanten durch den Vokal) als komplexer als der Auslaut (nur Beachtung des Konsonanten in der ein- und zweisilbigen Form nötig). Entsprechend sind die Hypothesen der realtypischen Rechtschreibentwicklung formuliert (vgl. Bulut, 2018, S. 59–61).

ginn und am Ende der Klasse 2 sowie am Ende der Klasse 3). Hier bilden die Hamburger Schreibprobe 1+ und 2 den Ausgangspunkt, wobei nur zwischen noch nicht-lautgetreuen, lautgetreuen und orthographisch korrekten Schreibungen unterschieden wurde. Es wurden dabei nur Wörter verwendet, deren ›lautgetreue‹, d. h. phonologisch plausible Schreibung von der orthographisch korrekten abweicht. Für jedes Kind wurde zu jedem Messzeitpunkt der Prozentsatz der nicht-lautgetreuen, lautgetreuen und orthographisch korrekten Schreibungen ermittelt. Am Beispiel <Mäuse> wären etwa ›Moise‹ und ›Meuse‹ phonologisch plausible, ›Mose‹, ›Mse‹ oder ›Ms‹ phonologisch nicht plausible Schreibungen.

Auf deskriptiver Ebene ergibt sich zunächst eine Verteilung der Wortschreibungen zu den drei Messzeitpunkten:

Tab. 5.7: Verteilung der Wortschreibungen nach orthographischem Profil (Jaeuthe et al., 2020)

	M (SD) (Angaben in %)		
	MZP 1	MZP 2	MZP 3
nicht-lautgetreu	17,22	15,00	08,24
lautgetreu	50,19	42,84	25,94
orthographisch korrekt	32,60	42,16	65,82

Es zeigt sich insgesamt ein geringer Anteil von nicht-lautgetreuen Schreibungen, der im zweiten Schuljahr nur langsam, im dritten Schuljahr etwas schneller abnimmt. Die lautgetreuen Schreibungen, die zu Beginn des 2. Schuljahrs noch 50 % der Schreibungen ausmachen, sinken bis Ende der 3. Klasse um die Hälfte. Entsprechend steigen die orthographisch korrekten Schreibungen von knapp unter einem Drittel auf fast zwei Drittel am Ende der Erhebung.

Um jeden*jeder Schüler*in zu jedem Messzeitpunkt eindeutig einer bestimmten Gruppe – im Sinne der Dominanz einer bestimmten Rechtschreibstrategie – zuordnen zu können, wurden mithilfe der latenten Transitionsanalyse verschiedene Modelle von Gruppenbildungen errechnet, die intern eine möglichst große Homogenität und extern eine möglichst große Heterogenität aufweisen sollten. Statistisch optimal erwiesen sich eine 3- und eine 6-Klassen-Lösung, so dass aufgrund der theoretischen Präferenz schließlich eine Entscheidung für erstere getroffen wurde. Die drei Gruppen der Buchstabenentdeckenden, Phonemprofis und Rechtschreibspezialist*innen verteilen sich wie folgt über die drei Messzeitpunkte.

Ausgehend von dieser Gruppenbildung können nun die Entwicklungspfade der einzelnen Schüler*innen vom ersten bis zum dritten Messzeitpunkt nachvollzogen werden. Die Analyse ergibt, dass 98,57 % aller Schüler*innen entwicklungskonforme Pfade durchlaufen, d. h., dass sie entweder auf einer Entwicklungsstufe verharren oder in eine höhere Stufe wechseln, aber nicht auf eine tiefere Stufe zurückfallen. Das bedeutet, dass die 7,46 % oder 52 Schüler*innen, die bereits zu Anfang der 2. Klasse die meisten Wörter orthographisch korrekt

Tab. 5.8: Verteilung der Schüler*innen nach dominanter Schreibstrategie (Jaeuthe et al., 2020)

	M (Angaben in %)		
	MZP 1	MZP 2	MZP 3
Buchstabenentdeckende	12,20	09,47	06,60
Phonemprofis	80,34	61,26	18,22
Rechtschreibspezialist*innen	07,46	29,27	75,18

schreiben, in der Gruppe der Rechtschreibspezialist*innen verbleiben. Von den Phonemprofis steigen $^4/_5$ bis zum Anfang oder Ende des 3. Schuljahrs zu den Rechtschreibprofis auf, nur $^1/_5$ verharrt in dieser Stufe. Auffällig ist die Gruppe der Buchstabenentdeckenden, da von diesen nur ¼ tatsächlich aufholt und zu Rechtschreibspezialist*innen wird, während ein zweites Viertel immerhin in die Gruppe der Phonemprofis wechselt. Fast die Hälfte dieser Gruppe bleibt aber bis zum Ende des 3. Schuljahrs auf dem Niveau der Buchstabenentdeckenden, fällt also in der Rechtschreibentwicklung weiter zurück.

Mithilfe derartiger Studien bestätigt sich zumindest ein grundsätzlicher Trend der Stufenmodelle: Schreibungen, in denen das Zielwort aufgrund unvollständiger Verschriftung noch nicht oder nur schwer zu erkennen ist, werden abgelöst von Schreibungen, die als ›lautgetreu‹, d. h. auf der phonologischen Ebene plausibel erscheinen, bis dann am Ende eine orthographisch korrekte Schreibung erreicht wird. Innerhalb der letzten Stufe wird allerdings bei Jaeuthe et al. (2020) keinerlei Differenzierung mehr vorgenommen, so wie dies bei Bulut (2018) versucht wurde.

5.6 Aufgaben

1. Warum beschränken sich manche Lesetests auf die Diagnostik des Wortlesens?
2. Welche Bedeutung hat das Lesen von Pseudowörtern für die Ermittlung der Lesekompetenz?
3. Führen Sie analog zum Beispiel in ▶ Kap. 5.3 eine Graphemanalyse des folgenden Textes durch (Groß- und Kleinschreibung bitte nicht berücksichtigen):

5 Diagnostik der Rechtschreib- und der basalen Lesekompetenz

Es war Ein M-	Auch Kasber
Al Der Reuber	Und Sebel Lis Er
Hozenplotz Der	Nist in Rue Ende
Klaute was im	
In dei Finger kam	

4. Ordnen Sie die fehlerhaften Grapheme den Fehlerkategorien der OLFA bzw. der AFRA zu.
5. Ziehen Sie daraus eine Schlussfolgerung für die dominante Strategie im Schriftspracherwerb.

6 Lesen und schreiben lernen im mehrsprachigen und mehrschriftigen Kontext

6.1 Geringerer Bildungserfolg von Kindern mit Migrationshintergrund und der Beitrag des Schriftspracherwerbs

Der Erwerb des Lesens und Schreibens bei Kindern mit einer anderen Herkunftssprache als Deutsch ist Gegenstand einer langjährigen, intensiven Forschung, die nicht erst mit den PISA-Ergebnissen aus dem Jahr 2000 begann, als der Bundesrepublik Deutschland ein besonders geringer Erfolg bei der schulischen Integration neu zugewanderter Kinder bescheinigt wurde. Im Fokus dieser Forschung steht der Erwerb des Deutschen als Zweitsprache, der kein Gegenstand dieser Darstellung ist, aber natürlich erhebliche Auswirkungen auch auf den Schriftspracherwerb hat. Nachdem lange Zeit der Erwerb der gesprochenen Sprache im Vordergrund der Forschungen stand, tauchte im Zuge der New Literacy Studies zunächst der Begriff der Biliteracy auf (Hornberger, 2003). Das entsprechende Modell, das anfangs drei, später vier Dimensionen (Hornberger & Skilton-Sylvester, 2003) und innerhalb derselben mehrere sogenannte continua unterschied, thematisierte zwar Rechtschreibung nur am Rande, bezog sich aber bereits auf eine Vielzahl unterschiedlicher oraler und literaler Praktiken und deren Interdependenz bei mehrsprachigen Kindern.

In einer ähnlichen Perspektive analysierte Knapp (1997, 1999) schriftliche Erzählungen von muttersprachlich deutschen und Kindern mit Migrationshintergrund, wobei er hier erst vor kurzem zugewanderte von bereits in Deutschland geborenen unterschied. Er konnte zeigen, dass – trotz größerer Schwierigkeiten in den Bereichen Grammatik und Wortschatz – die neu zugewanderten Kinder mit der Anforderung einer Erzählung besser zurechtkamen als die in Deutschland geborenen. Seine Erklärung war, dass die in der Erstsprache – und besonders durch den Schulbesuch im Herkunftsland – erworbene Textkompetenz leichter auf eine neue Sprache übertragen werden könne, während hier aufgewachsene mehrsprachige Kinder trotz guter mündlicher Kommunikationsfähigkeit in der Zweitsprache und mehrjährigem Schulbesuch in Deutschland offenbar Defizite im Erwerb der Textkompetenz aufwiesen. Die Rede war von ›verdeckten Sprachschwierigkeiten‹.

Das Beispiel zeigt, dass die zu untersuchende Gruppe der »Kinder mit Migrationshintergrund« genauer bestimmt werden muss. In den PISA- und IGLU-Studien wurde das Merkmal – in Abweichung von der älteren Forschung – nicht mehr über die Staatsangehörigkeit, sondern das Geburtsland des Kindes bzw. das eines bzw. beider Elternteile definiert. Damit geriet auch die Gruppe der Spätaussiedler*innen in den Blick der Forschung, deren sprachliche Integration gerade in den 1990er und 2000er Jahren eine große Herausforderung darstellte. Allerdings bildete Sprache selbst kein eigenes Kriterium zur Definition der Zielgruppe. Dies ändert sich erst im Zuge der Forschungen zum Einfluss des Sprachgebrauchs in der Familie auf den Zweitspracherwerb. In den Befragungen z. B. von IGLU 2016 wurde die Gruppe der Kinder mit Migrationshintergrund nochmals danach unterschieden, in welchem Ausmaß Deutsch in der Familie gesprochen wird. Es wurde zwischen Kindern, die nur Deutsch oder Deutsch und eine andere Sprache in der Familie sprechen, und solchen unterschieden, in denen nur oder fast nur die Herkunftssprache gesprochen wird. Die Differenz in der Lesekompetenz zwischen diesen beiden Gruppen fällt in Deutschland im Vergleich zu anderen OECD-Ländern nach wie vor besonders hoch aus:

Tab. 6.1: Lesekompetenz bei Kindern mit anderer Familiensprache im Vergleich (IGLU 2016; Wendt & Schwippert, 2017, S. 223)

Land	Zu Hause gesprochene Sprache ist Landessprache							
	manchmal oder nie			immer oder fast immer			Differenz	
	%	M1 (Lesen)	SE	%	M2 (Lesen)	SE	M1-M2	SE
Deutschland	16.6	509	4.5	83.4	549	2.8	40	4.3
VG EU	14.5	514	1.2	85.5	546	0.5	32	1.3
Frankreich	15.7	492	3.6	84.3	515	2.5	23	4.3
Niederlande	17.4	527	4.1	82.6	549	1.8	22	4.3
England	16.0	551	3.4	84.0	561	1.9	10	3.3

In dieser Tabelle werden in den ersten Spalten nur die Kinder mit Migrationshintergrund berücksichtigt, die zu Hause ›manchmal oder nie‹ die Landessprache sprechen. Im EU-Durchschnitt und im Vergleich verschiedener EU-Länder ist deren Anteil etwa gleich groß (um die 15 %), jedenfalls deutlich unter dem Anteil von Kindern mit Migrationshintergrund insgesamt. Allerdings sind in dieser Auswertung noch keine neu zugewanderten Kinder (im Zuge der Flüchtlingsbewegung ab 2015) berücksichtigt, da nur die Testergebnisse der Kinder ausgewertet wurden, die schon ein Jahr lang im Aufnahmeland die Schule besuchten. Die Größe des Abstands mit Bezug auf die Lesekompetenz im Deutschen zeigt, dass der Schriftspracherwerb dieser mehrsprachigen Kinder noch nicht zufriedenstellend ist – auch im internationalen Vergleich: So beträgt die Differenz beider Gruppen in der EU im Durchschnitt nur 32 und in England sogar nur 10 Leistungspunkte.

Dagegen erwiesen sich die Befunde zum Orthographieerwerb zunächst als weniger dramatisch. Bereits in der großen Hamburger Langzeitstudie »Elementare

Schriftkultur«, in der u. a. die Entwicklung der Rechtschreibfähigkeiten in 20 Schulklassen von der Einschulung bis zum Ende des 4. Schuljahres erhoben wurde, zeigten Kinder mit Migrationshintergrund zwar am Anfang der Schullaufbahn geringere Vorkenntnisse in Bezug auf Schrift, blieben aber nur wenig hinter den muttersprachlich deutschen Kindern zurück. Dehn und Hüttis-Graff (2000) sprechen aber von einer größeren Streuung der Leistungen.

In der »Belesen«-Studie (Schründer-Lenzen & Merkens, 2006) wurden 1.236 Berliner Kinder aus 26 ›Brennpunktschulen‹ (59 Klassen) mit und ohne Migrationshintergrund in ihrer Kompetenzentwicklung im Lesen, Rechtschreiben und Rechnen von der ersten bis zur dritten Grundschulklasse begleitet (Schründer-Lenzen & Merkens, 2006). Neben 394 Kindern mit deutscher hatten 766 eine nicht-deutsche Staatsangehörigkeit, allein 502 türkisch. Von den Kindern mit deutscher Staatsangehörigkeit gaben 10 % an, zuhause noch eine andere Sprache zu sprechen, umgekehrt gaben 15 ›ausländische‹ Familien an, zu Hause nur Deutsch zu sprechen. Da die Skala dreistufig (und nicht wie bei IGLU nur zweistufig) war, lassen sich die Ergebnisse nicht direkt vergleichen. Der Anteil, der zu Hause nur andere Sprachen sprach, umfasste aber mit 185 Kindern 36 % der türkischen und mit 72 27 % der anderen Kinder nicht-deutscher Staatsangehörigkeit.

Im Folgenden werden die Ergebnisse der Kinder mit und ohne Migrationshintergrund in den ersten drei Schuljahren für Lesen und Rechtschreiben einander gegenübergestellt:

Tab. 6.2: Belesen-Studie (Schründer-Lenzen & Merkens, 2006, S. 32): Rechtschreib- und Lesekompetenz von Kindern mit und ohne Migrationshintergrund

	Ohne Migrationshintergrund		Migrationshintergrund		F-Wert	P-Wert
	Mittelwert	SD	Mittelwert	SD		
HSP Ende Klasse 1 (T-Wert)	42,1	26,7	35,0	26,3	12,9	0,00
HSP Ende Klasse 2 (T-Wert)	43,7	30,4	33,3	29,9	23,8	0,00
DRT Ende Klasse 3 (Rohwert)	10,7	5,4	9,6	5,3	7,5	0,00
WLLP Klasse1	32,1	18,3	24,1	14,7	59,9	0,00
WLLP Klasse2	69,5	22,9	57,7	18,9	62,2	0,00
WLLP Klasse 3	91,5	23,2	78,9	21,8	61,2	0,00
ELFE Klasse 3 (Textverstehen)	13,2	4,6	10,3	4,3	82,8	0,00

Die Analyse zeigt in beiden Kompetenzen signifikante Unterschiede zwischen den drei Gruppen in allen drei Schuljahren. Allerdings ist zu berücksichtigen, dass die untersuchte Stichprobe insgesamt deutlich unterhalb der Normstichprobe liegt, was an den T-Werten der HSP gut zu erkennen ist. Bei der WLLP betragen die mittleren Normwerte in den drei Schuljahren 43, 72 und 95. Beide Untersuchungsgruppen liegen also deutlich unterhalb der Normstichprobe.

Innerhalb der Gruppe der Kinder mit Migrationshintergrund wurden außerdem die beiden Gruppen mit unterschiedlicher familiärer Sprachpraxis verglichen. Es zeigte sich ein wachsender Vorsprung der Kinder, die zuhause auch Deutsch sprechen, gegenüber Kindern mit ausschließlichem Gebrauch der Herkunftssprache in der Familie (3. Klasse WLLP: 81,25 gegenüber nur 75,16 Rohwertpunkten, vgl. Schründer-Lenzen Merkens, 2006, S. 32).

Chudaske (2012), deren Design und Testinstrumente vergleichbar waren, bestätigt eine solche signifikante Differenz zwischen Kindern mit und ohne Migrationshintergrund nicht bei der Rechtschreibkompetenz, wohl aber bei der Lesekompetenz, wie die Varianzanalyse zeigt:

Tab. 6.3: Rechtschreib- und Lesekompetenz von Kindern mit und ohne Migrationshintergrund (Chudaske, 2012, S. 263)

	Ohne Migrationshintergrund		Migrationshintergrund		F-Wert	P-Wert
	Mittelwert	SD	Mittelwert	SD		
WLLP Klasse 3	88,21	18,34	82,63	26,3	5,41	0,021
HSP Ende Klasse 3 (T-Wert)	49,76	8,33	49,60	8,06	0,47	0,495

Die DESI-Studie (Wagner et al., 2008), die die sprachlichen Leistungen 15-Jähriger in Deutsch und Englisch untersuchte, zeigte im Kompetenzbereich »Rechtschreibung« sogar einen kleinen Vorsprung der mehrsprachigen gegenüber den deutschsprachigen Schüler*innen. Auch in dieser Studie wurde außerdem das Merkmal Migrationshintergrund nach dem Sprachgebrauch in der Familie differenziert: Schüler*innen mit Migrationshintergrund, die überwiegend in der Erstsprache kommunizierten, wiesen dagegen auch im Bereich »Rechtschreibung« einen Rückstand gegenüber den muttersprachlich Deutschsprachigen auf, allerdings deutlich geringer als in anderen Kompetenzbereichen.

Der IQB-Bildungstrend (Stanat et al. 2017) berücksichtigte zum ersten Mal 2016 neben der Lesekompetenz auch die Rechtschreibleistungen. Hier wurde beim Merkmal »Migrationshintergrund« zwischen Kindern der zweiten Generation (selbst in Deutschland geboren) und der ersten Generation (selbst im Ausland geboren) differenziert. Die Werte in Orthographie und Lesen zeigen im Vergleich in allen Gruppen einen Abwärtstrend, besonders deutlich bei den neu zugewanderten Kindern. Die Unterschiede sind in beiden Kompetenzbereichen signifikant.

Tab. 6.4: IQB-Bildungstrend: Kompetenzwerte in Lesen und Rechtschreibung im Vergleich (4. Schuljahr; vgl. Stanat et al., 2017, S. 249; Stanat et al., 2022, S. 14; eigene Darstellung)

Rechtschreibung	IQB 2016	Differenz Mig	IQB 2021	Differenz Mig	Differenz 2016-2021
Ohne Migrationshintergrund	511		491		-14
Zweite Generation	494	-13	461	-30	-27
Erste Generation	446	-65	415	-74	-32
Lesen					
Ohne Migrationshintergrund	512		497		-15
Zweite Generation	465	-47	438	-59	-33
Erste Generation	426	-86	394	-103	-31

Im absoluten Vergleich der Kompetenzwerte von Lesen und Orthographie fällt der Rückgang von 2016 zu 2021 bei Kindern mit deutscher Erstsprache gleich groß aus. Die Ausgangswerte der Kinder mit Migrationshintergrund liegen bereits 2016 in der Rechtschreibung deutlich über denen für Lesen. Der Rückgang bis 2021 fällt in beiden Gruppen etwa gleich groß aus, und zwar jeweils fast doppelt so hoch wie bei den Kindern deutscher Erstsprache. Besonders hoch ist die Diskrepanz bei Kindern, die selbst erst im Vorschul- oder Schulalter nach Deutschland eingewandert sind.

Der bei aller Uneinheitlichkeit der Ergebnisse verschiedener Studien doch dramatische Befund verlangt nach Erklärungen, die im Rahmen dieser Einführung nicht gegeben werden können. Ohne die Bedeutung sozio-ökonomischer, kultureller und institutioneller Einflussfaktoren in Frage zu stellen, soll im zweiten Teil des Kapitels eine Diskussion unterschiedlicher Fehlerschwerpunkte im Vordergrund stehen, die den Rechtschreiberwerb bei mehrsprachigen und mehrschriftigen Kindern im engeren Sinne charakterisieren.

6.2 Systematik des mehrsprachigen Schriftspracherwerbs

Der direkte Einfluss der Strukturen der Erstsprache (und deren Orthographie) auf den Schriftspracherwerb des Deutschen im Sinne der Kontrastivhypothese wird spracherwerbstheoretisch nicht mehr vertreten (Thomé, 1989). Insofern unterscheiden sich die Erwerbsprozesse von Kindern nicht-deutscher Erstsprache nicht grundsätzlich von denen der Muttersprachler*innen. Allerdings konnten einige einzelne Auffälligkeiten mit Besonderheiten der Erstsprachen in Zusammenhang gebracht werden, die dafür verantwortlich sind, dass bestimmte erwerbstypische Fehler über einen längeren Zeitraum auftreten und schwerer überwunden werden. Diese Phänomene möchte das folgende Teilkapitel unter Rückgriff auf qualitative Forschung (Fallstudien) beleuchten. Hierbei sollen Fehler unterschiedlichen Typs unterschieden werden.

Phonologischer Transfer (mangelnde Phonemdiskriminierung im Deutschen)

Beim Schriftspracherwerb des Deutschen durch Kinder einer anderen Herkunftssprache wirken sich unterschiedliche Bereiche der beteiligten Sprachsysteme in unterschiedlicher Weise aus. Ein einfaches Modell geht zunächst von einem mündlichen Erwerb der Zweitsprache Deutsch aus. Interferenzen auf phonologischer Ebene machen sich dann auch beim Schreiben bemerkbar, indem ein Phonem der Zielsprache Deutsch nicht zielsprachenkonform, sondern in Analogie zu einem Phonem der Erstsprache artikuliert wird (vgl. Dahmen & Weth, 2018, S. 191).

Im Bereich der *Konsonantensysteme* ersetzen Kinder mit russischer Erstsprache häufig das deutsche [h], den glottalen Plosiv, das in ihrer Erstsprache nicht existiert, durch einen ähnlichen Laut, nämlich den uvularen Frikativ [x]. Es ergibt sich daraus die Schreibung *<Chunt> für <Hund>, die in Bezug auf die Phonem-Graphem-Korrespondenz: [x] → <ch> unproblematisch ist (Gagarina, 2014).

Umgekehrt verfügt das Türkische zwar über den glottalen, nicht aber den palatalen bzw. uvularen Frikativ [ç/x]. Für <ich> wäre dann eine Schreibung wie <ih> oder <isch> plausibel. Wiederum liegt der Fehler nur auf der phonologischen Ebene, denn je nachdem, welches Phonem für [ç] gefunden wird, ist die daran anschließende Phonem-Graphem-Korrespondenz regulär: [h] → h oder [ʃ] → <sch>. Derartige Fehler treten natürlich nur in frühen Phasen des Zweitspracherwerbs oder dann auf, wenn durch mangelnden Kontakt mit dem Deutschen der mündliche Spracherwerb in einem frühen Stadium stagniert. Eine weitere Möglichkeit ist die Herausbildung eines Ethnolekts mit kleineren phonologischen Abweichungen vom Standarddeutschen wie der Gebrauch von [ʃ] anstelle von [ç], der außerdem auch in einigen nativen Dialekten des Deutschen vorkommt (Auer, 2013, S. 22ff.).

In ähnlicher Weise können stimmhafte für stimmlose Plosive oder umgekehrt verwendet werden, wenn die Herkunftssprache das jeweilige Phonem nicht aufweist. So könnte das deutsche Wort »Polizei« von Kindern mit arabischer L1 (Erstsprache) »Bulizei« oder »Garten« als »Karten« geschrieben werden, weil die Phoneme /p/ bzw. /g/ im Arabischen nicht vorhanden sind. Im Sinne eines minimalen Kontrasts wird dann jeweils das stimmhafte oder stimmlose Pendant verwendet.

Zur unzureichenden Phonemdiskriminierung gehören auch Fälle, in denen die Erstsprache zwei Varianten nicht als Phoneme zählt, das Deutsche aber schon. Dies gilt etwa für [b] <b> und [β] <v>, die im Spanischen Allophone sind. Die Schreibung <voerber> anstelle von <Feuerwehr> mit <b> für [v] konnte auf diesem Wege erklärt werden (Maas, 1992, S. 144f., Corvacho del Toro, 2021).

Der phonologische Transfer aus der Erstsprache kann auch das *Vokalsystem* betreffen. Die meisten Sprachen verfügen über ein wesentlich geringeres Spektrum an Vokalen als das Deutsche (vgl. hierzu Tab. 3.6. in Kap. 3). Schon das Türkische mit seinen acht Vokalen bildet den für das Deutsche wichtigen Kontrast zwischen gespannten und ungespannten Vokalen nicht ab:

Tab. 6.5: Vokalinventar des Türkischen (Schroeder & Şimşek, 2014)

	vorne		Mitte	hinten	
	ungerundet	gerundet	ungerundet	ungerundet	gerundet
oben	/i/	/y/		/ɯ/*	/u/
Mitte	/ɛ/	/œ/			/ɔ/
unten			/a/		

*Dieses IPA-Symbol steht für ein Phonem, das in der türkischen Orthographie durch <ı> wiedergegeben wird.

Im Russischen fehlen darüber hinaus die gerundeten vorderen Vokale, also die Umlaute des Deutschen. Das folgende Schema zeigt 6 Vokale. Hierbei sind aber die Reduktionsvokale nicht erfasst, die ebenfalls sehr häufig auftreten. Eine Schwierigkeit besteht darin, dass das Russische zwischen weichen (palatalisierten) und harten Konsonanten unterscheidet, was sich auch auf die folgenden Vokale auswirkt: diese klingen wie mit einem ›j‹ im Anlaut. In der Orthographie wird die Palatalisierung der Vokale durch eigene Grapheme ausgedrückt, nicht aber die Reduktion. Deutschlernende russischer Herkunft versuchen z. T. deutsche Vokale palatalisiert auszusprechen, z. B. [djɛr] statt ›der‹ (dɛɐ) oder [djip] statt ›Dieb‹ (di:p).

Tab. 6.6: Vokalsystem des Russischen (Gagarina, 2014, S. 226)

	vorne	Mitte	hinten
	ungerundet	ungerundet	gerundet
oben	/i/	/ɨ/*	/u/
Mitte	/ɛ/		/ɔ/
unten		/a/	

*Dieses IPA-Symbol steht für ein Phonem, das in der russischen Orthographie durch <ы> wiedergegeben wird.

Die Konsonantenverdopplung nach Kurzvokal im Deutschen ist für Türkisch- wie Russischsprecher*innen ein Problem, weil für sie der phonologische Kontrast neu gelernt werden muss. Die dabei entstehenden Fehler unterscheiden sich natürlich nicht grundsätzlich von denen deutscher Muttersprachler*innen.

Ein extremes Beispiel stellt hier das Arabische dar, dessen Vokalsystem nur drei Positionen (a-i-u) kennt. Dafür gibt es eine Opposition zwischen Lang- und Kurzvokalen.

Tab. 6.7: Vokalsysteme des Hocharabischen, marokkanischen Arabisch bzw. des Berberischen (Tarifit)

		Hocharabisch			Marokkanisches Arabisch/ Berber (Tarifit)		
		vorne	Mitte	hinten		vorne	Mitte	hinten
		ungerundet		gerundet		ungerundet		gerundet
oben	lang	/i:/		/u:/	gespannt	/i/		/u/
	kurz	/i/		/u/	zentralisiert			/ə/
unten	lang		/a:/		lang		/a/	
	kurz		/a/					

Aufgrund der starken regionalen Variation im Arabischen unterscheiden sich die Verhältnisse in den einzelnen Ländern. So ist im marokkanischen Arabisch die Opposition von langen und kurzen Vokalen durch den Gegensatz von gespanntem Vollvokal und zentralisiertem Schwa ersetzt worden, was auch für die Varietäten des eng benachbarten Berberisch gilt.

Für die Schreibung des deutschen Vokalspektrums ist der Effekt aber vergleichbar: Die Opposition zwischen dehnbarem [i:] und [e:] sowie zwischen [ɪ] und [ɛ] im Deutschen wird nicht wahrgenommen, wodurch es zu Schreibungen wie ›wel‹ statt <will>, aber auch <dim> statt <dem> kommt. Dasselbe gilt für die Unterscheidung von [o:], [ɔ], [u:] und [ʊ], vgl. Kapitel 6.3, Aufgabe 1. In dem bei Maas (2008, S. 653f.) diskutierten Beispiel überlagern sich auch dialektale Einflüsse aus dem Rheinland, wo der Sonderschüler aufgewachsen ist.

Ein tieferliegendes Phänomen stellen die *Silbenstrukturen und die Betonungsverhältnisse* dar. So kennt das Türkische keine Reduktionssilben, der Akzent bewegt sich häufig auf die letzte Silbe eines Wortes, die dadurch häufig sogar stärker betont ist als die Stammsilbe:

ev [ˈɛv] – Haus, aber: evler [ɛvˈlɛr] Häuser – evlerim [ɛvlɛˈrim] – meine Häuser

Dadurch fällt es schwer, Reduktionssilben überhaupt gut wahrzunehmen und ihre Kerne mithilfe des <e> auch immer konstant zu verschriften. Mehlem (2011) untersuchte dazu freie Schreibungen von Kindern einer 1. Klasse mit türkischem Hintergrund. Im Folgenden werden nur die Schreibungen der Vollvokale und der Reduktionsvokale einander gegenübergestellt:

Tab. 6.8: Voll- und Reduktionsvokale bei Kindern türkischer Herkunft (Mehlem, 2011, S. 125, S. 127)

	Kemal	Ahmed	Fatma	Esra
Einfache Vokale in Vollsilbe	26	24	32	30
korrekt	26	19	31	25
In %	100	79	97	83
e-Schwa in offener Reduktionssilbe	7	9	11	6
korrekt	7	6	3	2
In %	100	67	23	33
-el/-en in Reduktionssilbe	8	10	7	6
korrekt	7	8	3	1
In %	88	80	43	17

Während die vier Kinder bei den Vollvokalen alle bei ca. 80 % oder darüber liegen, fallen zwei Kinder bei den <e>-Schreibungen in der Reduktionssilbe deutlich zurück. Im Vergleich mit diktierten Wörtern derselben Kinder – unter Einbezug von 6 weiteren Kindern mit Deutsch als Erstsprache – bestätigt Olfert (2021) keinen grundsätzlichen Rückstand, sondern einen graduellen, wobei allerdings noch ein Einfluss der Methode der Rechtschreibwerkstatt (▶ Kap. 7) zu berücksichtigen ist.

Graphematischer Transfer

Vom phonologischen Transfer aus der Erstsprache ist ein graphischer oder graphematischer Transfer aus dem Schriftsystem der Erstsprache klar zu unterscheiden. In diesem Fall verwendet ein Kind für ein Phonem des Deutschen, das auch in seiner Erstsprache existiert, das aus der Verschriftung der Erstsprache vertraute Graphem (vgl. Dahmen & Weth, 2018, S. 193).

Im Türkischen gehören zu diesen Phänomenen der Gebrauch von

- <z> für stimmhaftes ›s‹, z. B. in <Sonne> ›Zone‹
- <ay> für den Diphthong ›ei‹ z. B. in <schreiben>: ›blayben‹
- <ş> für <sch> z. B. in <şule> (vgl. Kapitel 6.3, Aufgabe 2)

Derartige Erscheinungen sind vor allem dann häufiger, wenn beide Schriftsysteme die lateinische Schrift als gemeinsame Grundlage haben. Einige Buchstaben der lateinischen Schrift sind über zahlreiche Sprachen und Schriften hinweg relativ konstant, z. B. <A, a>, andere weisen große sprachspezifische Variationen auf. Dies gilt insbesondere für solche Buchstaben/Grapheme, die im lateinischen Alphabet ursprünglich nicht vorhanden waren oder in den neuverschrifteten Sprachen anders genutzt wurden. Während es für das (stimmlose) [s] in zahlreichen lateinisch-basierten Schriftsystemen dasselbe Graphem <s> gibt, gilt dies nicht unbedingt für das stimmhafte, das z. B. im Englischen, Französischen und Deutschen ebenfalls mit <s>, aber im Polnischen und Türkischen als <z> verschriftet wird. Die alveolare Affrikate [ts] wird im Deutschen und Italienischen mit <z>, im Polnischen und Kroatischen aber mit <c> verschriftet.

Bei Schriftsystemen, in denen die Übereinstimmung mit dem lateinischen Alphabet nur noch partiell vorhanden ist (Griechisch, Kyrillisch) können neben einem – phonologisch plausiblen – graphematischen Transfer auch – nicht mehr phonologisch begründete – Verwechslungen einzelner Grapheme auftreten (intergraphematische Fehler nach Berkemeier, 1997, S. 269).

Tab. 6.9: Grapheme des Russischen mit graphischer Ähnlichkeit zu anderen Graphemen des Deutschen

Druckschrift	в	д	н	п	р	и	у
Kursivschrift	ь	g	Н	n	p	u	y
Phonem (IPA)	v	d	n	p	r	i	u
ähnliches deutsches Graphem	b	g	H	n	p	u	Y

Daher kommen hier auch folgende Fehlschreibungen vor: <P> [r] für <r> und <n> [p] für <p> ›Hustentponfen‹, <g> [d] für <d> ›Gose‹ (Dose), y [u] für <u> ›Minyten‹ (Minuten), u [i] für <i> ›Bulder‹ (Bilder) (Böttger, 2008, S. 61ff.).

Ein phonologisch-graphematischer Transfer ist möglich, wenn aufgrund der russischen Konvention (Unterscheidung stimmhafter und stimmloser s-Laute) auch im Deutschen nach einem solchen gesucht und z. B. <z> für [z] verwendet wird, also ein intragraphematischer Fehler auftritt, der seine Ursache aber in einer anderen Systematik der Schrift der Erstalphabetisierung hat. Ein (inter)graphematischer Transfer vom Arabischen (und anderen, völlig anders strukturierten Schriftsystemen) ins Deutsche findet in der Regel nicht statt.

Im Unterschied zu diesen form-, aber nicht funktionsbedingten Übertragungen von Graphemen beobachtete Berkemeyer bei griechischen Schüler*innen auch so genannte intergrapho-phonologisch bedingte Schreibfehler, d. h. Verwendungen von Graphemen der Erstschrift mit derselben Phonem-Graphem-Zuordnung, aber einer anderen Buchstabenform:

- <ω> /o/ in <Sωmmer> »Sommer«
- <λ> /l/ in <Toλis> »Tolis« (Berkemeier, 1997, S. 298)

Ein Graphemtransfer aus dem Schriftsystem der Erstsprache setzt natürlich voraus, dass vor dem Erwerb des Deutschen eine Erstalphabetisierung in der Herkunftssprache stattgefunden hat. Dies ist natürlich der Fall, wenn Kinder bereits im Schulalter nach Deutschland kommen. Aber auch bei in Deutschland geborenen Kindern, die zuhause eine andere Sprache sprechen, ist dies keinesfalls ausgeschlossen. Während der herkunftssprachliche Unterricht, der an staatlichen Schulen in Deutschland angeboten wird, in der Regel erst nach der Alphabetisierung im Deutschen mit dem Schreibleselehrgang beginnt, bieten Migrant*innenvereine auch schon für jüngere Kinder Schreib- und Leseunterricht in der Erstsprache an. Auch Eltern können zu Hause ihre Kinder schon früh in den Anfängen der eigenen Schriftsprache unterrichten. Auch in zwei- oder mehrsprachigen Kindergärten findet häufig schon Schriftbegegnung mit verschiedenen Sprachen und Schriften statt.

Am Beispiel des so genannten h-Syndroms (Belke, 2003) kann das Zusammenwirken beider Fehlertypen studiert werden (▶ Kap. 6.3, Aufgabe 3):

> Was ich im Portugal herlbt abe. Das war so ich war am disem Tag zuause es war der 5. Juli. Also kamm mein Honkel aus Paris er conte kein Deutsch und auch kein Portugiesis... er machte den Mund auf und zu und machte die Bewegung des Kauens. Mit diese geste wollte er sagen das er unger hatte...

Dem Graphem <h> entspricht im Portugiesischen kein Phonem. Die beiden Verben <haver> »existieren, vorhanden sein« und <abrir> »öffnen« beginnen also mit demselben Phonem. Das deutsche [h] kann im Anlaut also nicht von [ʔ] unterschieden werden.

Phänomene, wie sie aus dem Fremdsprachenunterricht bekannt sind, dass Deutschlerner*innen aufgrund der orthographischen Strukturen ihrer Erstsprachen entsprechende Grapheme des Deutschen falsch interpretieren (Dahmen & Weth, 2018, S. 194ff.), dürften im frühen Zweitschrifterwerb eher weniger zu beobachten sein. Dafür sind die Schriftkonventionen in der L1 noch nicht fest genug verankert, und der gleichzeitige mündliche Kontakt mit dem Deutschen als Zweitsprache stellt die »natürliche Aussprache« der betreffenden Wörter sicher.

Einen Sonderfall könnten Graphem-Phonem-Korrespondenzen darstellen, die auch in der an Grundschulen verbreiteten Pilotsprache ›unnatürlich‹ ausgesprochen werden. Dies gilt zum Beispiel für r-Vokalisierungen: hier legt das geschriebene Wort eine konsonantische Artikulation nahe. Für Sprecher*innen des Russischen, die das Phonem und Graphem gerade auch im Auslaut bei Fremdwörtern kennen, ist eine solche ›hyperkorrekte‹ Aussprache nach der Schrift – allerdings eventuell mit einem Zungenspitzen-r zu erwarten.

Grammatische Kontrolle des Schreibens

An den Texten mehrsprachiger Kinder, die Deutsch als zweite Sprache lernen, wird besonders deutlich, welche Bedeutung die grammatische Kontrolle jenseits einer bloßen lautlichen Orientierung auf das Schreiben einnimmt. Der Erwerb der Standardsprache, der auch für viele muttersprachlich-deutsche Kinder neu ist, gewinnt hier noch an Bedeutung. Dass sich Schrift auf Explizitformen stützt, zeigt sich vor allem dann, wenn diese, die in der alltagssprachlichen Artikulation reduziert werden, rekonstruiert werden müssen. Ein aussagekräftiges Beispiel stammt wiederum aus Belke (2003):

Peter guk Fersen willi guk ach Fersen. Mutter sag: Kannste du mit mir schüpüllen Peter sak ja Mamma. Mutter Schüpült und Peter trognet Peter is sehr sauer Mutter Schpült Peter deng wen die Teler kaput wierf dan kanich Cowboy film gugen wen die Teller kaput is dan Fernsen gugen. (Grundschüler, 3. Klasse, türkische L1: Belke, 2003, S. 102)

Eine Analyse der Verbformen in diesem Text führt zu interessanten Ergebnissen: Von 10 Verbformen der 3. Person Singular Präsens, die auf das Suffix -t enden, sind nur drei mit -t markiert, nämlich die Formen ›schüpült‹ (2x) und ›trognet‹. Nur bei diesen ist das -t gut hörbar, da es auf ein Schwa bzw. einen Sonoranten folgt. Bei ›ist‹ fehlt das t auch, was aber auf die umgangssprachlich reduzierte Form zurückgeführt werden kann. Die interessantesten Formen sind ›guk‹, ›sak‹ und ›deng‹: hier ist das -t zweifellos Teil der Umgangssprache, aber aufgrund seiner Stellung nach einem stimmlosen Plosiv nur schwach zu erkennen.

Ein weiteres Beispiel sind die Zusammenschreibungen von Verbformen mit Pronomen, die in der gesprochenen Sprache völlig plausibel sind (kannste, kannich). Hier besteht die Aufgabe nicht nur darin, tatsächlich in dem ›kannste‹ das Pronomen ›du‹ zu erkennen und als eigenes Wort zu schreiben, was dem Jungen gelingt, sondern auch die Verbform ohne das Klitikum (-e) zu schreiben.

Derartige Fehleranalysen betreffen natürlich nur das Schreiben von Texten. Für den Erwerb der Wortgrammatik spielen dagegen Fragen der Stammkonstanz eine zentrale Rolle. Ob z. B. Auslautverhärtung als Problem der deutschen Orthographie durchdrungen werden kann, hängt bei Seiteneinsteiger*innen auch davon ab, ob die Orthographie der Herkunftssprache ein ähnliches Phänomen aufweist.

In dieser Frage sind Schreiber*innen des Russischen, das eine sehr starke morphologische Ausrichtung hat, gegenüber denen des Türkischen in einem klaren Vorteil.

Tab. 6.10: Auslautverhärtung und orthographische Markierung im Russischen und Türkischen

Sprache	Auslautverhärtung# 1#(AV) (phonologisch)		Orthographische Nicht-Markierung der AV (Konstantschreibung)
Russisch	+	[knik] »Bücher« (Gen. PL) aber: [kniga] »Buch« (Nom. SG)	+ <knig> (книг) wegen <kniga> (книга)
Türkisch	+	[kitap] »Buch« aber: [kitabı] »das Buch (AKK)«	- <kitap> im Kontrast zu: <kitabı>

Wörter, die im Russischen auf einen Plosiv oder Frikativ enden, werden im Auslaut stimmlos: Fällt bei [kniga] ›Buch‹ die Endung weg, wird aus dem g ein k [knik]. In der Orthographie schlägt sich diese phonologische Markierung (Steinitz, 1953) aber nicht nieder: <книга> und <книг> sehen bis auf die Endung -a genau gleich aus. Das Wort wird wie andere Formen, in denen der Konsonant nicht mehr im Auslaut steht und deshalb stimmhaft ist, mit dem Graphem des stimmhaften Konsonanten <r> verschriftet.

Im Türkischen gilt die Auslautverhärtung auch, zumindest bei Plosiven. Allerdings folgt die Schrift hier der Phonologie und schreibt an dieser Stelle auch den stimmlosen Konsonanten (vgl. die Form <kitap>), während in »verlängerten« Formen der stimmhafte Konsonant [b] wie in <kitabı> geschrieben werden muss (▶ Kapitel 6.3, Aufgabe 4).

Während im Fall des Türkischen also das türkische Schriftsystem aufgrund seiner stärkeren Lauttreue ein Hindernis sein kann, die anderen morphologisch begründeten Schreibungen des Deutschen zu erwerben, sind Schreiber*innen des Russischen an morphologische Schreibungen schon gewöhnt und können diese im Deutschen leichter wiedererkennen.

Besonderheiten mehrsprachiger Kinder spielen natürlich auch für die Didaktik des Schriftspracherwerbs eine große Rolle. Aus Platzgründen muss hier auf eine eigene Darstellung verzichtet werden. Die Beispiele aus den Studien und die Aufgaben beziehen aber auch Kinder mit anderer Erstsprache ein.

6.3 Aufgaben

1. Analysieren Sie in dem folgenden Text eines Kindes marokkanischer Herkunft die Schreibung der u- und o-Laute!

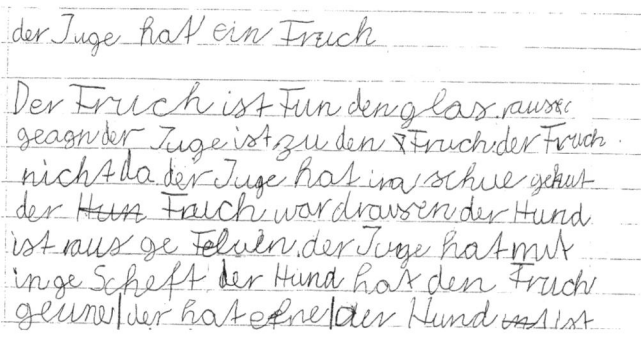

Abb. 6.1: Schülertext aus dem ersten Schuljahr (Maas & Mehlem, 2003)

Tragen Sie die jeweiligen Beispiele ein; Wiederholungen desselben Wortes bitte weglassen:

	korrekt	abweichend
Kurzes, ungespanntes [ɔ]		
Langes, gespanntes [o:]		
Kurzes, ungespanntes [ʊ]		
Langes, gespanntes [u:]		

2. Bestimmen Sie die jeweiligen Fehler nach der Systematik von ▶ Kap. 6.2 und erklären Sie den Unterschied zwischen ihnen. Es handelt sich in beiden Fällen um Schüler*innen mit türkischem Migrationshintergrund.

	Beschreibung des Fehlers	Erklärung des Fehlers
<şaybe> statt <Scheibe>		
<schüpüllen> statt <spülen>		

3. Text zum h-Syndrom (▶ Kap. 6.2)
   a) Ordnen Sie die Schreibungen aller Wörter mit h-Anlaut und und vokalischem Anlaut (Glottisverschluss) in die vier folgenden Spalten ein:

h- Anlaut korrekt geschrieben	h- Anlaut ohne h geschrieben	Glottisverschluss korrekt nicht geschrieben	Glottisverschluss mit h geschrieben

   b) Beschreiben Sie die beiden unterschiedlichen Fehlertypen!
   c) Welche didaktischen Hilfen wären denkbar?
4. Ermitteln Sie für die Wörter »kulübü« (türkisch, »den Club«, Akk.) und »chleba« (russisch, »des Brotes«) jeweils den Nominativ (ohne vokalische Endung) in Lautung und Schreibung. Erklären Sie, warum für Kinder mit Kenntnissen des Russischen die Regeln der deutschen Auslautverhärtung leichter nachvollziehbar sind als für türkische Kinder!

7 Die Didaktik des Schreibens und Lesens in der Grundschule

Der Erwerb des Rechtsschreibens ist mit Prozessen der Sprachaufmerksamkeit und Sprachanalyse verknüpft, bei denen Beobachtungen an geschriebener Sprache ausgewertet und aus ihnen Schreibmuster abgeleitet werden. Ebenso wird die Aufmerksamkeit auf lautliche Strukturen der Sprache gerichtet, deren Vergleich dazu führt, dass Unterschiede wahrgenommen und für das Schreiben genutzt werden. Aus der empirischen Forschung ist deutlich geworden, wie groß die Bandbreite zwischen Schüler*innen beim Erwerb orthographischen Wissens ist. In metaphorischer Sprache drückt auch schon Brügelmann (1983) diesen Sachverhalt aus:

> Jedes [Kind, Anm. d. Verf.] muss seinen eigenen Weg finden. [...] Einige Kinder scheinen Schnellstraßen zu erwischen, andere folgen verschlungenen Pfaden, bergauf, bergab, oder bleiben gar in Sackgassen stecken. (Brügelmann, 1983, S. 9)

Was aber folgt daraus für die Didaktik? Im Interesse einer größeren Bildungsgerechtigkeit müsste doch ihr Ziel darin liegen, die »verschlungenen Pfade« und »Sackgassen«, in die viele Kinder geraten, wieder in »Schnellstraßen« münden zu lassen. Denn auch wenn jedes Kind die Rechtschreibung des Deutschen als Lerngegenstand eigenaktiv konstruieren muss, hängt es von der Didaktik ab, wie die Lerngelegenheiten aussehen, mit deren Hilfe Kinder ihren Lernprozess strukturieren.

Reichen (2003), ein anderer Kronzeuge einer auf Selbststeuerung vertrauenden Didaktik, hat eine Analogie zwischen dem Erwerb der gesprochenen Sprache und dem der Schriftsprache hergestellt:

> Dass wir den Sprechspracherwerb der Familie überlassen, für den Schriftspracherwerb aber Schulunterricht einsetzen, liegt denn auch nicht in der (vermeintlich unterschiedlichen) Natur der beiden Lernbereiche, sondern ist Folge der historisch gewordenen Lernbedingungen. (Reichen, 2003, S. 55)

Auch hier scheint die schulische Form des Lernens eher historisch zufällig als von der Sache her zwingend. Allerdings verliert das Argument in Zeiten, in denen auch der mündliche kindliche Spracherwerb in hohem Maß von Institutionen unterstützt wird, deutlich an Strahlkraft. Im Gegenteil scheint gerade die zu starke Abhängigkeit der Lerngelegenheiten von den unterschiedlichen familialen Bedingungen einen erheblichen Teil der Bildungsungleichheit zu erklären.

Wenn es also die Aufgabe der Didaktik ist, Gelegenheiten zu schaffen, in denen die kindlichen Prozesse der Aneignung der Schriftsprache beschleunigt ablaufen können, so erklärt sich damit auch die Heftigkeit des Streits um die richtige Methode des Schriftspracherwerbs, wie er nun schon seit 500 Jahren geführt wird. Auch 2023 stehen sich die Anhänger*innen unterschiedlicher didaktischer Konzepte unversöhnlich gegenüber: Waren es im 19. Jahrhundert die Vertreter*innen der Buchstabier- und der Lautiermethode, um die Mitte des 20. Jahrhunderts die der analytischen und der synthetischen Methode, in den 1980er Jahren der Spracherfahrungsansatz und die Fibelmethode, so sind es seit ca. 20 Jahren fibelbasierte, offene und silbenanalytische Ansätze, die mit ihren Lehrwerken um den Einfluss auf die schulische Praxis konkurrieren.

Allerdings wurde durch die empirische Bildungsforschung seit 2000 der Einfluss der Methode auf die Lernergebnisse von Schüler*innen auch wieder erheblich relativiert. Im Anschluss an Hattie (2009) wird nun vor allem dem Handeln der Lehrkraft bei der Strukturierung des Unterrichts und der kognitiven Aktivierung sowie emotionalen Unterstützung der Schüler*innen eine besonders starke Wirksamkeit bescheinigt. Im Folgenden wird es daher darum gehen, fachliche Stärken und Schwächen methodischer Konzepte in engem Zusammenhang mit diesen Variablen zu beleuchten. Dabei werden die folgenden Kriterien zugrunde gelegt:

1. Entstehung und grundlegende Merkmale
   Die Methoden sollen in ihrer historischen Entwicklung wenigstens grob charakterisiert werden. Eine solche Einordnung ist notwendig, um deutlich zu machen, auf welche Herausforderungen sie in ihrer Entstehungszeit reagierten. So wird auch deutlich, inwiefern die Methoden auch unter veränderten Rahmenbedingungen ihren Zielen noch gerecht werden können.
2. Fachwissenschaftliche Fundierung
   Die fachliche Fundierung einer didaktischen Methode schließt sowohl eine systematisch sprachwissenschaftliche bzw. orthographietheoretische wie eine auf die Erwerbsprozesse bezogene Perspektive ein. Durch die neuere Forschung zur Orthographie des Deutschen haben sich Modelle durchgesetzt, die Orthographie als ein im Kernbereich lernbares System beschreiben. Insbesondere dieser Anforderung müssen auch Ansätze genügen, die in reformpädagogischer Tradition den Schwerpunkt auf die Bedürfnisse des Kindes legen (Böhm & Mehlem, 2016).
3. Quantitative empirische Befunde zur Wirksamkeit
   Für die Beurteilung der Qualität einer Methode sind natürlich auch empirische Befunde zur Wirksamkeit in Bezug auf zentrale Variablen des Schriftspracherwerbs entscheidend. Von besonderer Bedeutung sind Studien, die die Lernentwicklung über einen längeren Zeitraum, möglichst die gesamte Grundschulzeit hinweg, analysieren. Neben den Fortschritten im Orthographieerwerb werden dabei auch andere Variablen wie die Entwicklung der Lesekompetenz, des Textumfangs und der Textqualität beim freien Schreiben und motivationale Aspekte wie die Freude am Schreiben und Lesen oder Selbstwirksamkeitserfahrungen untersucht. Auch wenn viele dieser Studien in der Regel vergleichend durchgeführt wurden, sollen jeweils Schwerpunkte innerhalb der methodischen Teilkapitel gebildet werden. Die dabei verwendeten Erhebungsinstrumente werden in der Regel nicht noch einmal separat vorgestellt. Vielmehr wird hier auf das ▶ Kap. 5 verwiesen.

Um die Wirksamkeit einer speziellen Methode nachzuweisen, wurden seit etwa 2000 zunehmend strengere Anforderungen an das Design der betreffenden Studien gestellt. Um die Merkmale der Vergleichsgruppen zu kontrollieren, wurden häufig soziokulturelle und sprachliche Voraussetzungen und kognitive Grundfähigkeiten erhoben. Außerdem kommt der Faktor der Schulklasse hinzu, der mit dem der Lehrkraft zusammenhängt.

7.1 Lehrgangsorientierte Fibeln

Entstehung und grundlegende Merkmale

Fibeln sind die ältesten Lehrwerke im Anfangsunterricht des Lesens und Schreibens. Ihre ältesten Formen präsentieren die einzelnen Buchstaben des Alphabets und kombinieren diese dann zu einzelnen Silben, bis ganze Wörter und einfache Texte gelesen werden können. Die Vorgehensweise ist dabei streng synthetisch: Es wird von den Lautwerten der Buchstaben ausgegangen, die dann ›zusammengezogen‹ oder ›zusammengeschliffen‹ werden müssen, um Silben und schließlich Wörter zu ergeben. Die dabei jahrhundertelang verwendete Buchstabiermethode geriet im 19. Jahrhundert zunehmend in die Defensive, bis sie in Preußen 1872 offiziell verboten wurde. Jetzt dominierten Lautiermethoden, die zu einem Buchstabennamen auch eine Standardlautung vermittelten. Zunächst dienten Fibeln nur dem Lesen lernen. Erst mit der Schreiblesemethode (Mitte des 19. Jahrhunderts) rückte auch das Handschreiben in den Fokus. Nun wurde die Auswahl der Buchstabenfolge auch unter graphischen und graphomotorischen Gesichtspunkten getroffen.

In den klassischen Fibellehrgängen des 19. Jahrhunderts spielten sogenannte Silbenteppiche noch eine große Rolle. Diese sollten die Laut-Buchstabensynthese erleichtern, indem zunächst immer nur einzelne Elemente, der Vokal im Silbenreim oder der Konsonant im Anlaut, variiert wurden. Dadurch wurde die Schwelle für den Aufbau der Automatisierung des alphabetischen Prinzips deutlich gesenkt. Dies geschah allerdings um den Preis eines weitgehenden Verzichts auf Inhalte und einer gewissen Monotonie (z. B. Wander, 1831).

Eine weitere Entwicklung des 19. Jahrhunderts ist die zunehmende Bebilderung von Fibeln. Diese diente nun dazu, die geschriebenen Wörter auch mithilfe von Bildern wiederzuerkennen und so die Assoziation von geschriebenem Wort, gesprochenem Wort und Bild zu festigen. Diese Verknüpfung stellt schon eine erste Reaktion auf den fehlenden Lebensweltbezug dar, wie sie die Fibeln aus der ersten Phase der Reformpädagogik kennzeichnet.

Zu Beginn des 20. Jahrhunderts entstanden daher Fibeln, in denen von Anfang an über einzelne Wörter hinaus ein weitergehender Sinnbezug hergestellt wurde: Die neu zu schreibenden Wörter wurden in Geschichten eingebettet und auch unter Bezug auf diese Geschichte ausgewählt. In der Gansberg-Fibel »Bei uns zu Haus« (Gansberg, 1906) werden auf einer Fibelseite z. B. immer mehrere Buchstaben in Wörtern eingefügt, die eine ›Lebensgemeinschaft‹ bilden. So erscheinen für die neuen Buchstaben f, n und h die Wörter »sofa« und »heini« in Verbindung mit den bereits bekannten Wörtern »mama« und »oma« in einer Geschichte, in der aus Anlass der Taufe des kleinen Heini der Besuch der Oma in der Stadt geschildert wird. Bewusst verzichtet diese Fibel auf die Aneinanderreihung ähnlich klingender, aber nicht im Zusammenhang stehender Wörter, um einen starken Bezug zur Geschichte und damit zur Schreib- und Lesemotivation herzustellen.

Einige der Reformer*innen gingen noch weiter, indem sie die Arbeit mit einzelnen Buchstaben zunächst ganz zurückstellten und nun von einem Text ausgingen, der allenfalls in einzelne Wörter als Sinneinheiten zerlegt wurde. Erst allmählich wurden dann auch einzelne Buchstaben mit ihren Lautwerten in die Betrachtung einbezogen. Vor allem in den 1950er und 1960er Jahren hatte diese Ganzheitsmethode in der Bundesrepublik einen starken Einfluss (Topsch, 2005, S. 56ff.).

Die Neuausrichtung nahm in der DDR ihren Ausgang und führte zu einem Fibelkonzept, das als synthetisch-analytisch bezeichnet wird (Feuer, 1961; Dathe, 1965). Dieses setzte sich ab den 1970er Jahren zunehmend auch in Westdeutschland durch. Vestner (1976, S. 42) sprach hier von einem »direkten Weg zur Struktur der Buchstabenschrift« und meinte damit den Einbezug von Wörtern von Anfang an, die in ihre Grapheme zerlegt und wieder zusammengebaut werden (Valtin, 2003). Eine Befragung der Lehrkräfte von 1.303 Klassen des 1. Schuljahres mit 29.362 Schüler*innen (Herff, 1993) ergab Anfang der 1990er Jahre eine Verteilung der Unterrichtsansätze von 73,83 % mit analytisch-synthetischer, 25,25 % mit synthetischer, nur noch 0,38 % mit analytischer Methode sowie 0,54 % mit der Methode ›Lesen durch Schreiben‹ (Schründer-Lenzen, 2009, S. 153).

Eine Fibel zeichnet sich bis heute dadurch aus, dass die Buchstaben/Grapheme in einer bestimmten Reihenfolge immer im Wortkontext präsentiert werden, deren Erarbeitung sich mindestens über ein halbes Schuljahr erstreckt. Dabei wird das jeweils neue Graphem zusammen mit sogenannten Schlüsselwörtern präsentiert, in denen es an verschiedenen Stellen vorkommt. Durch lautliche und graphische Analyse wird das Graphem im Wort erkannt und mit einem Lautwert verbunden. In anschließenden Übungen zur Synthese werden Wörter mit dem neuen Graphem erlesen. Die Fibel ist heute nur noch ein Element in einem strukturierten Lehr-Lernpaket.

Fibeln sind außerdem immer auch Erstlese- und Bilderbücher. Dabei lassen sich eher fiktionale und eher realistische Fibeln unterscheiden. In den fiktionalen Fibeln treten Charaktere in einer Welt auf, die weit von der Alltagswirklichkeit der Schulanfänger*innen entfernt ist. So gibt es sprechende Tiere wie in der Dudenfibel (2006) oder in Fara und Fu (Hinnrichs, 2013), Kobolde in der Tobi-Fibel (vgl. Metze, 2016) oder in der Lollipop Fibel (vgl. Metze, 2007). Die Fibelfiguren müssen Abenteuer bestehen und bieten sich so als Identifikationsmöglichkeiten für die Kinder mit unterschiedlichen Charakteren an. In realistischen Fibeln (Gansbergs kleine Stadtleute, die Fibel von Baurmann & Menzel, der-die-das) wird dagegen von der Lebenswirklichkeit der Kinder, die meist städtisch geprägt ist, ausgegangen.

Für die Einführung der kommunikativen Funktion der Schrift sind realistische Fibeln natürlich klar im Vorteil: Schon in den Straßenszenen einer Großstadt kommt Schrift vor, im heutigen Alltag von Kindern benutzen Erwachsene Schrift, um Nachrichten zu übermitteln. Bücher tauchen in unterschiedlichen Funktionen auf, und natürlich enthält auch der Schulalltag zahlreiche Bezüge auf Geschriebenes. Bei Kobolden, die im Wald leben, sind diese Möglichkeiten dagegen klar begrenzt. Allerdings zeigt hier die Neuausgabe der ansonsten sehr erfolgreichen Tobi-Fibel, wie in weitaus größerem Umfang Schriftbezüge in die Handlung eingebaut wurden (Metze, 2016).

Neben dem Leitmedium des Erstlesebuchs spielen weitere Materialien eine entscheidende Rolle für die Erarbeitung der grundlegenden Strukturen der Schrift. Dieses sind meist ein Schülerarbeitsheft und ein Druckschriftlehrgang, der später durch einen Schreibschriftlehrgang ergänzt wird. Am Beispiel der Tobi-Fibel arbeiten Sendlmeier & Oertel (2015) acht Aufgabentypen heraus, von denen sechs die Sprachbewusstheit auf Phonemebene schulen. Hierzu gehören:

- Reimwörter finden (Substitution der Phoneme im Anlaut),
- Silben durch Bögen markieren,
- in die Silben das Auftreten eines Phonems eintragen,
- Bilder unterstreichen oder durchstreichen, deren Wörter einen gesuchten Laut bzw. das passende Graphem enthalten oder nicht enthalten,
- einen fehlenden Buchstaben zu einem Wort ergänzen, das auch bildlich repräsentiert wird.

Zwei weitere Aufgabentypen beziehen sich auf

- Unbetonte Affixe mit <e> (-el, -er,-en)
- Zusammensetzung von Wörtern aus einzelnen, isoliert geschriebenen Silben (Sendlmeier & Oertel, 2015, S. 87f.)

Da mittlerweile auch offene Ansätze mit einem Leitmedium arbeiten, soll als Kriterium für eine Fibel als Lehrwerk im Folgenden der lehrgangsartige Charakter, d. h., das Voranschreiten von basalen/einfachen zu komplexeren/schwereren Lerneinheiten und insbesondere die schrittweise Einführung von Buchstaben dienen. Damit ist aber nicht ausgeschlossen, dass es in einem Fibellehrwerk auch Teile gibt, die flexibel, zum Beispiel passend zu einer Jahreszeit oder einem Fest, eingesetzt werden können. Zur Abgrenzung von silbenanalytischen Materialien wird als zweites Kriterium der Fokus auf Phonem-Graphem-Beziehungen verwendet.

Fachwissenschaftliche Fundierung

Fibeln basieren auf einer segmentalen Analyse des deutschen Schriftsystems. Im Fokus stehen einzelne Grapheme, denen ein bestimmter Lautwert zugeordnet wird. Das Lesen von Wörtern wird dann als das ›Auflautieren‹ der einzelnen

Lautwerte der Grapheme verstanden, bis das Wort als Ganzes ausgesprochen werden kann (Lautsynthese). Schreiben bedeutet entsprechend Zerlegung des gesprochenen Wortes in seine Phoneme (Lautanalyse) und deren schrittweise Konversion in Grapheme. Dabei werden typische Unschärfen zwischen isolierter Lautung eines Graphems und seiner besonderen Artikulation in einem bestimmten Wort in Kauf genommen.

Dies soll am Beispiel der Lautwerte des <e> an zwei Fibeln exemplarisch erläutert werden:

Die Duden-Fibel führt das <e> mit den Worten »Esel« und »Ente« ein. Dabei wird bei Esel der erste E-Laut lang, der zweite kurz repräsentiert, bei »Ente« erscheinen zweimal kurze E-Laute: »Mit den beiden Möglichkeiten sind nicht alle Varianten erschöpft, was der Prämisse der Übersichtlichkeit geschuldet bleibt, aber auch für die Anwendung der Kinder zu diesem Zeitpunkt nicht von Bedeutung ist« (Duden-Fibel, 2006, Lehrerkommentar, S. 12f.). Unterschlagen wird hier also das <e> als Zeichen für den Schwalaut oder die Vokalreduktion in der unbetonten zweiten Silbe (vgl. auch Sendlmeier & Oertel, 2015, für die Tobi-Fibel, S. 89).

Die Fibel von Baurmann und Menzel führt das <e> mit einem Abzählreim ein: »Ene, mene, fino, neo, teo, tino«. Die Autoren kommentieren:

> Eines der größten Probleme für lesenlernende Kinder besteht darin, die Zuordnung der beiden Phoneme langes /e:/ und kurzes /e/ zu dem einen Buchstaben E/e zu vollziehen. Das lange /e:/, das sehr klar ausgesprochen wird und gut gehört werden kann, kommt in nur relativ wenigen Wörtern vor, die für den Anfangsunterricht geeignet sind; das kurze /e/ hingegen findet sich in sehr vielen Wörtern, ist aber in ihnen nicht gut identifizierbar, es wird beim Sprechen vielfach verschluckt und klingt ganz anders als das lange /e:/. Um das Identifizieren des /e:/ zu gewährleisten, bieten wir es zunächst in Abzählreimwörtern an, in denen es zumindest in der ersten Silbe tatsächlich als langes /e:/ gesprochen wird. Das hat den großen Vorzug, dass die Kinder zunächst, ehe sie das e in Wörtern wie Ente lesen, der klangreicheren und also auditiv leichter identifizierbaren Form begegnen [...]. (Baurmann & Menzel, 1994, S. 47).

Die Autoren klammern in didaktisch plausibler Weise das /ɛ/ aus, machen aber trotzdem deutlich, dass das <e> als Bezeichnung des Schwa in den unbetonten Silben schon vorkommt. Gelegentlich werden solche ›Abweichungen‹ auch thematisiert, allerdings ohne wiederum deren Regularität zu erklären. Ein Beispiel ist wiederum die Dudenfibel bei der Behandlung des r-Lautes (vgl. Kapitel 7.4, Aufgabe 1).

Beim Anfangswortschatz wird eine besondere Lauttreue, d. h., eine starke Übereinstimmung des Default-Lautwerts eines Graphems mit seiner Realisierung in dem gegebenen Wort, unterstellt. Auf diese Weise werden auch immer wieder fehlerhafte Zuordnungen vorgenommen wie [i:] zu <i> z. B. in Igel oder unbetontes [a] zu <a> in »Mama« statt der viel häufigeren <er>-Schreibung. Diesen gegenüber erscheinen dann <ie> in »Fliege« oder <er> in »Tiger« als nicht lautgetreu, obwohl hier das jeweilige Basisgraphem verwendet wird.

Silbenstrukturen und Betonungsmuster spielen in den meisten Fibeln keine Rolle. Wenn am Anfang die Silbengliederung (meist bei drei- oder mehrsilbigen Wörtern) behandelt wird, handelt es sich dabei häufig um für den prosodischen Aufbau deutscher Wörter untypische Beispiele wie »Salami«, »Tomate« etc. (vgl. auch Sendlmeier & Oertel, 2015, für die Tobi-Fibel, S. 93).

Bei der Abfolge der Grapheme, die vom Leichten zum Schweren führt, werden neben Häufigkeiten bestimmte Merkmale der Phoneme berücksichtigt, wie ihre Sonorität (Vokale, Sonoranten vs. Frikative und Plosive) oder ihre Dehnbarkeit (Frikative vs. Plosive). Am Anfang stehen meist klar unterscheidbare Vokale (a, o und i), mit leichteren geschriebenen Formen. Obwohl das <e> der häufigste geschriebene Vokalbuchstabe des Deutschen ist, ist es weder graphomotorisch noch phonologisch ›einfach‹. Zu den Kompromissen bei der Buchstabenprogression gehört auch die relative frühe Verwendung des <t>: graphisch einfach, ist dieser Laut in der Perzeption doch eher schwierig, wird aber bei der 3. Person Singular fast aller Verben benötigt, weshalb ohne ihn fast keine Sätze gebildet werden können.

Durch den Einbau eines analytischen Zugs in die Struktur der Fibel werden einige Einseitigkeiten der rein synthetischen Aufreihung von Einzellauten etwas abgeschwächt. In vielen Fibeln tauchen daher am Anfang auch Ganzwörter auf, die nicht sofort vollständig analysiert werden können bzw. müssen. Auf diese Weise können z. B. auch Verben in der 3. Person eingeführt werden, deren lautliche Analyse noch schwierig ist. Mit dem Wechsel zwischen Wortform als ganzer und dem einzelnen Graphem gewöhnen sich die Schüler*innen an bestimmte regelhafte Veränderungen, allerdings nur implizit durch die Verinnerlichung von Mustern.

Ergebnisse empirischer Forschung

Zu Fibeln liegen die meisten empirischen Untersuchungen vor. Unmittelbar nach der Wiedervereinigung wurden ca. 5.300 Grundschüler*innen aus der ehemaligen DDR (mit Fibelkonzept), der BRD (mit unterschiedlichen, z. T. offenen Ansätzen) und der Schweiz (mit dem Konzept ›lesen durch schreiben‹ LdS) miteinander verglichen (Brügelmann et al., 1991). Unter methodischen Gesichtspunkten ist insbesondere der Vergleich zwischen DDR und der Schweiz relevant. Es zeigte sich eine Überlegenheit der Fibelklassen, besonders vom 2. bis zum 4. Schuljahr (Schründer-Lenzen, 2009, S. 162). Zu ähnlichen Ergebnissen kommt die Hamburger Längsschnittstudie »Elementare Schriftkultur«, die die Rechtschreibentwicklung von 514 Kindern aus 20 Klassen bis zum Ende der Klasse 4 dokumentierte. Dabei werden Ergebnisse im Rechtschreibtest DRT, Textumfang des freien Schreibens und dort richtig geschriebene Wörter einander gegenübergestellt:

Die im Rechtschreibtest besten vier Klassen arbeiteten überwiegend mit einer Fibel oder Eigenfibel (eine LdS-Klasse), die schlechtesten 4 dagegen mit Lesen durch Schreiben. Der Textumfang der besten vier Klassen ist mit über 400 Wörtern gegenüber unter 200 in den vier schwächsten Klassen mehr als doppelt so groß. Die durchschnittliche Zahl der richtig geschriebenen Wörter beträgt in den stärksten Klassen 13–16 (Ausnahme: die LdS-Klasse mit 7 Wörtern), in den unteren liegt der Mittelwert zwischen 3 und 5. 70 fehlerhaft eingesetzte orthographische Elemente als Hinweis auf fortgeschrittene Lernprozesse finden sich in den besten, aber nur 13 in den schwächsten Klassen (Dehn & Hüttis-Graff, 2000, S. 29f.).

Die bereits vorgestellte Belesen-Studie (Merkens & Schründer-Lenzen, 2006) untersuchte auch den Einfluss der Unterrichtsmethode auf den Lernerfolg der Schüler*innen. Auf der Basis einer Befragung der beteiligten Lehrkräfte wurden vier Fallgruppen gebildet: eine Gruppe mit Fibellehrgang (144 Kinder = 15 %), mit Fibellehrgang und eigenen Materialien (338 Kinder, 36 %), Spracherfahrungsansatz unter Einbezug einer Fibel (225 Kinder, 24 %) sowie Lesen durch Schreiben (230 Kinder, 24 %).

Bereits am Ende der 1. Klasse zeigte sich ein Vorsprung der Gruppen mit Fibel sowie Fibel und Spracherfahrung (jeweils durchschnittlich 20 Graphemtreffer Lernzuwachs gegenüber nur 18 bzw. 16,5 für die beiden anderen Ansätze in der HSP; Merkens & Schründer-Lenzen, 2006, S. 35). Bis zum Ende der 3. Jahrgangsstufe verstärkte sich diese Diskrepanz: Die mit einer Fibel unterrichteten Kinder erreichten im DRT durchschnittlich 11,3 (mit Migrationshintergrund) bzw. 11,7 (ohne Migrationshintergrund) von 20 richtig geschriebenen Testwörtern, während beide Gruppen, die durch Lesen und Schreiben gefördert wurden, nur 9,2 bzw. 9,1 Wörter richtig schrieben. Beim Lesen traten zum Ende des 2. Schuljahrs dagegen günstigere Effekte bei den beiden methodenintegrierenden Gruppen auf, die aber am Ende der 3. Klasse nicht mehr signifikant waren. Insgesamt trug in der Belesen-Studie die Unterrichtsmethode gegenüber dem Sprachstand am Schulanfang und der kognitiven Leistungsfähigkeit nur wenig zu den Unterschieden im Rechtschreiberwerb bei (Schründer-Lenzen & Mücke, 2005, S. 217, S. 219).

Kuhl und Röhr-Sendlmeier (vgl. Kuhl, 2020) verglichen in einer kombinierten Quer- und Längsschnittstudie 3.084 Schüler*innen der Klassen 1 bis 4, die jeweils mit den Methoden der Fibel, dem Konzept Lesen durch Schreiben und der Rechtschreibwerkstatt unterrichtet wurden. Die Fibelklassen wurden entweder mit der Bausteine-Fibel (Bruhn et al., 2014) oder der Tobi-Fibel (Metze, 2009) unterrichtet. An der Längsschnittstudie, die dieselben Kinder über zweieinhalb Schuljahre verfolgte (Klasse 1.2 bis Klasse 3.2), nahmen 284 Schüler*innen teil. Untersucht wurden die Rechtschreibleistungen, die mit der Hamburger Schreibprobe erhoben wurden, sowie die Lese- und Schreibmotivation und -praktiken mit Fragebögen. Außerdem wurden die Eltern zum sozioökonomischen und sprachlichen Hintergrund befragt. Die Vorläuferfertigkeiten der Stichprobe der Längsschnittsstudie wurden mit dem »Rundgang durch Hörhausen« (Martschinke et al., 2004) kurz vor der Einschulung getestet.

Auch wenn sich die Ausgangslage der drei Fallgruppen in Bezug auf phonologische Bewusstheit und Buchstabenkenntnis unterschied (mit etwas besseren Mittelwerten für die Gruppe Lesen durch Schreiben und etwas schlechteren für die Fibelgruppe), ließ sich vom ersten Schuljahr an eine signifikante Überlegenheit der Fibelgruppe bei den orthographischen Fähigkeiten beobachten. Die Differenz nahm zwar bis zum Beginn der 3. Klasse etwas ab, stieg dann aber wieder an. Die folgende Graphik zeigt die deskriptiven Ergebnisse mithilfe z-standardisierter Werte, bei denen der Mittelwert der Gesamtgruppe = 0 ist. Die Fibelklassen liegen über alle fünf Erhebungszeitpunkte hinweg im positiven Bereich, d. h. deutlich über dem Mittelwert der Gesamtgruppe. Unter dem Mittelwert liegen die Ergebnisse der Rechtschreibwerkstatt, die des Konzepts Lesen durch Schreiben etwa in der Mitte.

Tab. 7.1: Gegenüberstellung der Rechtschreibentwicklung (Graphemtreffer der HSP) vom 1. bis 3. Schuljahr nach didaktischem Konzept, z-standardisierte Mittelwerte (M) und Standardabweichungen (SD) (Kuhl, 2020, S. 103)

	1.2		2.1.		2.2.		3.1.		3.2.		N
	M	SD	M	SD	M	SD	M	SD	M	SD	
RWS	-.36	1.1	-.33	1.09	-.38	1.24	-.34	1.19	-.28	1.04	121
LdS	.02	.86	.06	.87	.18	.67	.13	0.71	-.11	1.08	79
Fibel	.53	.61	.43	.77	.34	.62	.34	0.70	.49	.52	84

Eine Darstellung anhand der Rohwerte (Graphemtreffer der Hamburger Schreibprobe) zeigt ebenfalls durchgängig bessere Mittelwerte für die Fibelklassen. Dies wird auch durch die Querschnittsstudie (größere Stichprobe von Schüler*innen, die aber nicht an allen Testungen beteiligt waren) bestätigt (Kuhl, 2020, S. 107ff.). Eine Kovarianzanalyse mit Messwertwiederholung (unter Kontrolle der Buchstabenkenntnisse und der phonologischen Bewusstheit vor der Einschulung) ergab ebenfalls einen signifikanten Effekt des didaktischen Konzepts. In der Tendenz bleibt also der Lernerfolg der Fibelansätze über 40 Jahre Begleitforschung hinweg relativ hoch, ungeachtet ihrer vor allem in den 1980er und 1990er Jahren nur geringen Popularität.

7.2 Offene Ansätze des Schreiben- und Rechtschreiblernens

Entstehung und grundlegende Merkmale

Die offenen Ansätze des Schreiben- und Rechtschreiblernens entstehen ab Ende der 1970er Jahre und führen zu einer weitreichenden Veränderung der Schreibdidaktik. Auch wenn sie seit ca. 2010 einem wachsenden Gegenwind ausgesetzt sind, stehen keineswegs alle Veränderungen, die durch sie in die Wege geleitet wurden, zur Disposition. Die Debatte gewann an Schärfe dadurch, dass nicht nur die Rechtschreibdidaktik selbst, sondern auch der Stellenwert der Rechtschreibung in der gegenwärtigen Gesellschaft in die Auseinandersetzung einbezogen wurde. Auf den Rückgang der Rechtschreibkenntnisse ist seit der grundlegenden Untersuchung von Betzel & Steinig (2009) immer wieder hingewiesen worden. Das Lernziel einer fehlerfreien Rechtschreibung steht dabei in einem Spannungsverhältnis zu anderen Lernzielen des Deutschunterrichts wie der Lese-, Text- oder Medienkompetenz. Was wie zu gewichten ist, wird von gesellschaftlichen Akteuren immer wieder unterschiedlich bewertet. Unstrittig bleibt aber, dass der Einbezug einer konstruktivistischen Perspektive auch beim Rechtschreiblernen zur Weiterentwicklung der Didaktik des Erstlesens und Erstschreibens beigetragen hat.

Der Spracherfahrungsansatz, aus dem sich in Deutschland unterschiedliche Positionen entwickelten, baut auf der Idee auf, dass Kinder Schrift genauso wie Sprache eigenaktiv konstruieren, indem sie aus den Erfahrungen, die sie mit Schrift machen, sukzessive ihr Wissen über den Lerngegenstand aufbauen. Dadurch gewinnen Fehler eine andere Bedeutung als in einer Defizitperspektive: sie geben Einblicke in kindliche Lernprozesse. Dabei lassen sich Fehler unterschiedlicher Qualität unterscheiden je nachdem, ob sie der jeweiligen kindlichen Entwicklungsstufe angemessen sind oder ein Stadium repräsentieren, das eigentlich schon überwunden sein müsste.

Mit der starken Lernerorientierung und Individualisierung entsteht ein Bedarf, auch die Gestaltung des Unterrichts selbst zu verändern. Statt Lehrerzentrierung und Instruktion rücken Arbeitsformen in den Vordergrund, in denen Schüler*innen sich eigenaktiv mit bestimmten Lerngegenständen auseinandersetzen. Die im Folgenden kurz dargestellten Ansätze unterscheiden sich darin, wie weit sie in der Neugestaltung der Lernumgebung gehen.

Der Spracherfahrungsansatz

Der von Hans Brügelmann und Erika Brinkmann (1983, 2001) entwickelte Spracherfahrungsansatz legt dem Anfangsunterricht im Lesen und Schreiben keine Fibel, sondern eine didaktische Landkarte mit acht Feldern zugrunde (Brinkmann & Brügelmann, o. J.). Die Aktivitäten der Schüler*innen gruppieren sich um diese Felder herum, zu denen in den letzten Jahren ein immer differenzierteres Material zur Verfügung steht, von Lernkarteien bis zu den ABC-Lernlandschaften.

- Im Lernbereich A: ›Aufbau der Schrift‹ geht es um das selbständige Erlesen und Verschriften durch Einsicht in die Parallelen von Schriftfolge und Lautfolge.
- Der Lernbereich F: ›Funktionen der Schriftverwendung‹ eröffnet Einsichten in soziale Formen und den persönlichen Nutzen des Lesens und Schreibens.
- Übungen zur phonologischen Bewusstheit enthält der Bereich L: ›Sprachlaute unterscheiden, ausgliedern, verbinden‹, und dient so als Voraussetzung für Bereich A.
- Eine weitere wichtige Voraussetzung für den Umgang mit Schrift ist Z: ›Zeichenverständnis‹, das durch das Vereinbaren, Verwenden, Verstehen von Symbolen unterstützt werden soll.
- Bei B: Buchstabenkenntnis sollen Buchstaben in ihren Formvarianten erkannt und verschiedenen Lauten zugeordnet werden.
- G: Gliederung in Bausteine (im Sinne von Suffixen und Präfixen) soll beim Aufbau von Wörtern die Einsicht in wichtige Teile bzw. Bausteine fördern und die dafür verwendeten Buchstaben wiederum in Gruppen zusammenfassen.

- Bei der Arbeit am Sicht-Wortschatz (S) werden häufige Wörter rasch erkannt und ›blind‹ geschrieben.
- Im letzten Lernbereich geht es schließlich um das Verfassen (V) und Verstehen von Texten; Schrift wird hier als Informationsquelle und Darstellungshilfe erfahrbar.

Mit diesen unterschiedlichen Zugängen zur Schrift, mit denen sich die Kinder in selbstbestimmten Aktivitäten auseinandersetzen, soll die Vielfalt der individuellen Zugänge und Unterschiede von Kindern auch bei der Gestaltung des Unterrichts zum Tragen kommen. Später hat Brinkmann (2000) diese Aktivitäten nochmals unter vier Säulen zusammengefasst:

1. Erklären und Modellieren grundlegender Umgangsweisen mit Schrift, um ihren technischen Aufbau verständlich zu machen und die individuell verfügbaren Strategien des Lesens und Schreibens weiterzuentwickeln.
2. Arbeit an besonders häufigen und an persönlich wichtigen Wörtern, um einen Grundwortschatz zu automatisieren und grundlegende orthographische Muster kennen und nutzen zu lernen.
3. freies Schreiben von Texten zu persönlich wichtigen Themen in der eigenen Sprache und ihre Veröffentlichung in Klassenbüchern, auf Plakaten, durch Vortragen in der Gruppe.
4. Vorlesen anspruchsvoller Geschichten in der Gruppe und individuelles Lesen/Betrachten von selbst gewählten Büchern, die anschließend den anderen vorgestellt werden.

Während für den Erwerb der Rechtschreibung vor allem die erste und zweite Säule relevant sind, unterstützen die Säulen drei und vier die Einsichten in soziale Formen und den persönlichen Nutzen des Lesens und Schreibens.

Lesen durch Schreiben – die Anlauttabelle

Die von Jürgen Reichen zu Beginn der 1980er Jahre entwickelte Methode »Lesen durch Schreiben« (Reichen, 1988; Reichen, 2003) ist schon seit einigen Jahren Gegenstand heftiger Debatten. Beginnend mit einem Artikel des SPIEGELS im Jahr 2013, »Die neue Schlechtschreibung« (Bredow & Hackenbroch, 2013), begann eine intensive Auseinandersetzung, die auch zu bildungspolitischen Entscheidungen (Verbot der Methode des »Schreibens nach Gehör«, wie es häufig hieß) in einigen Bundesländern führte. Auch wenn sie in ihrer Reinform von Didaktiker*innen nicht mehr empfohlen wird, erfreut sie sich doch immer noch einer gewissen Verbreitung.

Auf eine ausführliche Darstellung der lernpsychologischen und didaktischen Argumentation Reichens wird hier verzichtet (vgl. Schründer-Lenzen, 2009, 2013). Insbesondere seine Vorstellungen zum Leseerwerb, die in einen vollständigen Verzicht von Leseübungen münden, gelten mittlerweile als widerlegt. Seine Ablehnung der Orthographie als eines legitimen Lerngegenstands der Grundschule und sein Unverständnis ihrer Regularitäten über das Prinzip der Lauttreue hinaus erübrigen hier auch eine Diskussion der fachlichen Fundierung. Ein didaktisches Element, das tatsächlich bis heute eine große Wirkung entfaltet und auch andere Unterrichtskonzepte nachhaltig beeinflusst hat, stellt die Anlauttabelle dar.

Eine Anlauttabelle ist eine bildliche Darstellung basaler Phonem-Graphem-Beziehungen, bei der den Buchstaben bzw. Graphemen jeweils Bilder von Gegenständen zugeordnet werden, deren Wörter im Deutschen mit dem korrespondierenden Phonem im Anlaut beginnen. Wenn ein Kind ein Wort mithilfe der Anlauttabelle schreiben möchte, muss es dieses Wort schrittweise in seine einzelnen Laute zerlegen und für jeden so herausgelösten Laut nach einem Anlautwort suchen, um dann das korrespondierende Graphem zu finden.

Für eine erfolgreiche Anwendung der Anlauttabelle ist deren Aufbau entscheidend (vgl. auch Thomé, 2000, vgl. hierzu Kapitel 7.4, Aufgabe 2):

- Es dürfen nicht zu viele, aber auch nicht zu wenige Phonem-Graphem-Beziehungen dargestellt werden. Bewährt haben sich die Basisgrapheme.
- Die Grapheme sollten nach einer Systematik angeordnet werden, die die Orientierung erleichtert. Hierzu gehört eine klare Unterscheidung von Vokalen und Diphthongen einerseits und Konsonanten andererseits.
- Zur Unterscheidung der Vokalqualität und -quantität müssen für jeden Vokal mindestens zwei Anlautbilder gezeigt werden, da sich deren Aussprache erheblich unterscheidet.
- Innerhalb der Konsonanten hat sich eine Gegenüberstellung ähnlich klingender Konsonanten, z. B. nach dem Prinzip der Stimmhaftigkeit, bewährt.
- Die Anlautwörter sollten dem kindlichen Wortschatz entstammen und leicht graphisch darstellbar sein.
- Die Anlautwörter sollten das gesuchte Phonem möglichst klar erkennbar im Anlaut enthalten; Konsonantencluster wie ›Krokodil‹ oder ›Brot‹ sollten dabei vermieden werden.
- Einige Phoneme, die im Deutschen nicht am Wortanfang vorkommen, können mit Wörtern dargestellt werden, die das Phonem in der Mitte oder am Ende enthalten (wie ›Ring‹ für -ng, ›Teppich‹ oder ›Dach‹ für -ch, ›Riese‹ für –ie-).

Ein weiterer zentraler Faktor für den Einsatz der Anlauttabelle ist die Einübung in ihre Handhabung. Als erstes müssen die korrekten deutschen Bezeichnungen der Anlautwörter gelernt werden, um die Interferenz z. B. einer anderen Sprache zu vermeiden (vgl. Schründer-Lenzen, 2013, S. 224). Es folgt eine Aussprache des Zielworts (1) mit der Absicht, jeweils ein Phonem (2) zu isolieren und herauszulösen. Für das so gewonnene Phonem muss jetzt auf der Anlauttabelle das passende Bild (3) gesucht werden. Ist das richtige Wort gefunden, sollte eine Anlautformel wie z. B. »l wie Lampe« gesprochen werden (4). Dann beginnt der Schreibprozess (5). Um nun das nächste Phonem aus dem Zielwort zu lösen, muss wieder das Wort vorgesprochen und wieder die richtige Stelle identifiziert werden: Die Routine beginnt von vorne (Hackbarth & Mehlem, 2019).

Die Anforderungen an den Aufbau einer solchen Routine sind hoch, wie die vielen, immer wieder dokumentierten Beispiele für ein Scheitern der Wortanalyse bestätigen: Es wird hohe Konzentration und phonologische Bewusstheit bei der Phonemgewinnung verlangt. Das Zielwort muss ggf. in Silben zerlegt werden, um das jeweils gesuchte Phonem leichter herauslösen zu können. Das Abhören eines Phonems fällt am leichtesten am Silbenonset, dann in der Coda, dann bei dehnbaren Vokalen, dann bei kurzen Vokalen (Röber, 2009). Die Anlauttabelle muss systematisch nach dem gesuchten Anlautbild abgesucht werden (in welchem Bereich stehen Vokale, wo Konsonanten) (Schründer-Lenzen, 2009). Während eines Zyklus (2–6) müssen das herausgelöste Phonem und das Zielwort im Arbeitsgedächtnis präsent gehalten werden. Das Schreiben muss an der richtigen Stelle rechts von dem bereits geschriebenen Buchstaben ansetzen. Die Anlauttabelle hat auch außerhalb des Ansatzes von Reichen weite Verbreitung gefunden. Ein gut dosierter Einsatz im Anfangsunterricht ist sinnvoll.

Die Rechtschreibwerkstatt

Ein weiteres offenes Konzept ist die Rechtschreibwerkstatt (Sommer-Stumpenhorst & Hötzel, 2007). Auch hier fehlt eine systematische Einführung in die Phonem-Graphem-Beziehungen. Diese sollen vielmehr mithilfe von Graf Orthos Rechtschreibwerkstatt eigenständig erschlossen werden. Dafür ist viel individuelle Lernzeit vorgesehen, in der die Kinder mit bestimmten Materialien arbeiten, wobei sie von der Lehrkraft unterstützt und beraten werden.

Die grundlegenden Fertigkeiten des »Hör-, Seh- und Schreibpasses« (Laute heraushören und deutlich sprechen, Zeichen und Buchstaben unterscheiden und lesbar schreiben) beziehen sich

- auf die phonologische Bewusstheit, die z. B. durch Bildkarten überprüft wird, die nach dem Vorkommen eines bestimmten Lautes z. B. am Wortanfang sortiert werden,
- die Buchstabenkenntnis, die durch das Einkreisen eines bestimmten Buchstabens auf einem AB mit vielen verschiedenen Buchstaben geübt wird,
- schließlich das Nachspuren von Buchstaben zur Übung der Graphomotorik (Sürig et al., 2014, S. 68–73, beschreiben detailliert den Ablauf einer solchen Übungsstunde).

Das eigentliche Haus der Rechtschreibwerkstatt ist in drei Stockwerke geteilt: das Erdgeschoss behandelt die Ordnung der Laute:

- Bei der Laut-Buchstaben-Zuordnung geht es darum, einfache Wörter lautgetreu zu verschriften. Fehlschreibungen sollen nicht korrigiert werden. Der Grundsatz lautet: »Schreib, wie du sprichst, wenn Du deutlich und Hochdeutsch sprichst.«
- Komplementär richtet sich der Lernbereich der Lautdurchgliederung nach dem Grundsatz: »Sprich, wie du schreibst!« Hier werden die Kinder mit ge-

schriebenen Wörtern konfrontiert, die ein vokalisiertes r oder ein silbentrennendes h enthalten und nun also nach der Schrift, im Widerspruch zur natürlichen Aussprache, gelesen werden sollen (Sendlmeier & Oertel, 2015, S. 102f.).

Die erste Etage enthält die Ordnung der Wörter (morphologische Ableitung, Wortarten und Wortbildung), als zweite Etage folgt schließlich die Ordnung der Sätze (Satzzeichen, Satzbau). Die unterschiedlichen Vokalquantitäten sind in einem der Zwischengeschosse untergebracht.

Die Arbeit mit diesen Materialien erfordert in hohem Maße Abschreibübungen, bei denen das Augenmerk auf die Besonderheiten der jeweiligen Modellwörter gerichtet werden soll (Sommer-Stumpenhorst & Hötzel, 2007, S. 89ff.). Das Lesen vollzieht sich mit Leseaufgaben, bei denen ein schriftlicher Malauftrag umgesetzt wird und dadurch zu erkennen ist, dass richtig gelesen wurde. In den Schreibarrangements ähnelt die Rechtschreibwerkstatt dem freien Schreiben des Spracherfahrungsansatzes.

Zur Rechtschreibwerkstatt gehört auch ein Anlautlineal, das hier die Anlauttabelle ersetzt. Die Anordnung der Grapheme entspricht im oberen Teil dem Alphabet, aus dem nur die fünf Grundvokale farblich hervorgehoben werden. Im unteren Teil folgen drei Diphthonge und Umlaute, sch zusammen mit st und sp, oben ausgeklammerte seltene Grapheme (wie c, v und qu) sowie Mehrgraphen wie ch und pf, schließlich Grapheme, die nicht am Wortanfang vorkommen, wie auslautendes -ch, -ng und -er.

Fachwissenschaftliche Fundierung

Alle beschriebenen Ansätze fügen den fachlichen Erkenntnissen der älteren Fibeln nichts Neues hinzu. Topsch (2005, S. 48) ordnet sie daher der analytisch-synthetischen Methode zu. Reichen, der eine einseitig an der Artikulation ausgerichtete Didaktik des Schreibens verfolgt, fällt sogar hinter die erreichte Systematik zurück, insofern geschriebene Wörter nur noch am Rande vorkommen. Die Überlegungen des Spracherfahrungsansatzes greifen aber neuere psychologische Forschungen zum Schriftspracherwerb und zur kommunikativen Bedeutung der Schrift (Literacy, ▶ Kap. 2) auf.

Anlauttabellen bzw. Anlautlineale als dominante didaktische Instrumente zumindest im 1. Schuljahr machen die fachlich systematischen Grenzen besonders deutlich: Grapheme, die aus der Silben- oder der morphologischen Struktur eines Wortes abgeleitet werden müssen, also nicht offensichtlich hörbar sind, werden in der Regel falsch geschrieben. Es wird unterstellt, dass die Kinder bei der lautlichen Durchgliederung eines Wortes von selbst auf die Basisgrapheme als der richtigen Lösung kommen. Dass dem nicht so ist, zeigt schon die Interaktionsanalyse bei so trivialen Lauten wie dem vokalisierten <r> oder dem <ng> (Lingnau & Mehlem, 2012). Die didaktische Landkarte und die Rechtschreibwerkstatt enthalten zwar Bereiche, die für eine Rekonstruktion weiterer orthographischer Regularitäten genutzt werden können, bleiben aber unübersichtlich. Auch sind die einzelnen Lernbereiche nicht klar voneinander abgegrenzt.

Bei den basalen Materialien der Rechtschreibwerkstatt besteht das Problem, dass kein Zusammenhang zwischen Bildern und geschriebenen Wörtern hergestellt wird. Das Sortieren der Karten und das Abhören, ob ein bestimmter Laut in ihnen vorkommt, erfolgt ohne Rückgriff auf die in dem Wort enthaltenen Buchstaben. Auch später werden Korrekturen von Wörtern lange auf der Basis »Lies genau, was da steht« oder »Schreib, wie du sprichst, wenn Du deutlich und Hochdeutsch sprichst« durchgeführt. Der titelgebende Grundsatz »Richtig schreiben lernen von Anfang an« (Müller-Stumpenhorst & Hötzel, 2007) wird auf diese Weise in sein Gegenteil verkehrt.

Ergebnisse empirischer Forschung

Insbesondere der Ansatz »Lesen durch Schreiben« polarisierte in den 1990er Jahren die Lehrerschaft. Dies gab Anlass zu einer Vielzahl von vergleichenden Studien, in denen meist Fibelansätze mit »Lesen durch Schreiben« verglichen wurden. In einer Metaanalyse, in die 16 Studien aufgenommen wurden, hat Funke (2014) mithilfe eines Maßes der Effektstärke, das Effekte auf Unterschiede innerhalb von Klassen und zwischen Klassen zurückführt, nachgewiesen, dass im Rechtschreiben bereits in Klasse 1 klare Nachteile von Reichen-Klassen zu erkennen sind (insbesondere in Studien, die außerdem die kognitiven Eingangsvoraussetzungen kontrollieren). Diese verstärken sich bis zum Ende der 4. Klasse.

Auch im Lesen liegen die Klassen, die mit »Lesen durch Schreiben« arbeiten, deutlich hinter den Fibelklassen zurück, allerdings lässt sich dies für das Ende der 4. Klasse nicht mehr nachweisen. Bei der Textlänge als einem Indikator für die kommunikative Nutzung des Schreibens erweisen sich die Reichen-Klassen nur in Klasse 1 als im Vorteil, fallen aber in den höheren Klassen auf dasselbe Niveau wie andere Ansätze zurück. Unter den besonders durch den Ansatz benachteiligten Schülergruppen sind Kinder, die Deutsch nicht als Erstsprache sprechen.

Unter den Studien, die nach Funkes Metaanalyse (2014) publiziert wurden, wurde bereits auf Kuhl (2020) eingegangen, dessen Studie Reichen zwar deutlich hinter den Fibelklassen, aber noch vor der Rechtschreibwerkstatt zeigt.

Die Studie von Hess et al. (2020) legt den Fokus auf Unterschiede in der Rechtschreibleistung bei freien Texten im ersten Schuljahr. Mithilfe einer Befragung der Lehrkräfte in 33 Klassen wird eine Gruppe identifiziert, die dem Ansatz »Lesen durch Schreiben« folgt. Für beide Gruppen wird die Verteilung unterschiedlicher orthographischer Fehler analysiert: solche, die die lautliche Durchgliederung von Wörtern, und andere, die orthographische, aber nicht direkt aus der Lautung ableitbare Schreibungen betreffen. Die Fehleranalyse wird mithilfe der OLFA 1-2 und des SLRT durchgeführt. Unter Kontrolle der Textlänge und der Vorläuferfertigkeiten »Anlaute hören« und »Buchstabenkenntnis« kann bei den orthographischen, aber nicht den alphabetischen Fehlern, die mithilfe des SLRT bestimmt wurden, ein Einfluss der Methode nachgewiesen werden: ihr Anteil liegt in den LdS-Klassen höher ($\beta = 0.68$). Entsprechend ist die Zahl der richtig geschriebenen Wörter niedriger ($\beta = -.44$). Wird die OLFA zugrunde gelegt, ergibt sich nur für

Fehler der Stufe III ein signifikanter Zusammenhang zur Unterrichtsmethode (β= 0,40*; p≤ 0,05).

Die Ausgangshypothese der Autor*innen, dass bei der Konzeption von Reichen orthographische Regeln noch nicht vermittelt werden und daher die Kinder weniger korrekte Markierungen wählen, konnte bestätigt werden. Dies zeigt sich auch an dem umgekehrten Fall der nicht normgerechten <ie>-Schreibung für [i:], das in den Reichen-Klassen gar nicht vorkommt, aber nur deswegen, weil diese Kinder [i:] generell nicht mit <ie> schreiben.

Kritisch ist zu dieser Studie anzumerken, dass auch in Fibelklassen orthographische Schreibungen im ersten Halbjahr von Klasse 1 kein Thema sind, sondern nur implizit vorkommen, während sie im Reichen-Ansatz explizit ausgeklammert werden. Spannender wäre eine solche Studie in Klasse 2 oder 3, in denen nach Reichen die orthographischen Markierungen immer noch untergeordnet sind, aber in den meisten Fibelansätzen behandelt werden.

Auf die sehr kritische Bilanz der Rechtschreibwerkstatt in Kuhl (2020) ist schon hingewiesen worden. Explizite Überprüfungen des Spracherfahrungsansatzes in vergleichenden Studien spielen in der Forschung keine Rolle. Bei der Gegenüberstellung von lehrgangsorientierten und entwicklungsorientierten Konzepten wie z. B. bei Schründer-Lenzen & Merkens (2006) umfassen letztere natürlich neben Reichen auch den Spracherfahrungsansatz.

7.3   Silbenanalytische Methode und Silbenfibeln

Entstehung und grundlegende Merkmale

Die silbenanalytische Methode geht auf die Arbeiten von Christa Röber (2006, 2009, 2022) zurück. Sie stützt sich auf neuere sprachwissenschaftliche Analysen zur deutschen Orthographie (insbesondere Maas, 1992, und Eisenberg, 2000) und führt – zunächst innerhalb des Paradigmas offener Unterrichtsansätze – einen sprachstrukturellen Zugang zum Schreiben und Lesen im Anfangsunterricht ein. Schon früh entstand mit dem ABC der Tiere (Kuhn, 2005) ein eigenständiger silbenbasierter Ansatz, der sich zwar auf Röber berief, aber in zentralen Punkten von ihrer linguistischen Fundierung abwich. Weitere Silbenfibeln wie Karibu (2009) oder Piri (Donth-Schäffler et al., 2008a) folgten. Die von Röber zunächst entwickelten Silbenhäuschen wurden von Bredel (2010) abgewandelt und um eine morphologische Komponente erweitert. In den Jahren ab 2016 entwickelte Röber schließlich ein Lehrgangskonzept, die »Kinder vom Zirkus Palope«, das in seiner Gesamtanlage durchaus Parallelen zu den analytisch-synthetischen Fibeln aufweist, sich aber sowohl in seiner Struktur wie in der Art seiner Progression (langsamere Graphemeinführung, aber von Beginn an Thematisierung orthographischer Phänomene) deutlich hiervon unterscheidet. Im Zentrum der folgenden Darstellung steht der von Röber entwickelte Ansatz.

7.3 Silbenanalytische Methode und Silbenfibeln

Die silbenanalytische Methode nach Röber (2009)

In Abgrenzung zu Ansätzen, die die Selbstkonstruktion des Lerngegenstands Orthographie durch die Schüler*innen hervorheben, sieht Röber im Gegenteil die Didaktik in der Pflicht, den Kindern den Gegenstand der Schriftsprache in einer strukturierten Form schrittweise anzubieten, die eine Konstruktion der Regelzusammenhänge erst ermöglicht. Dabei stehen nicht Laut-Buchstaben-Beziehungen im Zentrum der didaktischen Arbeit, sondern Silben. Insofern knüpft Röber an die Forschung zur phonologischen Bewusstheit im weiteren Sinne an, während sie die Phonembewusstheit erst als Produkt eines entsprechenden Unterrichts ansieht. Lerntheoretisch stützt sie sich auf die Theorie Vygotskijs (2002), der dem Unterricht eine Schrittmacherfunktion beim Aufbau höherer kultureller Fähigkeiten zuschreibt und sich ebenfalls von pädagogischen Ansätzen abgrenzt, die im Namen der Kindorientierung nur das aufgreifen, was Kinder schon von sich aus können.

Als Prototyp für die Silbenstruktur deutscher Wörter geht Röber vom trochäischen Zweisilber aus. Die Betontheit der ersten Silbe wird durch ein Haus, die unbetonte Silbe durch eine Garage zum Ausdruck gebracht (Röber, 2009, S. 158ff.). Jedes der beiden Gebäude ist in zwei Zimmer aufgeteilt, von denen die erste für den Silbenonset, die zweite für den Reim (Silbenkern und Coda) steht.

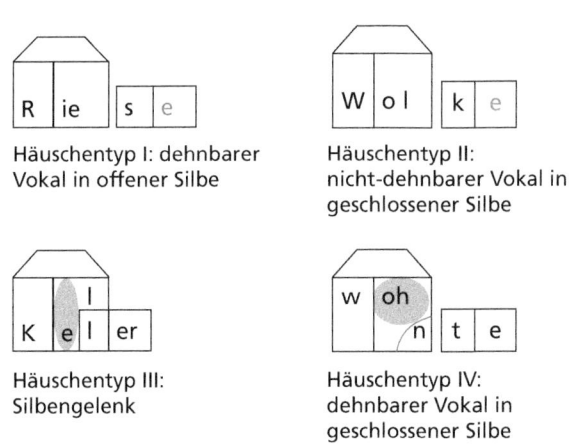

Abb. 7.1: Vier Häuschentypen nach Röber (2009)

Zunächst wird die Aufmerksamkeit auf die unbetonte Silbe gelenkt. Diese zeichnet sich durch sehr einfache Strukturen aus. Nach einem Konsonanten im Anfangsrand folgen im Reim entweder das zentrale oder das offene Schwa oder ein silbischer Konsonant. Alle diese lautlichen Strukturen werden mithilfe des <e> verschriftet, das damit auch beim Lesen zum Erkennungssignal der Reduktionssilbe wird. In der betonten Silbe richtet sich die Aufmerksamkeit als nächstes auf einen dehnbaren Vokal, der alleine den Reim dieser Silbe bildet (Typ I). Die

Kontrastierung dieser Vokale im zweiten Zimmer des Hauses bildet einen weiteren Schritt zur Anreicherung des Grapheminventars. Parallel werden die Konsonanten der jeweils ersten Zimmer untersucht und kontrastiert.

Erst nach einigen Monaten wird ein zweiter Silbentyp eingeführt, bei dem die betonte Silbe durch einen Konsonanten geschlossen und damit der Vokal gekürzt wird. Beide teilen sich also das zweite Zimmer des Hauses. Auf diese Weise werden alle Vokalkontraste auch graphisch veranschaulicht, bevor erst mit dem dritten Häuschentyp die Doppelkonsonantenschreibung folgt (Röber, 2009, S. 163–166).

Das Besondere dieses dritten Häuschens besteht darin, dass der Konsonant, der eigentlich im ersten Zimmer der Garage steht, gleichzeitig im zweiten Zimmer des Hauses zur Kürzung des dortigen Vokals benötigt wird. Die beiden Aufgaben dieses Konsonanten werden durch die graphische Konsonantenverdopplung veranschaulicht, ohne dass der Konsonant zweimal ›hörbar‹ gemacht werden muss.

Mithilfe dieser drei Häuschentypen lassen sich die meisten zweisilbigen Wörter ohne Probleme darstellen. Allerdings taucht – insbesondere bei Einsilbern – häufig noch ein vierter Silbentyp auf, bei dem die Silbe zwar geschlossen ist, der Vokal aber trotzdem gedehnt wird. In diesem Fall zieht der Konsonant zwar mit in das Zimmer ein, nimmt dem Vokal aber keinen Platz weg – er bekommt nur eine Besenkammer oder einen Balkon (Typ IV).

Im neuen Lehrwerk werden die drei grundlegenden Häuschen durch Zirkuswagen und Anhänger dargestellt: Der Langvokal in offener Silbe (»Home«) mit einer blauen Polsterung und einem blauen Dach (Röber, 2020, S. 116), der Kurzvokal in geschlossener Silbe durch eine rote Polsterung und ein rotes Dach (»Holme«). Für das Silbengelenk dient ein Wagen, der ganz eng mit dem Anhänger verbunden ist, so dass Holle, der immer turnt, mal im Zirkuswagen, mal im Anhänger ist (Röber, 2020, S. 118).

Abb. 7.2: Zirkuswagen und Anhänger nach Röber (2020)

Die Silbenstruktur deutscher Wörter wird auch für das Lesen genutzt. Das wichtigste Ziel ist, eine gedehnte, unnatürliche Aussprache (Pilotsprache) beim Lesen zu vermeiden, also möglichst ohne eine Wortvorform zu einer verständlichen Artikulation zu kommen. Hierzu dient das Bild eines Cowboys, der mit seinem Lasso von hinten an die Wörter heranreitet und zunächst die Reduktionssilbe (das Garagen-e) mit seinem Anfangsrand einfängt (Röber-Siekmeyer, 2002). Dann kann auch der Vokal der ersten Silbe korrekt gesprochen werden: Folgt ihm ein Konsonant, ist er ungespannt zu lesen, steht er im Reim allein, ist er gespannt.

Die silbenanalytische Methode nach Bredel

Bredels Häuschenmodell (2010) geht von fünf Basisstrukturen aus, von denen drei sehr eng mit Röbers ersten drei Häuschen übereinstimmen. Allerdings wird bei ihr das zweite Zimmer des Hauses durch eine angedeutete Zwischenwand in zwei Hälften geteilt. Beim Langvokal ohne weitere Markierung (ru.fen) bleibt die zweite Hälfte leer, ebenso, wenn ein silbentrennendes h am Anfang der Reduktionssilbe steht (ge.hen). Das Dehnungs-h (woh.nen) steht genauso in der zweiten Hälfte des zweiten Zimmers wie der schließende Konsonant (rup.fen) oder der erste Teil des Silbengelenks (zer.ren). Die Zwillinge werden also klar auf Haus und Garage aufgeteilt.

Die Pointe des Modells besteht in einer morphologischen Erweiterung mithilfe des »Tricks mit dem Knick«: Wenn man die Endung nach dem ersten Konsonanten der Garage, also vor dem e, umknickt, erhält man den Wortstamm. Dieser kann tatsächlich eine einsilbige Form (Hund\e → Hund) sein, oder er erhält weitere Endungen (ruf\st → rufst). Auf diese Weise kann dann später die morphologische Konstantschreibung entwickelt werden.

Silbenfibeln: ABC der Tiere und Piri

Auch die Silbenfibel ABC der Tiere (Kuhn, 2005) beruft sich auf die silbenanalytische Methode und weist auch einige Überschneidungen auf. Den Ausgangspunkt bilden zunächst Silbenteppiche, die aus Konsonant und Vokal bestehen. Es folgen mehrheitlich trochäische Wörter, aber immer noch zu wenige, um diese Grundstruktur zunächst zu festigen (Röber & Olfert, 2010). In allen Texten werden die Silben in mehrsilbigen Wörtern unterschiedlich eingefärbt. Allerdings entspricht diese Färbung nicht der Unterscheidung von betonter und Reduktionssilbe (Sendlmeier & Oertel, 2015, 107). An einer entscheidenden Stelle, bei der Doppelkonsonantenschreibung, wird außerdem versucht, beide Konsonanten hörbar zu machen, was dem Hauptziel der silbenanalytischen Methode, nämlich der Vermeidung der Pilotsprache, widerspricht. Eine solche didaktische Modellierung fällt auch hinter die Fibelansätze zurück, die das Auftauchen der Zwillinge mit der Länge oder Kürze des vorausgehenden Vokals erklären und die doppelte Artikulation des Silbengelenks vermeiden (vgl. die Analyse des Duden-Sprachbuchs der Klasse 2, ▶ Kap. 8.2).

Auch die Piri-Fibel (Donth-Schäffler et al., 2008a) beansprucht für sich, bei der Progression der Buchstaben auch die Silbenstruktur von Wörtern für den Rechtschreiberwerb zu nutzen (Donth-Schäffler et al., 2008b, S. 3). Vokale werden deshalb als Silbenkönige eingeführt, weil jede Silbe zumindest einen Vokal benötigt. Es wird eine farbliche Markierung verwendet, die konsequent zwischen betonten Silben (schwarz) und unbetonten Silben (grau) unterscheidet, aber Probleme mit Komposita hat, wo nur eine betonte Silbe übrigbleibt. Die Einführung der Doppelkonsonantenschreibung erfolgt hier auch durch das Hörbarmachen der beiden Konsonanten und ihre Aufteilung auf zwei Schreibsilben. Hier wird aus der Trennungsregel am Zeilenende eine Silbengliederungsregel abgeleitet, was einem natürlichen Leseerwerb widerspricht. Die eigentlich sinnvolle Erfindung der Kreuzbögen, mit denen die Zugehörigkeit des Silbengelenks zu zwei Silben angezeigt wird, gilt nur für den Fall, wo das Silbengelenk nicht geteilt werden kann, weil es ein Mehrgraph wie <sch>, <ch> oder <ng> ist. Insgesamt ist der Bewertung Rautenbergs zuzustimmen, dass sich der Aufbau dieser Silbenfibeln nicht grundsätzlich von dem normaler Fibeln unterscheidet (Rautenberg, 2022, S. 62).

Fachwissenschaftliche Fundierung

Die Silbenstrukturen des Deutschen für eine Durchdringung der Regelhaftigkeit des deutschen Schriftsystems zu nutzen, stellt einen entscheidenden Fortschritt in der fachlichen Fundierung eines kompetenzorientierten Schriftspracherwerbs dar. Viele Grapheme übernehmen Funktionen auf einer suprasegmentalen Ebene, bzw. unter Einbezug dieser Ebene lassen sich viele Mehrdeutigkeiten des Schriftsystems auflösen. So repräsentiert <e> in der Reduktionssilbe nicht einfach den Schwalaut, sondern verschiedene Möglichkeiten der Vokalreduktion. Doppelkonsonantengrapheme verweisen auf einen vorausgehenden ungespannten Vokal, treten aber nur im Silbengelenk und daraus ableitbaren Wortformen auf.

Trotz ihrer starken Überformung durch silbische und morphologische Strukturen bleibt die Basis der Orthographie des Deutschen eine Alphabetschrift. Die Grapheme enthalten daher immer auch Informationen auf der segmentalen Ebene. Auch wenn sich die Artikulation des [b] in Silben wie [ba:] oder [bu:] aufgrund des folgenden Vokals leicht verändert, hält die alphabetische Struktur der Schrift ein silbeninitiales konsonantisches Element getrennt vom folgenden Silbenreim, dem Vokal, in seinen konstanten Merkmalen fest. Dieser phonographische Teil des Schriftsystems, der zudem in der öffentlichen Wahrnehmung und in der Tradition der Schriftkultur dominiert, bleibt daher ein unverzichtbarer Bestandteil der Schreibdidaktik. Seine Bedeutung wird in traditionellen Fibeln eher über-, in der silbenanalytischen Methode vielleicht unterbewertet.

Im Gegensatz zu Schründer-Lenzen (2013), die dem Silbenansatz – auf der Basis des ABC der Tiere, sowie der Fibeln Piri und Karibu – einen ganz neuen Zugriff auf das Schreiben- und Lesenlernen unterstellt, greift der Silbenansatz auf eine lange Tradition in der Didaktik des Schriftspracherwerbs zurück. Die Fähigkeit zur segmentalen Analyse steht nicht in Frage, wenn durch Kontrastierung einfach gebauter Silben zunächst eine Unterscheidung auf der Onset-Reim-Ebene ermöglicht wird, die dann zur Phonemebene voranschreitet.

Mit der Nutzung des Betonungskontrasts für das Verständnis von besonderen Markierungen der Reduktionssilbe, der Aufmerksamkeit für die öffnenden Diphthongen (vokalisiertes r im Silbenreim), der Kontrastierung der beiden Vokalreihen aufgrund ihrer Silbenstruktur und der daraus abgeleiteten Schreibung des Silbengelenks mit Doppelkonsonanten löst die silbenanalytische Methode einige zentrale Probleme einer segmentalen Schreibdidaktik und erlaubt gerade schwächeren Lerner*innen einen Zugang zu diesen phonologischen und graphematischen Strukturen.

Eine häufige Kritik am silbenanalytischen Ansatz ist die Behauptung, für den Schreibwortschatz von Schulanfänger*innen sei der Trochäus nur von untergeordneter Bedeutung (Leßmann, 2016, S. 29; Brügelmann & Brinkmann, 2021). Dieser Annahme liegt eine fehlerhafte Analyse der trochäischen Grundstruktur vieler (auch ein- und mehrsilbiger) Wörter zugrunde (Böhm & Mehlem, 2016b, S. 184, Anm.). Nicht völlig von der Hand zu weisen ist, dass die sehr strenge Progression, insbesondere im Palope-Lehrwerk, die Bandbreite des Wortschatzes in den ersten Monaten erheblich einschränkt.

Ergebnisse quantitativer empirischer Forschung

Zur silbenanalytischen Methode (in der Ausprägung Röbers) liegen noch wenige empirische Forschungsergebnisse vor. Weinhold (2006/2009) vergleicht insgesamt 13 Klassen, von denen 5 mit der silbenanalytischen Methode unterrichtet wurden, mit 3 Klassen, die dem Konzept Lesen durch Schreiben bzw. 5 Klassen, die dem Fibelansatz (Tobi-Fibel bzw. Fara und Fu) folgten. Aus der Gesamtzahl der Schüler*innen wurde eine repräsentative Untersuchungsgruppe von 156 Kindern (12 je Klasse) gebildet, deren schriftsprachliche Entwicklung von Klasse 1 bis 4 erhoben wurde. Für die Messung der Rechtschreibung wurden ein selbst entwickeltes Material und die Hamburger Schreibprobe (May, 2002) eingesetzt, bei der Leseentwicklung wiederum ein selbst entwickeltes Material und Knuspels Leseaufgaben (Marx, 2000). Das selbst entwickelte Material zum Schreiben und Lesen bestand aus acht bzw. zehn Wörtern, deren Struktur den vier Silbenhäuschen entsprach. Außerdem wurde jeweils ein Satz gelesen bzw. geschrieben. In den Schreibfähigkeiten werden – nach einem besonders starken Anstieg der Silbenklassen im 2. Halbjahr der 1. Klasse – keine statistisch signifikanten Unterschiede zwischen den drei Konzepten festgestellt (T-Werte der Graphemtreffer liegen in allen drei Gruppen zwischen 48 und 50, vgl. Weinhold, 2006, S. 143). Beim Lesen fällt der Rückstand der Kinder der Reichen-Klassen deutlicher aus, während die Unterschiede zwischen den Fibel- und Silbenkindern nur gering sind.

Diese Tendenz bestätigt sich am Ende der 4. Klasse (die Reichen-Klassen wurden für diese Analyse nicht mehr berücksichtigt): beide Gruppen liegen in der Lese- und Rechtschreibkompetenz relativ nahe beieinander, der Unterschied ist nicht signifikant (Weinhold, 2009, S. 65). Auch die qualitative Analyse der typischen Fehler in beiden Didaktiken ergab keinen eindeutigen Vorteil der Silben- gegenüber den Fibelkindern. Der Anteil der besonders schwachen Leser- bzw. Rechtschreiber*innen liegt bei den Silbenkindern am Ende der 2. Klasse mit 14,6 % noch relativ hoch, geht aber bis zum Ende der 4. Klasse auf 2,7 % zurück und liegt damit unterhalb von dem der Fibelkinder (leichter Anstieg von 2,9 auf 3,7 %). Der Anteil der besonders schwachen Leser*innen geht in beiden Didaktiken zurück, bei den Silbenklassen aber stärker (von 6,6 auf 2,3 % beim Lesen, Weinhold, 2009, S. 67, S. 70).

Rautenberg (2012) untersuchte ebenfalls den Einfluss der Unterrichtsmethode (Fibel bzw. silbenanalytische Methode) auf die Entwicklung orthographischer Fähigkeiten in acht 2. Klassen (159 Kinder). Zu zwei Messzeitpunkten (Mitte des ersten und Mitte des zweiten Schuljahrs) wurden die Rechtschreibfähigkeiten mit der HSP und die Lesefähigkeiten mit Knuspels Leseaufgaben (Marx, 2000) und einer Leseflüssigkeitsmessung erhoben. Außerdem wurde ein eigener Test entwickelt (Analyse von orthographischen Strukturen = AvoS), der Aufgaben zum Erkennen von Reimen, einfachen und komplexen Anfangsrändern sowie dem Lesen von Wörtern und Sätzen enthielt. Beim Rechtschreiben auf Wortebene werden korrekte Wörter insgesamt, Vokale, Reduktionssilben, Schärfungswörter (mit Konsonantenverdopplung), ie-Schreibung und r-Schreibung im Silbenreim untersucht.

Die Kinder, die mit der silbenanalytischen Methode unterrichtet wurden, erzielten in einer Varianzanalyse der Lesetests signifikant bessere Ergebnisse (AvoS-Lesen: F (1, 109) = 7.4., p = .008; Knuspel-gesamt: F (1, 106) = 5.9, p = 0.04; Rautenberg, 2012, S. 165ff.). Auch bei den korrekt gelesenen Wörtern der HSP gibt es einen signifikanten Haupteffekt der Methode zugunsten der Silbenklassen (F (1, 116) = 7.8., p = .006). Bei den Graphemtreffern wird die statistische Signifikanz dagegen knapp verfehlt. Die Ergebnisse der AvoS-Rechtschreibanalyse führten bei den Wörtern, den komplexen Anfangsrändern und den ie-Markierungen insgesamt zu signifikanten Unterschieden, nicht aber bei den Reduktionssilben (▶ Tab. 7.2).

Tab. 7.2: Silbenanalytische Methode und Fibelkonzepte im Vergleich (eigene Darstellung nach Rautenberg, 2012, S. 152–186)

	Fibel		Silbenanalytische Methode		Signifikanz (Methode)
	Mitte 1. Schuljahr	Mitte 2. Schuljahr	Mitte 1. Schuljahr	Mitte 2. Schuljahr	
Knuspel-Leseverstehen*	18.0	25.1	20.4	26.5	.017
AvoS-Leseverstehen*	15.5	18.3	17.8	18.7	.008
AvoS-richtig gelesene Wörter*	8.3	16.6	11.9	20.7	.001
HSP: richtige Wörter +	43.9	49.9	47.3	51.3	.006
HSP: Graphemtreffer +	42.9	49.0	45.3	50.5	.06 n.s.
AvoS-richtig geschriebene Wörter*	4.9	8.9	5.8	11.8	.003
AvoS: markierte Reduktionssilben #	0.61	0,84	0,62	0.88	.25 n.s.
AvoS- ie-Markierungen #	0.21	0.53	0.44	0.64 (0.31)	.001
AvoS- komplexe Onsets #	0.42	0,77	0.56	0,90 (0.18)	.001

* Rohwerte, + T-Werte, # relative Häufigkeit

Rautenberg (2015) untersuchte außerdem bei einer Teilgruppe dieser Studie (82 Zweitklässler*innen im Alter von 8 Jahren aus 4 Osnabrücker Grundschulklassen, alles Kinder mit der Erstsprache Deutsch) die Rekodierfähigkeit beim Lesen. Zwei Klassen wurden mit Fibel und zwei mit silbenanalytischer Methode unterrichtet. Sie verwendete acht trochäische Testwörter, u. a. mit r-Vokalisierung (1. Silbe: ›Torte‹, 2. Silbe: ›Leiter‹). Als Rekodierfehler wurden eine falsche Betonung des Trochäus und eine Aussprache des vokalisierten r als Konsonant gewertet. Insgesamt ergaben sich 298 Lesefehler gegenüber 325 korrekt gelesenen Wörtern, von denen 244 nicht durch Graphemverwechslung entstanden sind (37,4 %). Ein Vergleich ergab 3,32 korrekt rekodierte Wörter (SD = 2.89) bei den Fibelklassen und 4,75 (SD 2.85) bei den Silbenklassen, was einen signifikanten Unterschied ausmacht (T-Test: t (80) = 2.2; p = .03). Nur 25 % der Fibelklassen betonten den Trochäus korrekt, dagegen 52 % der Häuschenklassen (T-Test: t (46.7) = 3.0; p = .004). Die korrekte Artikulation des tiefen Schwa [ɐ] gelang nur 9,6 % der Fibel-, aber 26 % der Häuschenklassen. Auch dies zeigt, dass in Bereichen, die besonders im Fokus der silbenanalytischen Methode liegen, deutlich bessere Ergebnisse als bei Fibelklassen erzielt werden können.

7.4 Aufgaben

Analyse einer Fibel-Doppelseite (Duden-Fibel, 2006a)

Linke Seite	Rechte Seite
Überschrift: (drei kleine Quadrate nebeneinander) R – r – Anlautbild: Rakete	Text: »Roman sucht im Moos nach tollen Sachen. O, eine rote Murmel! Roman nimmt Lexis Murmel. Er rast mit seinem Roller fort.«
Bild: Die drei Fibeltiere Lexi (menschenähnlich, aber mit einem Eselskopf), Toto (ein Pelikan) und Lola (eine Hündin) sitzen auf einer Wiese unter Tannen und spielen mit Murmeln.	Bild: Man sieht Roman mit seinem Roller davonfahren, er macht eine abwehrende Bewegung mit der Hand nach hinten. Im Hintergrund steht der Hund Lola und wirft einen ängstlichen/wütenden Blick auf Roman.
Text: »Toto nimmt eine rosa Murmel. Er rollt seine Murmel in ein Loch. Nun nimmt Lexi eine rote Murmel. Rollt Lexis Murmel ins Loch? Nein, Lexis rote Murmel rollt unter einer Tanne ins Moos.«	Text: »Lola ruft: ›Alarm!‹ Sofort eilen alle Roman nach. Text in blau: Alle folgen Roman. Romans Roller rollt schnell. Nun aber rasch hinterher. Text: Alle rennen, rasen, eilen…«
	Bild: links sieht man Roman auf seinem Roller, hinter ihm laufen Lola und Lexi, Toto fliegt über ihnen.

1. Situative Einbettung des Schriftspracherwerbs
   a) Wie motivierend erscheint Ihnen diese situative Einbettung?
   b) Welche Möglichkeiten für mündlichen Sprachgebrauch ergeben sich aus einem Klassengespräch über die linke/die rechte Fibelseite?
   c) Was für ein Schreibauftrag könnte am Ende der rechten Fibelseite stehen?
   d) Was könnten die Freunde tun, um von Roman die rote Murmel zurückzubekommen?
2. Erarbeitung der Phonem-Graphem-Korrespondenz: Tragen Sie die r-Wörter der zwei Fibelseiten in folgendes Schema ein

	Prominente Silbe	Reduktionssilbe
/R/ im Onset (Anfangsrand)		
Vokalisiertes r (Coda) /ɐ/		

3. Welche einzige Lesart des r wird den Kindern durch das Bildwort (Rakete) suggeriert?
   Im Lehrerhandbuch (Duden 2006b) wird die Erarbeitung des r-Lauts wie folgt thematisiert:
   »Im Wortinneren oder am Wortende ist der r-Laut eigentlich nicht hörbar (stört, mir), nur bei überdeutlicher Artikulation ist er wahrzunehmen.« (Duden 2006b, S. 69).
   Auf die optische Analyse des Graphems r »... folgt die akustische Analyse, das Abhören von R-Wörtern (Stellung im Wort ankreuzen oder R r an die richtige Stelle schreiben: Rose, Ring, Rad, Pirat, Schere, Roller, Rutscher, Rakete – bei Herz oder Murmel ist das vokalische r kaum zu hören (Kinder, die hier keine Stelle ankreuzen, haben also im Grunde richtig gehört) und Maus und Eule enthalten kein R r.« (ebd.).
4. Welche Schlussfolgerungen ergeben sich aus dieser Beschreibung für die Bearbeitung der verschiedenen r-Wörter im Unterricht?

Beschreiben und bewerten Sie kriteriengeleitet eine Anlauttabelle!
Vgl. die Anlauttabelle des Lehrwerks Niko 1 (Beier et al., 2014). Die Tabelle ist wie ein Regal gestaltet. Die Regalbretter sind durch einen dickeren Rahmen gekennzeichnet. Auf den Regalbrettern sind ohne Zwischenabstände an der Rückwand nebeneinander weiße rechteckige Zettel geklebt, auf denen jeweils ein Graphem und sein(e) Anlautbild(er) zu sehen sind. Die erste Zeile führt die Grapheme auf, die zweite die Anlautbilder, die meist unter dem Graphem zu sehen sind.

A a Ameise/Affe	E e Esel/Ente	I i Igel/Insel	O o Ordner/Oma	U u Unterhose/Urmel
Au au Auto	Eu eu 1-Euro-Münze	Ei ei Eis (in der Waffel)	Ö ö Ölflasche	Ü ü Überraschungs-ei
äu (zwei) Mäuse	Ä ä Äpfel	-ie Riese (neben Kind)		Y Yak/Teddy(bär)
äu (zwei) Mäuse	L l (Schreibtisch) Lampe	N n (Gesicht mit) Nase	S s Sonne	R r Rakete
W w Wolke	D d Dose	H h Hut	G g Gabel	B b Ball
T t Tisch	F f Feder	K k Kamm	Z z Zebra	P p Pinsel
-ch Milch(tüte) Buch	Sch sch Schaf	J j Joghurtbecher (mit Löffel)	-tz Katze	St st Stern
Sp sp Spinne	-ck Jacke	V Vogel/Vase	-ng Schlange	X x Xylophon
Pf pf Pfanne	Qu qu Qualle	C Centstück/Computer	-ß (zwei) Füße	-nk Schrank

Abb. 7.3: Anlauttabelle

1. Diskutieren Sie die Anlauttabelle des Lehrwerks Niko1 (Beier et al., 2014) unter folgenden Gesichtspunkten:
   a) Abgrenzung von Vokalen und Konsonanten
   b) Plausible Anordnung der Grapheme
   c) Auswahl geeigneter Anlautwörter:
      → Klarheit des Bildes,
      → Ist das Wort Teil des kindlichen Wortschatzes,
      → gute Hörbarkeit des gesuchten Phonems im Anlaut

2. Welche Laut-Buchstaben-Beziehungen sind über die Basisgrapheme hinaus in dieser Tabelle enthalten? Was könnte das Kriterium dafür sein, dass sie berücksichtigt wurden?
3. Welche Grapheme in der untersten Rubrik sind Basisgrapheme?
4. »Ich nenne dieses Phänomen, dass durch nachweisbar falsche unterrichtliche Inhalte Rechtschreibfehler verursacht werden, das ›Igel-Syndrom‹.« (Thomé, 2000, S. 118) – Wie kommt Thomé auf diesen Begriff? Inwiefern liegt hier ein »falscher unterrichtlicher Inhalt« vor? Wie geht die Niko-Tabelle mit dem Igel-Syndrom um? Was halten Sie davon?

8 Elemente eines adaptiven und kognitiv aktivierenden Rechtschreibunterrichts

Zu den Anforderungen an guten Unterricht zählt schon seit langem die didaktisch-methodische Variation (Methodenvielfalt, vgl. Helmke & Weinert, 1997). Durch die Unterrichtsmaterialien und die Konzeption des Lehrgangs bzw. die Vorschläge zur Gestaltung unterschiedlicher Lernwege sollen möglichst viele unterschiedliche Zugänge zum Lerngegenstand berücksichtigt und verschiedene Arbeits- und Sozialformen ermöglicht werden. Neben diesem Ziel kommt auch der Adaptivität des Unterrichts eine große Rolle zu, d. h., den Möglichkeiten, sich an individuell unterschiedlichen Lernvoraussetzungen von Schüler*innen zu orientieren und die Lernumgebung so zu gestalten, dass unterschiedliche Schwierigkeitsgrade (Hardy et al., 2011) berücksichtigt werden.

In der empirischen Forschung zur Wirksamkeit von Unterricht auf die Lernprozesse von Schüler*innen nimmt auch die kognitive Aktivierung mittlerweile eine zentrale Stellung ein. Da Schüler*innen im Sinne der konstruktivistischen Lerntheorie selbst den Lerngegenstand konstruieren müssen, um ihn zu durchdringen und neben dem deklarativen auch prozedurales und metakognitives Wissen aufzubauen, bedarf es im Unterricht entsprechender Angebote seitens der Lehrkraft und der Lernumgebung (Einsiedler & Hardy, 2010).

Neben dem kognitiv-aktivierenden Handeln der Lehrkraft im Unterricht spielt dabei auch die Struktur von Aufgaben eine wichtige Rolle. Für den Rechtschreibunterricht unterscheidet Hanisch (2018) zwischen der Aufgabenstellung selbst, dem orthographischen Wissen, das hierbei erworben werden soll, und den geforderten oder unterstützten kognitiven Tätigkeiten. Für die Aufgabenstellung sind ihre Nachvollziehbarkeit, der Grad der Offenheit, die kooperative Sozialform, die Differenzierungsmöglichkeiten, der intendierte Wissensaufbau und die fachliche Korrektheit entscheidend. Beim orthographischen Wissen werden die bewusste Auseinandersetzung mit orthographischen Strukturen, ein forschungsorientiertes, induktives Vorgehen und der Erwerb handlungsorientierter Strategien zur Problemlösung unterschieden. Schließlich werden als kognitive Tätigkeiten die vertiefende Elaboration und Organisation, die eigenständige Generierung einer Regel, der diskursive Austausch, die anspruchsvolle Anwendung und metakognitive Prozesse gefordert.

Ein solcher Zugang bleibt nicht ohne Folgen für die Formulierung orthographischer Regeln und Merksätze. Bredel (2011) differenziert zunächst zwischen einer Sprach- und einer Schreibkomponente: In »Wenn Du am Ende eines Wortes ein unbetontes a hörst, schreibe -er« ist der Wenn-Satz die Sprachkomponente, d. h., er formuliert einen möglichen phonologischen Kontext für den Laut [ɐ]. Der folgende Hauptsatz formuliert dann eine Regel für das Schreiben, die

Schreibkomponente. Merksätze können nun kasuistisch oder systematisch formuliert sein. Eine kasuistische Regel begnügt sich mit der Auflistung von Fällen, während eine systematische Regel einen übergreifenden phonologischen oder morphologischen Kontext angibt. Schließlich können Merksätze kategorial, d. h. begrifflich, oder operativ, d. h. handlungsbezogen, formuliert sein.

In dem Lehrwerk »der die das« (Jeuk et al., 2015, S. 45) wird ein Regelkontext mithilfe eines Comics formuliert. »Muss ich am Ende d oder t schreiben«, fragt eine Schülerin. Die andere antwortet: »Wenn du das Wort verlängerst, hörst du es.« Dieses Beispiel enthält eine kasuistische Regel, die aber operativ, als Handlungsanweisung, formuliert ist.

Für die Beurteilung des Grades der kognitiven Aktivierung ist nun entscheidend, dass eine Regel nicht vorgegeben, sondern aus einer Materialanalyse ermittelt wird. Dabei kommt es auch darauf an, eigenständig mögliche Formulierungen eines Merksatzes zu entwickeln. In einer Klasse können auf diese Weise auch Regelformulierungen entstehen, deren Wortlaut nicht den Vorgaben eines Lehrbuchs entspricht (Bredel, 2011, S. 415).

Der Grad der kognitiven Aktivierung lässt sich also einerseits an der Gestaltung von Lehrwerken zeigen, die den Fokus auf die Aufgabenkultur und die didaktischen Empfehlungen an die Lehrkräfte richten, andererseits in Interaktionsanalysen von Schülerbeiträgen, in denen sich die Verarbeitungstiefe indirekt zeigt.

8.1 Didaktisch-methodische Differenzierung

Fibeln

In den letzten 30 Jahren haben sich Fibeln zu »strukturierten Lehr-Lernpaketen« weiterentwickelt. Dabei wird die Fibel meist als Kinderbuch gestaltet, in dem die neuen Buchstaben mit Wörtern und kleinen Geschichten kombiniert werden, die in einer fortlaufenden Handlung aufeinander aufbauen. Durch bestimmte Figuren werden unterschiedliche Identifikationsangebote an die Kinder gemacht. Themen aus der Alltagswelt der Kinder werden aufgegriffen. Häufig wird auch Schrift in ihren unterschiedlichen Funktionen im Alltag thematisiert, als Straßenschilder und Plakate, als Brief, als Gedicht, als Kochrezept oder Spielanleitung. Der Umgang der Fibelkinder mit derartigen Texten regt damit auch zum eigenen Schriftgebrauch im Alltag an.

Auch wenn das Leitmedium meist einen strikt sequentiellen Aufbau hat, ergeben sich zahlreiche Möglichkeiten zur Binnendifferenzierung durch die Begleitmaterialien. Zu diesen gehören »Vorkurse«, in denen nochmals Vorläuferfertigkeiten wie phonologische Bewusstheit oder die Feinmotorik geübt werden. In den Schülerheften werden Lese- und Schreibaufgaben gelöst, die auf den Wortschatz der entsprechenden Fibelseite zurückgreifen. Hier können die Aufgaben auch entsprechend der Lernvoraussetzungen differenziert werden.

Eine weitere Komponente ist der Schreiblehrgang auf der Basis der Druckschrift. Hierbei geht es insbesondere um das Üben der konventionellen Bewegungsabfolge mithilfe einer entsprechenden Lineatur, so dass später auch bei freien Texten eine formal klare Handschrift Verwendung finden kann. Auch in den Schreibheften ist das Üben eines bestimmten Buchstabens in das Schreiben von Wörtern eingebettet.

Fibeln sind in ihrer Progression an Normalschüler*innen ausgerichtet, die das Prinzip der Laut- und Buchstabenanalyse und Synthese in wenigen Wochen, spätestens bis zu den Weihnachtsferien durchdringen und entsprechend auf neue Grapheme und Wörter anwenden, so dass ihnen bis zum Ende des Schuljahrs die Lektüre leichter Texte möglich ist. Wie die zahlreichen Analysen zum Orthographieerwerb im 1. Schuljahr ergeben haben, bleiben aber 20 % der Schüler*innen unterhalb dieser Kompetenzstufe. Hier kommt es auf die Begleitmaterialien an, ob für diese Kinder spezielle Aufgaben zur Aneignung basaler Laut-Buchstaben-Beziehungen angeboten werden.

Diese Lücke füllen häufig Materialien, die an die Silbenteppiche erinnern, die aus den neueren Fibeln schrittweise verdrängt wurden. In der Marburger Leseambulanz (Lutz et al., 2009) ermöglicht das Silbenhotel die systematische Variation eines Anfangskonsonanten mit den fünf Grundvokalen in offener Silbe. Für die spätere Einführung des <ie> ist allerdings störend, dass zunächst ein einfaches <i> den gedehnten Vokal repräsentiert. Für Kinder mit sehr geringen Buchstabenkenntnissen könnte wiederum das <ie> nur schwer vom <e> zu unterscheiden sein. Die Silbenteppiche werden später um die Endungen der Reduktionssilben erweitert, allerdings ohne deutlich zu machen, dass diese Silben meist nur am Wortende vorkommen. Ein Lesetrainingsprogramm, das Silbenteppiche mit der silbenanalytischen Methode verbindet, ist dagegen Speedy (Lehker, 2010). Mit dem segmentalen Ansatz von Fibeln ist es aber nur bedingt verträglich. Am anderen Ende des Leistungsspektrums kommen mittlerweile die wenigsten Fibelprogramme ohne Anlauttabellen aus, um Kindern auch das selbständige Schreiben zu ermöglichen.

Offene Ansätze

Selbstlernmaterialien

Hier liegt die eigentliche Stärke der Ansätze in Abgrenzung zum Fibelprinzip begründet. In Verbindung mit einer Öffnung des Unterrichts soll den Kindern die Gelegenheit gegeben werden, auf eigenen Wegen die verschiedenen Bereiche der Schrift zu erkunden. Die in Karteisystemen verfügbaren Materialien (Brinkmanns ABC-Lernlandschaften, Reichens Schwedenbüffet, Sommer-Stumpenhorsts Text- und Wörtersammlungen) können individuell oder in Partnerarbeit, in eigenem Tempo, in selbst gewählter Reihenfolge und passend zum eigenen Lernstand bearbeitet werden. Die Lehrkraft wird zum*zur Berater*in bzw. zum*zur Beobachter*in, reagiert auf Hilfeersuchen oder bietet selbst Hilfe an, macht evtl. Vorschläge für die Auswahl eines geeigneteren Materials. Die Arbeit an den Rechtschreibmaterialien lässt sich gut in Wochenpläne einbauen oder kann auch einfach Bestandteil einer festen individuellen Lernzeit sein.

Eine solche starke Individualisierung ist aber ihrerseits mit Problemen verbunden, wie sie insbesondere in der ethnographischen Unterrichtsforschung herausgearbeitet werden. Ein Beispiel geben Breidenstein & Rademacher (2017, S. 98–105) über die Arbeit mit Stöpselkarten, bei denen zu einem bestimmten Buchstaben Wörter mit Stöpseln markiert werden müssen, die diesen Laut enthalten. Durch Umdrehen der Karte kann am Ende überprüft werden, ob die Lösung zutrifft. In der analysierten Szene, in der die Kinder sich gegenseitig bei der Bearbeitung der Aufgabe beraten sollen, wird schnell deutlich, dass ein tieferes Verständnis des Inhalts der Aufgabe (phonologische Analyse eines Wortes) gar keine Rolle spielt, sondern nur die Wahl der richtigen Farbe der Stöpsel (die aber für die Lösung der Aufgabe völlig irrelevant ist). Ohne Hilfe des*der Lehrer*in, die in diesem Falle allerdings ausbleibt, können die Kinder das Material nicht nutzen, um sich tatsächlich neues lautanalytisches oder orthographisches Wissen anzueignen. Es bleibt eine bloße Geschäftigkeit – und natürlich eine soziale Dynamik zwischen den beteiligten Kindern – die aber wirkliches Lernen nur vortäuscht.

Schreiben mit der Anlauttabelle

Die Anlauttabelle spielt bei zahlreichen Schreibanlässen in der Grundschule eine Rolle. Mit ihrer Hilfe werden Poster/Collagen z. B. mit Bezeichnungen für Gemüse und Obst (Lingnau & Mehlem, 2012; Mochalova, 2016) oder selbst ausgewählte Bildkarten (Hackbarth & Mehlem, 2019), Comics oder eigene Zeichnungen beschriftet. Verschiedene Interaktionsanalysen konnten zeigen, wie anspruchsvoll diese Aufgabenstellung nicht nur für Schreibanfänger*innen, sondern auch noch für Schüler*innen der 2. Klasse sein kann.

Hackbarth & Mehlem (2019) untersuchten die kooperative Entstehung von Wortschreibungen in Interaktionen zwischen jeweils zwei Kindern an einer Förderschule mit dem Schwerpunkt Sprache mit jahrgangsübergreifendem Unterricht. In einer dieser Interaktionen, in der es um das Wort »Wolke« geht, gelingt die lautierende Verschriftung zunächst fast nicht, weil das Mädchen, nachdem es die Buchstaben <Wo> geschrieben hat, schon zur zweiten Silbe übergehen möchte, während der sie coachende Junge noch auf dem silbenschließenden <l> beharrt. Das Beispielwort enthält für Schreibanfänger*innen die Schwierigkeit einer geschlossenen Silbe mit Kurzvokal, deren vollständige Durchgliederung noch nicht gelingt, so dass entweder der Vokal oder der Konsonant im Silbenendrand ausgelassen wird. Der Junge kann zwar das Wort bereits richtig schreiben, es fehlt ihm aber eine Strategie, wie er das Mädchen zur richtigen Lösung führen kann. Bemerkenswert an der Szene ist, dass ein einfaches Diktieren und Aufschreiben der Lösung wie in einer anderen Dyade, der buchstabenorientierten Instruktion, gerade nicht erfolgt, also tatsächlich eine Erarbeitung des Lerngegenstands stattfindet. Hackbarth & Mehlem (2019, S. 38) bezeichnen diese Vorgehensweise als lautorientierte Instruktion. Bei der lautorientierten Ko-Konstruktion arbeiten zwei Kinder mit etwa gleich großen lautanalytischen Fähigkeiten bei der Verschriftung zusammen.

Interaktive Schreibsettings dieses Typs, wie sie vor allem der offene Unterricht empfiehlt, sind trotz der in den Beispielen auftretenden Schwierigkeiten nicht grundsätzlich abzulehnen. Es käme aber darauf an, durch eine behutsame Vorauswahl des Wortmaterials die Hürden für schwächere Kinder niedriger anzusetzen (Hackbarth & Mehlem, 2019, S. 45).

Freies Schreiben

Eine weitere Gelegenheit zur natürlichen Differenzierung stellt das freie Schreiben dar (Bredel, Fuhrhop, Noack 2017, S. 92f.). Kinder beginnen bereits im Vorschulalter mit Schrift zu experimentieren, um Mitteilungen zu verfassen. Das freie Schreiben in der Schule ist also ein wichtiger Teil der schriftkulturellen Sozialisation. In diesem Sinne grenzt Fay (2022, S. 434f.) den Begriff von dem emphatisch gebrauchten Ausdruck des »freien Aufsatzes« der Reformpädagogik ab und verwendet ihn dann, wenn tatsächlich Texte in kommunikativer Absicht und nicht nur Übungsaufgaben oder Diktate geschrieben werden, bei denen der Wortlaut schon feststeht.

Beim freien Schreiben wird ein Schreibanlass zum Teil minutiös inszeniert, der den Kindern die Motivation und die Gelegenheit geben soll, Schrift in einem kommunikativ sinnvollen Kontext zu gebrauchen. Neben Texten, die auch außerhalb des Unterrichts relevant werden, wie Einladungs- und Geburtstagsbriefe, Wunschzettel, Veranstaltungsankündigungen oder Infoplakate gehören auch fiktionale Kontexte dazu, wie in folgender Szene deutlich wird (vgl. Mehlem, 2010; ▶ Kap. 2).

> Die videographierte Unterrichtsstunde beginnt mit der Inszenierung eines Rollenspiels durch die Lehrerin: der Hase Felix, das Klassenmaskottchen, teilt ihr mit, dass das Gespenst Mumi an diesem Morgen total aufgeregt gewesen sei und den Kindern deshalb einen Brief geschrieben habe. Im nächsten Schritt wird dieser Brief vor den Augen der Kinder aus einem Briefkasten geholt und verlesen. In dem Brief drückt Mumi sein Unverständnis und seine Sorge über verschiedene vorweihnachtliche Aktivitäten aus, die er sogar im Keller mitbekommt:
> »Hallo liebe Kinder, ich hoffe euch geht es gut. Ich glaube nämlich, dass irgendetwas Komisches in der Schule vor sich geht. Gestern ist eine Lehrerin in meinen Keller gekommen und hat aus einem Regal eine Kiste herausgeholt. Die Kiste war schon ganz verstaubt und auf der Kiste stand mit goldenen Buchstaben draufgeschrieben: Sachen für Advent und Weihnachten. Ich mache mir jetzt große Sorgen, dass in der Kiste etwas Gefährliches drin war. Bitte schreibt mir doch, was bei euch jetzt los ist. Und bitte, bitte schreibt mir: Was war denn in dieser Advent- und Weihnachtskiste? Bitte schreibt schnell zurück. Euer Mumi« (Mehlem 2010, S. 139)
> Anschließend arbeiten alle Kinder still an ihren Texten, während die Lehrerin herumgeht und gelegentlich Fragen beantwortet. Die Stunde endet damit, dass die Briefe der Kinder in den Briefkasten geworfen werden.

An den Texten der Kinder lässt sich zeigen, wie unterschiedlich der Schreibauftrag interpretiert wird. Einige Kinder schreiben im Duktus der Mündlichkeit, d. h., sie tun so, als würden sie Mumis Frage direkt im Gespräch beantworten:

Abb. 8.1: Schülertext aus dem ersten Schuljahr (Mehlem, 2010, S. 100, vgl. das Transkript in ▶ Tab. 2.4)

Graphisch handelt es sich um scriptio continua, eine ununterbrochene Buchstabenfolge, die sich ausschließlich an der Lautfolge orientiert und damit auch orthographisch der konzeptionellen Mündlichkeit folgt.

Andere beantworten die Frage, indem sie eine eigenständige Aussage formulieren und insofern einen stärkeren Adressatenbezug aufweisen, als sie Mumis Sorge implizit thematisieren. Auch formal ist der zweite Text der konzeptionellen Schriftlichkeit näher, indem er einzelne Wörter ›expliziert‹:

Tab. 8.1: Transkript 8.1, Schülertext II (Mehlem, 2010)

Text	D	A	W	a	n	:	n	u	A	A	T	W	E	n	t	s/z	a	r	E	N
IPA	d	a	v	aː	n		n	u	ɐ	ʔa	t	v	ɛ	n	t	s	a	x	ə	n
Ortho	Da		waren				nur			Advents						sachen				

Text	s/z	o	w	a	z	W	I	L	E	sch	t	a	k	e	t	N
IPA	z	oː	v	a	s	v	iː	l	l	ç	t	ɐ	k	ɛ	t	n
Ortho	so		was			wie				Lichter			Ketten			

Dies ist am deutlichsten an der Platzierung des Doppelpunktes als Wortrenner zwischen den beiden ›n‹ in der ersten Zeile zu beobachten. Aufgrund einer grammatischen Analyse (ein n als Plural für ›waren‹, das andere als Anlaut des ›nur‹) werden hier Wortformen differenziert, die im Lautstrom ununterscheidbar wären. Beim Fugen-s von Advent in Abgrenzung zum Anlaut von ›Sachen‹ und in der zweiten Zeile gelingt diese Analyse noch nicht.

Im Anschluss an die Idee der Schreibkonferenz nach Spitta (1988) würden solche Texte als Ausgangspunkt für eine weitere inhaltliche, sprachliche und auch orthographische Bearbeitung genommen, die auch zahlreiche Gelegenheiten zur kognitiven Aktivierung eröffnen würde. In dem vorliegenden, der Rechtschreibwerkstatt verpflichteten Unterrichtskonzept war eine solche Bearbeitung allerdings nicht vorgesehen.

Der Sinn des freien Schreibens ist immer wieder unter der Fragestellung diskutiert worden, ob Fehler, die keiner Korrektur unterzogen werden, nicht zu falschen Repräsentationen von Wörtern im mentalen Lexikon führen. Umgekehrt kann bei einer offenen Aufgabenstellung aber auch nicht verhindert werden, dass Fehler entstehen, deren Einsicht den aktuellen Horizont der Rechtschreibkompetenz bei weitem übersteigt. Im Fibelansatz wird daher die Bandbreite der zu schreibenden Wörter auf Kosten der Kreativität stark eingeschränkt.

Dehn (2006, Bd. I, S. 115ff.) unterscheidet bei den Schreibanlässen zwischen dem Schreiben von Erlebnissen und Geschichten einerseits und dokumentarischem Schreiben andererseits. Während bei ersterem aufgrund der Offenheit der Situation viele Fehler zu erwarten sind, lässt sich bei letzterem der Wortschatz besser eingrenzen, z.B. durch die Besprechung einiger zentraler Begriffe, die an der Tafel bereits gesammelt werden. Mochalova (2016) untersucht mithilfe von Videoanalysen zahlreiche solcher Schreibsituationen, etwa die Schritte, die bei der Beschriftung einer Obst- und Gemüsecollage von den Kindern in Gruppenarbeit mit zeitweiliger Unterstützung der Lehrkraft gegangen werden. Dehn empfiehlt außerdem, nur die Fehler anzustreichen, in denen Phänomene vorkommen, die bereits im Unterricht behandelt wurden. Umgekehrt gibt es auch die Praxis, jedes richtig gewählte Graphem durch einen darunter gesetzten Punkt hervorzuheben (2006, Bd. I, S. 121). Eine Veröffentlichung der spontan geschriebenen Texte ohne vollständige Fehlerkorrektur, wie sie viele Anhänger des freien Schreibens vertreten, bleibt aber schwierig.

Silbenanalytische Methode

Die Materialien, die das Gerüst des Lehrgangs bilden, können auch individuell differenziert werden. Zu jedem Rechtschreibphänomen gibt es ein breites Spektrum von Arbeitsblättern und Spielen, die allein oder in Kleingruppen bearbeitet werden können. Allerdings existiert keine automatisierte Selbstkontrolle, vielmehr müssen sich die Kinder entweder bei der Lehrkraft oder weiter fortgeschrittenen Kindern rückversichern.

Eine Besonderheit des Konzepts ist der Einsatz von Liedern, von denen es mittlerweile bereits mehrere CD-Editionen gibt, gestaffelt nach früher Sprachförderung, Anfangsunterricht und dritter Klasse. Die Wirksamkeit der Nutzung der prosodischen Strukturen der Sprache für den Schriftspracherwerb durch den Einsatz von Liedern, die diese mit Rhythmus und Melodie aufgreifen, ist auch durch empirische Forschung belegt (Rautenberg, 2012).

Röber (2022) lehnt das freie Schreiben zumindest im 1. Schuljahr ab. Hierbei werde den Kindern fälschlicherweise der Eindruck vermittelt, Schreibaufgaben seien spontan lösbar. Da eine Fehlerkorrektur aufgrund der sprachlichen Komplexität noch nicht möglich sei, entstehe eine paradoxe Situation, wenn Schreibungen, die vorher unkommentiert blieben, im 2. Schuljahr als fehlerhaft bewertet werden (Röber, 2022, S. 37). Andere silbenanalytische Ansätze sind hier weniger kategorisch, halten aber fest, dass Rechtschreibkompetenz durch freies Schreiben nicht gefördert werden kann. Entsprechend wird auch die Anlauttabelle als didaktisches Instrument abgelehnt, da sie direkte Beziehungen zwischen einzelnen Lauten und Graphemen unterstellt und damit der Komplexität des Schriftsystems nicht gerecht wird.

Insgesamt bleibt das Spektrum der Differenzierungsmöglichkeiten also vor allem gegenüber den offenen Ansätzen relativ eingeschränkt. Im Palope-Lehrwerk kommt es zu einer relativ strengen Progression bei der Einführung von Buchstaben und sprachlich-orthographischen Strukturen. Allerdings kommt die langsame Progression Kindern mit ungünstigen Lernvoraussetzungen sehr entgegen. Das Problem stellt sich bei Kindern, die bereits auf einem höheren Level in den Schrifterwerb einsteigen und jenseits des Lehrwerks zu wenige Betätigungsmöglichkeiten finden.

8.2 Gelegenheiten zu kognitiver Aktivierung

Fibellehrgänge

Die Aufgaben in Fibellehrgängen bieten zahlreiche Gelegenheiten zur kognitiven Aktivierung, indem z. B. durch die Gegenüberstellung von Minimalpaaren das eigenständige Herauslösen eines neuen Buchstabens und des ihm entsprechenden Phonems ermöglicht wird. Dabei kann der Weg vom Vergleich des Schriftbilds zur Lautunterscheidung voranschreiten oder auf der Basis eines Bildes das gesuchte Reimwort gefunden werden.

Eine weitere Gelegenheit zur Einübung der Lautanalyse besteht im Suchen von Gegenständen, die mit demselben Anlaut beginnen, in einem Wimmelbild oder beim Kofferpacken: Nur die Gegenstände dürfen hinein, die denselben Anlaut haben. Häufig werden auch Fragen nach der genauen Stelle im Wort gestellt, an der ein bestimmtes Phonem vorkommt. Allerdings wird hier nur zwischen Anfang, Mitte und Ende des Wortes unterschieden. Für eine Erkenntnis der unterschiedlichen Lautierung eines Graphems ist aber die Stellung in der Silbe (Anfangsrand oder Reim) oft viel wichtiger.

Die Differenzierung unterschiedlicher Phoneme kann auch über die Beobachtung der Mundstellung gewonnen werden (z. B. in der Fibel Fara und Fu). Bei Vokalen lässt sich hier der Grad der Öffnung des Mundes in Verbindung mit Spreizung oder Rundung der Lippen sehr gut erkennen. Das gilt auch noch für Konsonanten, bei deren Artikulation die Lippen beteiligt sind. Je weiter die Artikulation nach hinten verlagert wird, desto schwerer fällt aber die Differenzierung. Stimmhaftigkeit kann nicht mehr mithilfe von Bildern von Stimmlosigkeit unterschieden werden. Hier könnte aber am Kehlkopf gespürt werden: Ist eine Vibration wahrnehmbar, handelt es sich um den stimmhaften im Unterschied zum stimmlosen Laut. Auf diese Weise können Laute und die mit ihnen korrespondierenden Grapheme mithilfe der Stimmhaftigkeit sortiert werden. Dies wird später auch bei den s-Lauten wichtig. Während Schlangen-[s] oder Bienen-s [z] zunächst graphisch nicht unterschieden werden, hilft diese Unterscheidung am Silbenschnitt nach Langvokalen (reißen oder reisen).

Bei der Erarbeitung der Konsonantenverdopplung bleibt der Fibelansatz dagegen unbefriedigend, da nur die Vokallänge, nicht aber das Silbengelenk thematisiert wird. Eine typische Aufgabe zum Thema »Silben mit kurzen und langen Selbstlauten« (Duden, Sprachbuch 2, 2009, S. 42) beginnt zunächst mit der Aufforderung, die zwölf zweisilbigen Wörter in Silben zu sprechen und dabei zu klatschen (1). Danach sollen die Wörter anhand des Lauts am Ende der ersten Silbe in zwei Spalten sortiert werden (2). In einem dritten Schritt (3) wird die Vokallänge mithilfe der »kurz-lang-Probe« (eigener Kasten) überprüft. In zwei Sprechblasen werden die Varianten »Bluuume« und »Blummme« unterschieden. Der lange Selbstlaut wird dann (4) durch einen Strich, der kurze durch einen Punkt darunter gekennzeichnet. Nach der Frage: Was stellst du fest? (5) folgt die Regel (»Merke«): »Endet eine Silbe mit einem Selbstlaut, so klingt der Selbstlaut lang. Endet eine Silbe mit einem Mitlaut, so klingt der Selbstlaut kurz.« (ebd.). In (6) wird die Regel auf weitere Wörter, die mit Bildern dargestellt sind, angewendet.

Das Beispiel stellt eine induktive, handlungsorientierte Regeleinführung dar, deren kognitiver Aktivierungsgrad begrenzt bleibt. Zu Beginn wird kein Problem erkennbar, denn die aufgeführten Wörter sind – vielleicht mit Ausnahme von ›Gürtel‹ – für Zweitklässler nicht schwer zu schreiben. Die Hörprobe in (3) wird eingeführt, bevor die Kinder die Möglichkeit erhalten, vielleicht selbst eine Möglichkeit zur Überprüfung der Vokallänge zu finden. Das Ergebnis der Probe wird symbolisch festgehalten (4), was notwendig ist, um daran weitere Beobachtungen anzuschließen. Die abschließende Regelformulierung kommt evtl. anderen Formulierungen der Kinder zuvor. Schließlich könnte noch ein Suchauftrag gegeben werden, ob jemand ein Wort kennt, das nicht zu der Regel passt (z. B. Monde, hupte).

Die eigentliche Schwierigkeit folgt im zweiten Teil der Regelerarbeitung: »Doppelte Mitlaute« (Duden, Sprachbuch 2, 2009, S. 47). Die Wörterliste entspricht zunächst der Aufgabenstellung auf S. 42 (ebd.). Wieder werden die Vokallänge und -kürze durch Strich bzw. Punkt markiert. Die Silbengliederung spielt hier aber keine Rolle mehr. Denn jetzt wird gefragt, wie viele Selbstlaute auf den Vokal – unabhängig von der Silbengrenze – folgen. Der 1. Merksatz »Nach einem kurzen Selbstlaut folgen mindestens zwei Mitlaute« scheint der ersten Merkregel zu widersprechen: dort war nur von einem Mitlaut die Regel. Im vierten Schritt sollen nun Schärfungswörter einsortiert werden. Mithilfe der »kurz-lang-Probe« wird der Vokal in den Wörtern bestimmt und aufgrund seiner Kürze erfolgt eine Zuordnung in die Spalte »kurzer Selbstlaut«. Mit dem 2. Merksatz: »Hörst du nach einem kurzen Selbstlaut nur einen Mitlaut, dann verdopple ihn beim Schreiben, damit du wieder zwei hast« wird der kognitive Konflikt (einer oder zwei Selbstlaute nach einem kurzen Vokal? Verdoppelung nur, wenn ich keinen zweiten höre?) nicht gelöst.

Offene Ansätze: Rechtschreibgespräche

Fehlende oder zu geringe Gelegenheiten zur kognitiven Aktivierung stellen das Hauptproblem der hier beschriebenen Ansätze dar. Da die Lehrkraft in ihrer Anleitungs- und Instruktionsfunktion zurücktritt und die Verantwortung für Lernprozesse zu einem großen Teil an das Material delegiert, finden sich weniger Ansatzpunkte, die eine Untersuchung bestimmter Schreibungen von Wörtern und damit ein vertieftes Nachdenken über ihnen zugrundeliegende Regeln auslösen.

Ansatzpunkte für eine kognitive Aktivierung bieten aber die Rechtschreibgespräche, wie sie als eine von vier Säulen in dem Modell Brinkmanns (2000) enthalten sind. Die Frage lautet: »Warum hast du das Wort so geschrieben?« Dabei können sowohl fehlerhafte als auch korrekte Schreibungen den Ausgangspunkt bilden. Mit der Aufforderung, eine Schreibung zu begründen, wird bereits eine höhere Verarbeitungstiefe erreicht, auch wenn die Begründung selbst noch nicht zielführend ist.

Transkript 8.2 (Hanisch, 2018, S. 268)

I:	Schau mal, bei dem Wort *<Golt> ist ein Fehler versteckt.
K15 (schweigt: 8):	Da kommt ein <d(e)> hin.
I:	Sehr gut, ganz genau. Wie bist du jetzt da draufgekommen?
K15:	Weil, weil [gɔlt]. Ja [gɔlt].
I:	Mh hm.
K15:	Hört man.

In diesem Beispiel erkennt der Schüler durch die Lenkung der Aufmerksamkeit auf einen möglichen Fehler diesen zwar und kann das Wort danach auch richtig schreiben, gibt aber eine unzutreffende Erklärung ab. Erfolgreicher erweist sich hier eine andere Schülerin:

Transkript 8.3 (Hanisch, 2018, S. 268f.)

K25 (schweigt: 3):	[gɔl-d], [gɔl-t]. Das da, das, da weiß, bei dem, bei dem Beispiel nicht, ob das jetzt <t> oder <d> ist.
I:	Mh hm. Und wie findest du es heraus?
K25:	Mit dem Verlängerungstrick.
I:	Aha, und wie …
K25 (unterbricht):	… [ˈgɔlde:nə] (2). Das wird mit einem <d> geschrieben.
	I: Super, K25, wie bist du jetzt da draufgekommen?
K25:	Weil ich so [ˈgɔlde:nə].

In dem zweiten Beispiel kann die Schülerin von sich aus die orthographische Schwierigkeit erkennen und einen Trick nennen, mit dem sie die richtige Lösung herausfindet. Sie kennt nicht nur den Namen des Tricks, sondern wendet ihn auch noch korrekt an, indem sie zu dem Wort <Gold> ein Adjektiv bindet.

Das folgende Beispiel verdeutlicht, dass die Kenntnis einer Regelbezeichnung (deklaratives Wissen) noch keine richtige Anwendung im prozeduralen Wissen garantiert. Die drei Jungen arbeiten als Arbeitsgruppe an der Aufgabenstellung, Fehler in einem Brief des Affen an den »Löwen, der nicht schreiben konnte«, zu finden. Sie stolpern über das letzte Wort <grus>

Transkript 8.4 (Corvacho del Toro & Mehlem, 2020)

K13v:	gru:ß
K13nv:	zeichnet Gruß in der Luft
K14v:	JA (.) DAS ist FALSCH (.) das wird [mit]
K2v:	we lass verlängern (.) lass verlängern
K14v:	GRU:ße (1) [JA (.) das ist falsch]
K2v:	[VIELE GRÜ]
K14v:	das ist FALSCH #

Die Verlängerungsregel, die tatsächlich helfen könnte, um die Schreibung des s-Lautes mit <ß> zu begründen, kommt hier nur zur Anwendung, um das Wort in die gebräuchlichere Pluralform zu setzen, weshalb der Fehler auch in dem Fehlen der Umlautmarkierung und des auslautenden e's vermutet wird. Obwohl die Aufgabenstellung kognitiv aktivierendes Potenzial hat, kommt dieses hier nicht zur Entfaltung. Erst die Kontrolle der abgegebenen Arbeitsblätter durch die Lehrkraft würde hier eine zweite Lerngelegenheit schaffen.

Silbenanalytische Methode: Rechtschreibgespräche und Regelerarbeitung

In den früheren Publikationen wird sehr viel Wert darauf gelegt, dass die Kinder zur Beschreibung ihrer Beobachtungen auch eigene Ausdrücke vorschlagen können, die dann in den Sprachgebrauch der Klasse eingehen. Beispielsweise kann die Vokalveränderung in der betonten Silbe als »quetschen« oder »bremsen«, oder die enge Verbindung zwischen Vokal und Konsonant als »verheiratet« bezeichnet werden (Winkler, 2004, S. 28f.).

In einer nach der silbenanalytischen Methode durchgeführten Unterrichtsstunde (Mehlem, 2008) lässt die Lehrerin an der Tafel vier Wörter des Häuschentyps I Schritt für Schritt durch einzelne Schüler*innen auffüllen, indem zunächst mit dem ›Garagen-e‹, also dem <e> der unbetonten zweiten Silbe, begonnen wird. Bemerkenswert an dieser Vorgehensweise ist nicht nur der Aufbau der geschriebenen Wörter vom rechten Rand aus, sondern auch die Lautierung der unbetonten Silbenreime (-e, -el, -en und -er) in einer Art, wie üblicherweise Grapheme bzw. Buchstaben lautiert werden (»Schreib mal ein [ɐ]«). Dadurch, dass das Garagen-e als erstes im Reim erscheint und durch die Farbe gelb markiert wird, ist klar, dass es zu den folgenden Buchstaben immer dazugehört, also zusammen mit diesen den Silbenreim bildet. Auch beim vokalisierten r haben die Schüler*innen keine Schwierigkeiten, dieses zu erkennen, auch wenn sie gelegentlich die gedehnte Variante verwenden (»Ma:leɐ« für ›Maler‹), die übrigens mit der norddeutschen Aussprache des Buchstabennamens r identisch ist.

8.2 Gelegenheiten zu kognitiver Aktivierung

Im Palope-Lehrwerk führen die Zirkuskinder exemplarische Fehler und deren Korrekturen vor, ermutigen also die Kinder, selbst solche Überlegungen anzustellen. Bei der Einführung der Betonung zeigt z. B. das linke Bild den alten Clown Pape mit zwei Markern: blau für die betonte und gelb für die unbetonte Silbe. Er fragt »Wohin?« und legt schließlich den gelben Punkt auf die betonte Silbe und den blauen auf die unbetonte, was das Zirkuskind Rere mit ›falsch‹ kommentiert. Ihr Freund Renre gibt die Erklärung: »Es heißt PEpe, nicht PePE, laut – leise« (Röber et al., 2020, S. 13).

Auf ähnliche Weise wird der Vokalkontrast dehnbar (blau) und nicht-dehnbar (rot) entwickelt. Zunächst wird der Name des Zirkuskinds Rere in den Zirkuswagen und den Anhänger geschrieben. Nun soll der Name Renre (minimaler Kontrast: zusätzliches n in der Coda) geschrieben werden. Nachdem die Reduktionssilbe (der Anhänger) und das erste Zimmer des Zirkuswagens gefüllt wurden, muss also jetzt noch das -n im zweiten Zimmer untergebracht werden.

Renre möchte auch in den Zirkuswagen ein e schreiben. Pepe kommentiert: »Das ist aber kein Blauer.« Die fehlende Möglichkeit einer Dehnung wird graphisch durch den geringeren Platz im zweiten Zimmer veranschaulicht. Die Farbe rot (für den Buchstaben und das Polster) dient zur Kontrastierung des ungespannten, kurzen Vokals (Röber et al., 2020, S. 70).

Auch die Ableitung des Silbengelenks erfolgt über eine Analyse der Artikulation des Wortes: Es gibt keine Pause zwischen den zwei Silben. Die Zwillingsbuchstaben halten Wagen und Anhänger eng zusammen.

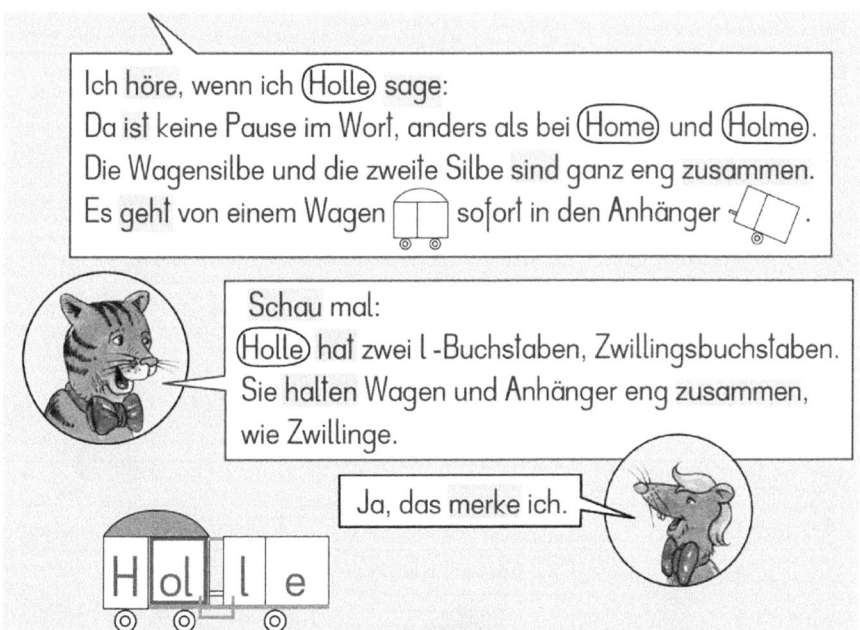

Abb. 8.2: Beschreibung des Silbengelenks im Lehrwerk Palope (Röber et al., 2020, S. 118)

Kognitive Aktivierung gibt es auch bei den morphologischen Ableitungen (Auslautverhärtung oder Umlautschreibung), die auch schon Teil des Pensums des 1. Schuljahres sind. Hier gibt es aber keine grundsätzlichen Unterschiede zu den Modellierungen in den Fibellehrwerken.

8.3 Aufgaben

Analyse eines Rechtschreibgesprächs: In einer Videostudie arbeiten die beiden Mädchen Esra (L1 Türkisch) und Anna (2. Schuljahr mit Jahrgangsmischung) in einer Tischgruppe an der richtigen Schreibung des Wortes ›Pfirsich‹. Esra bittet die Lehrkraft um Hilfe. Es kommt zu folgendem Dialog.

Unterrichtstranskript 8.5: (Lingnau & Mehlem, 2012, S. 141–146)

01	Esra (zu L)	wie schreibt man ›Pfirsich‹	[pfə][ʔiː] [z][ʔeː] [ʃː] (lautierend)		
02	Lehrerin	Schreib mal auf			
03	Esra	(setzt zum Schreiben an)			
04	Lehrerin	dann_äh: kuckt ANna_ma ob das RICHtich is.			
05	Esra [v] (lautierend)	**[pf ʔeː]**	**[ʔeː]**	**[z] [ze]**	**[ʔeː] (.) [kə] (.)[k]**
06	Esra (schreibt)	<pf e s ek>			
07	Anna (schaut, was E schreibt)	[‹eːzik] heißt das [‹pfeːzik]?			
08	Esra (zu A, korrigierend)	**[‹pfeɐzik]**			
09	Anna (beharrend)	**[pfeːzik]**	ich glaub das wird SO geschrieben.		
10	Anna (schreibt)				<Pfirsig>
11	Anna (zu L)	wird **[pfiɐzik]** SO geschrieben?			
12	Lehrerin	Nein			
13	Anna (zu L)	Wie denn?			
14	Lehrerin	HAST du dein A bis Zett?			
15	Lehrerin	Stopp! Wir finden selber raus, wie das geschrieben wird			
16	Lehrerin	Ein [‹pfiɐziç] zwei / wie?			Nein!
17	Esra		**[pfeɛː]**		
18	Lehrerin	Ein [fiɐziç] zwei …	Es heißt [‹pfiɐziçeː]		

Unterrichtstranskript 8.5: (Lingnau & Mehlem, 2012, S. 141–146) – Fortsetzung

19	Lehrerin	WIE wird dann…[ˈpfiɐziç] geschrieben?
20	Esra	[pfiɛ:]
21	Anna	(mit) [ʔiç:] also
22	Esra	AH da kommt ein [ʔɛ:] (<ä>)
23	Lehrerin (zu A)	Super. Sehr gut.

1. Welche unterschiedlichen Probleme bei der Schreibung des Wortes ›Pfirsich‹ werden in dem Gespräch bearbeitet?
2. Welches Problem möchte Anna lösen? Welche Hilfestellung leistet ihr die Lehrerin dabei? (11–21)
3. Haben Sie den Eindruck, dass Anna die Vorgehensweise nachvollziehen kann? Belegen Sie mit einer Textstelle!
4. Welches Problem möchte Esra lösen? Warum ist sie nicht damit einverstanden, wie Anna das von ihr geschriebene Wort vorliest? (08–09)
5. Wie interpretieren Sie Esras letzten Satz? Worauf bezieht sich die Äußerung? (22)
6. Warum wird Esras Rechtschreibproblem nicht befriedigend gelöst?

9 Fazit

Gegenstand dieses Buches war der Schriftspracherwerb des Deutschen durch Kinder mit und ohne anderen erstsprachlichen Hintergrund im Anfangsunterricht der Grundschule. Dabei wurden die Kompetenzbereiche des Lesens, insbesondere der basalen Lesefähigkeit, und die des Schreibens, insbesondere des Rechtschreibens, in den Blick genommen. Beide Bereiche stehen aber nicht nur in einem engen Zusammenhang miteinander, sondern auch mit weiteren sprachlichen und kulturellen Praktiken, die mit den Funktionen der Schriftsprache zu tun haben (▶ Kap. 2). Auch wenn die Kompetenzen des Textschreibens und des Handschreibens nicht Gegenstand der Darstellung waren, dürfte deutlich geworden sein, dass das Zusammenspiel aller dieser Lernbereiche im Anfangsunterricht notwendig ist, damit Kinder ihren Weg zur Schrift finden.

In diesem Buch spielten die linguistische Beschreibung des deutschen Schriftsystems (▶ Kap. 3) und die Erwerbsprozesse im Vor- und Grundschulalter in den Bereichen der phonologischen Verarbeitung, des kulturellen Wissens über geschriebene Sprache und der Rechtschreibung eine besondere Rolle (▶ Kap. 4). Hier wird für ein Vorgehen plädiert, das die Perspektive auf einzelne Phonem-Graphem-Beziehungen überwindet und Strukturen der Silbe und des geschriebenen Wortes in den Blick nimmt. Dieser Zugriff erleichtert die Einsicht in Regularitäten der Orthographie und ermöglicht damit eine konstruktivistische Perspektive auch des orthographischen Lernens. Vor diesem Hintergrund müssen auch neuere Versuche gesehen werden, das Konstrukt der Rechtschreibkompetenz klarer zu bestimmen (▶ Kap. 5). Auch der Schriftspracherwerb im mehrsprachigen Kontext profitiert von einer sprachanalytischen Perspektive (▶ Kap. 6).

Einen letzten Schwerpunkt des Buches bildeten schließlich die didaktischen Ansätze im frühen Schreib- und Leseunterricht, von denen der Fibelansatz, der Spracherfahrungsansatz und die silbenanalytische Methode genauer vorgestellt wurden, zunächst mit einem Fokus auf ihrer Entstehung, ihrer fachlichen Fundierung und empirischer Forschung zur Wirksamkeit (▶ Kap. 7), dann anhand der Kriterien der didaktisch-methodischen Differenzierung und kognitiven Aktivierung (▶ Kap. 8). Bei aller Diversität der Befunde wird auch hier deutlich, wie wichtig eine gute fachliche Fundierung für die Gestaltung von Lernumgebungen des Lesens, Schreibens und Rechtschreibens ist.

Angesichts der derzeitigen Herausforderungen des Unterrichts an Grundschulen, die mit den Stichworten Lehrer*innenmangel, Pandemie und Fluchtbewegungen nur schlagwortartig umschrieben sind, wäre zu wünschen, dass auch für das Schreiben- und Lesenlernen Lösungen gefunden werden, in denen das Beste aus den letzten 30 Jahren wissenschaftlicher Forschung und didaktisch-methodischer Innovation zu einer fruchtbaren Synthese zusammengeführt wird.

10 Lösungen der Übungsaufgaben

Lösungen zu Kapitel 2.7

1. Einordnung der Texte

Text 1: Adorno, T. W., 1959/2015, S. 105

Textsorte	Vortrag, Vorlesung oder Predigt
Monolog/Dialog	Monolog
Vollständige Sätze	Ja
Komplexe Sätze	Ein Satzgefüge: zwei Hauptsätze, vier Nebensätze (dass), zwei erweiterte Infinitive, eine Parenthese
Spuren der Produktion	Selbstkorrektur: angezeigt durch »oder vielmehr nicht…, sondern«
Wortformen	Keine Verkürzungen, Standardsprache
Syntaktische Integration	Nebensätze eher reihend, nicht verschachtelt Erweiterte Nominalphrasen: »die Erkenntnis der Differenz« – »der Traum von einer versöhnten Welt«
Explizitheit: Lexikalisch	Explizite lexikalische Ausdrücke
Explizitheit: Kohäsionsmittel	Keine Anaphern, sondern Wiederholung des Lexems »das Verschiedene« ›das‹ im 2. Hauptsatz: deiktischer Rückverweis auf das in Satz 1 Gesagte
Mediale Einordnung	Zunächst gesprochen, vom Tonband abgetippt
Konzeptionelle Einordnung	Stärker am Pol der konzeptionellen Schriftlichkeit

Text 2: Hahn, U., 2003, S. 618f.

Textsorte	Auszug aus einer Erzählung mit Ich-Erzählerin
Monolog/Dialog	Monolog mit eingebetteter Figurenrede
Vollständige Sätze	Ja

Komplexe Sätze	Eher kurze Hauptsätze, 1 Relativsatz »Talente, die...«, 1 Objektsatz (»dass«)
Spuren der Produktion	keine
Wortformen	Keine Verkürzungen, Alltagssprache: ›hockte‹ – Wechsel der Stilebene: ›Talente, seinen Knechten anvertraut‹, ›unter den Scheffel stellen‹
Syntaktische Integration	Reihender, parataktischer Aufbau Erweiterte Nominalphrasen: »das unterste Brett des Blumenbänkchens«, aber eher selten
Explizitheit: Lexikalisch	Explizite lexikalische Ausdrücke, aber häufiger Gebrauch von Pronomina: 1. SG: deiktisch, 3. SG: Anapher
Explizitheit: Kohäsionsmittel	Anaphern: ihn → Lehrer Mohren, der Vater sie → die drei Männer Präteritum als fiktionale Handlungsfolge
Mediale Einordnung	geschrieben
Konzeptionelle Einordnung	Stärker am Pol der konzeptionellen Schriftlichkeit

Text 3: Bilderbuchdialog aus Wieler (1997, S. 277f.)

Textsorte	Eltern-Kind-Dialog bei der Bilderbuchbetrachtung
Monolog/Dialog	Dialogisch mit häufigem Sprecherwechsel (die Ziffern zeigen jeweils einen Sprecherwechsel an)
Vollständige Sätze	Eher selten, z. B. 19 »Irgendwas is doch da drin«
Komplexe Sätze	keine
Spuren der Produktion	Abbrüche in 21 und 22, z. T. unverständlich
Wortformen	Zahlreiche Verkürzungen: is, 'n Bananengeschäft, irgendwas, Alltagssprache: ›nee‹
Syntaktische Integration	Gering, wenig zusätzliche Satzglieder in einem Satz
Explizitheit: Lexikalisch	Wenige Lexeme: Bananen, Bananengeschäft, aufisst, fischen... häufiger Gebrauch von deiktischen Pronomina: da: 19, 23, 25; die: 20, 27; er (ohne Rückbezug) 24
Explizitheit: Kohäsionsmittel	Wenige Kohäsionsmittel Präsens der Bildbeschreibung
Mediale Einordnung	Primär geprochen
Konzeptionelle Einordnung	Sehr stark am Pol der konzeptionellen Mündlichkeit

10 Lösungen der Übungsaufgaben

Text 4: Interview mit M. Mittermeier, Tages-Anzeiger vom 16.7.2004, zit. in Burger et al., 2014, S. 178

Textsorte	Presseinterview
Monolog/Dialog	Monolog, der aber auf eine Frage des Interviewers antwortet
Vollständige Sätze	Ja
Komplexe Sätze	Eher kurze Hauptsätze, zwei indirekte Fragesätze (ob)
Spuren der Produktion	keine
Wortformen	Verkürzungen, saloppe Ausdrucksweise: ›scheissegal‹
Syntaktische Integration	Reihender, parataktischer Aufbau, überwiegend obligatorische Satzglieder, keine erweiterten NP's
Explizitheit: Lexikalisch	Explizite lexikalische Ausdrücke: Tagesform, Comedy, Geld bezahlen, Show…
Explizitheit: Kohäsionsmittel	»So was« als Rückverweis auf Tagesform »die« als Rückverweis auf »Leute«
Mediale Einordnung	Primär gesprochen, danach geschrieben
Konzeptionelle Einordnung	Stärker am Pol der konzeptionellen Mündlichkeit

Text 5: Hessisches Schulgesetz §1, https://www.lexsoft.de/cgi-bin/lexsoft/justizportal_nrw.cgi?xid=169561,1 (Zugriff am 4.9.2023)

Textsorte	Gesetzestext
Monolog/Dialog	Monologisch
Vollständige Sätze	Ja
Komplexe Sätze	Vier z. T. lange Hauptsätze, zwei Nebensätze: 1 Relativsatz, 1 Konditionalsatz
Spuren der Produktion	keine
Wortformen	Keine Verkürzungen, Hochsprache
Syntaktische Integration	Zahlreiche erweiterte Nominalphrasen: »nach Maßgabe dieses Gesetzes«, »aus diesem Recht auf schulische Bildung« lange Satzglieder durch Aufzählungen (Satz 3), Passiv
Explizitheit: Lexikalisch	Explizite lexikalische Ausdrücke

Explizitheit: Kohäsionsmittel	Rückverweis mit Demonstrativum und Lexem »dieses Recht« → ein Recht »die« als Rückverweis auf »Leute«
Mediale Einordnung	geschrieben
Konzeptionelle Einordnung	Sehr stark am Pol der konzeptionellen Schriftlichkeit

2. Die unterschiedlichen kommunikativen und strukturellen Merkmale von Sprache sind grundsätzlich vom Medium ihrer Übertragung (phonisch/graphisch) unabhängig.
3. Obwohl konzeptionelle Schriftlichkeit grundsätzlich vom Medium (phonisch/graphisch) unabhängig ist, zeigt sich ihre größere Explizitheit und syntaktische Integration auch im schriftlichen Medium in entsprechenden orthographischen Strukturen.

Lösungen zu Kapitel 3.6

Basis- und Orthographeme

		Welches Phonem? (IPA)	Basis- (B) oder Orthographem (O)?	Funktion? (bei Orthographem)
01	Schneeball	eː	O	Dehnung
02	Worte	ɔ	B	
03	Glanz	ts	B	
04	Zähne	ɛː	O	Umlaut
05	These	t	O	Fremdwort
06	Obst	p	O	Auslaut
07	Rat	t	B	
08	Rad	t	O	Auslaut
09	Fenster	s	B	
10	Sterne	ʃ	O	Kontext
11	Roller	ʁ	B	
12	schwimmen	m	O	Silbengelenk
13	Koch	x	B	
14	Vogel	f	O	lexikalisch
15	Chor	k	O	Fremdwort

10 Lösungen der Übungsaufgaben

Silbenanalyse (Fragen 1 bis 3)

1	S'			S⁰		
	A	K	E	A	K	E
	h	ɛ	ɐ	ts	ə	n

2	S⁰		S'		S⁰		
	A	K	A	K	E	A	K	E
	g	ə	f	a	ŋ	ə	n

(Korrekturspalte: 9 Spalten)

2	S⁰		S'			S⁰		
	A	K	A	K	E	A	K	E
	g	ə	f	a	ŋ		ə	n

3	S'			S⁰		
	A	K	E	A	K	
	v	ɔ	l	k	ə	

4	S'			S⁰		
	A	K	E	A	K	E
	z	ɪ	ts		ə	n

5	S'			S⁰		
	A		K		A	K	E
	A₁	A₂	K₁	K₂			
	ʃ	ʁ	a	ɪ	b	ə	n

6	S'			S⁰		
	A	K	E	A	K	E
	v	ɔ	l		ə	n

4. Bei den Wörtern ›gefangen‹, ›sitzen‹ und ›wollen‹ liegen Silbengelenke vor.

5. Das Silbengelenk wird bei [ŋ] ›gefangen‹ (analog bei [x] und [ʃ]) nicht mit Konsonantenverdoppelung markiert, weil diese Konsonanten schon mit 2 oder 3 Buchstaben als <ng>, <ch> und <sch> geschrieben werden.
Bei Silbengelenken mit [ts] ›sitzen‹ (oder [k]) wird das jeweilige Graphem <z> bzw. <k> nicht verdoppelt, sondern als <tz> und <ck> notiert.

Lösungen zu Kapitel 4.3

1. Phonologische Bewusstheit:

A	Bildkarten, deren Wörter denselben Anlaut enthalten, auf Stapel sortieren (Baum, Bär, Brot...)	Phonologische Bewusstheit im engeren Sinne
B	Aus Bildkarten, die verschiedene Gegenstände zeigen, eine nicht zum Oberbegriff passende aussortieren (Stuhl – Tisch – Bank – Hund)	Keine Übung zur phonologischen Bewusstheit
C	Zu einer Zeile einen passenden Reim finden (Die kleine süße Maus...)	Phonologische Bewusstheit im weiteren Sinne
D	Einen Satz mit drei Worten bilden und diese mit Bauklötzchen legen. (Kim lacht laut)	Keine Übung zur phonologischen Bewusstheit
E	Sich im Rhythmus eines Kinderverses bewegen. (Eene, Mene, Hinke, Pinke...)	Phonologische Bewusstheit im weiteren Sinne
F	Von einem Wort den letzten Laut wegnehmen: HAUS → HAU	Phonologische Bewusstheit im engeren Sinne

2. Das phonetische Arbeitsgedächtnis dient dazu, gerade hergestellte Graphem-Phonem- oder Phonem-Graphem-Verbindungen im Gedächtnis präsent zu halten, bis das nächste Graphem analysiert wurde. Nur auf diese Weise gelingt das Zusammenziehen einzelner Laute zum Wort bzw. die sukzessive Verschriftung einzelner Grapheme, bis ein graphematisches Wort entstanden ist.
3. HLE bedeutet Home Literacy Environment, also die häusliche Lernumgebung, die Kinder bereits vor dem Schulanfang mit literalen Praktiken vertraut macht. Gängige quantitative Erhebungsmethoden sind die Befragung der Eltern mit einem Fragebogen oder die Beobachtung einer Eltern-Kind-Interaktion z. B. mit einem Bilderbuch, die mithilfe eines Beobachtungsbogens ausgewertet wird. Zu den qualitativen Methoden gehören die Audio- oder Videoanalyse der Eltern-Kind-Dialoge um Bilderbücher oder Schrift oder die teilnehmende Beobachtung in Familien.

Lösungen zu Kapitel 5.6

1. Nach der Theorie des »Simple View of Reading« gilt das Dekodieren von Wörtern als Schlüsselkompetenz für das Lesen. Alle weiteren Prozesse entsprechen denen der Sprachverarbeitung, wie sie auch beim Hörverstehen geleistet werden müssen.
2. Nur bei Pseudowörtern kann zweifelsfrei überprüft werden, ob den Kindern die schrittweise Umwandlung von Graphemen in Phoneme gelingt. Bei Realwörtern könnte das Wort auch auswendig gelernt worden sein.
3. Graphemanalyse des Schülertextes:

10 Lösungen der Übungsaufgaben

	1	2	3	4	5	6	7	8	9	10	11	12	13	14	15
Sch	e	s	w	A	R	ei	n	m	a	L	d	e	r	r	eu
Korr															äu
	16	17	18	19	20	21	22	23	24	25	26	27	28	29	
Sch	b	er	H	o	z	e	n	p	l	o	tz	d	e	r	
Korr					tz										
	30	31	32	33	34	35	36	37	38	39	40	41	42	43	
Sch	k	l	au	t	e	w	a	s	i	m	i	n	d	ei	
Korr									ih					ie	
	44	45	46	47	48	49	50	51	52	53	54	55	56	57	
Sch	F	i	ng	er	k	a	m	au	ch	k	a	s	b	er	
Korr													p		
	58	59	60	61	62	63	64	65	66	66	67	68	69	70	71
Sch	u	n	d	S	e	b	e	l	l	i	s	e	r	n	i
Korr						pp				ie	ß				
	73	74	75	76	77	78	79	80							
Sch	s	t	i	n	R	u	-	e							
Korr	ch					h									

4. Zuordnung der 10 fehlerhaften Grapheme zu den Fehlerkategorien der OLFA bzw. der AFRA

Graphem	Korrektur	OLFA (1-2)	AFRA
15	äu	eu für äu (47, III)	VA: Vokalische Ableitung
20	tz	Einfachschreibung für Konsonantenverdopplung (42 / III)	KVd+: Kurze Vokale mit Kennzeichnung (Mehrheit) werden fälschlicherweise nicht mit Doppelkonsonant geschrieben
38	ih	i für ie bei langem i (59/III)	LI: Langes i: Fehlschreibung des <ih> als i (passt nicht genau, weil <ih> Schreibungen auch Minderheitenschreibungen sind
43	ie	Vertauschung <ei> und <ie>?	BF: Buchstabenform (Zeichenspiegelung: ei – ie)
56	p	b für p (48, III),	GA: Stimmhafter statt stimmloser Plosiv

10 Lösungen der Übungsaufgaben

Gra-phem	Korrek-tur	OLFA (1-2)	AFRA
63	pp	b für p (48, III), Einfachschreibung für Konsonantenverdopplung (42 / III)	GA: Stimmhafter statt stimmloser Plosiv; KVd+: Kurze Vokale mit Kennzeichnung (Mehrheit) werden fälschlicherweise nicht mit Doppelkonsonant geschrieben
66	ie	i für ie bei langem i (59/III)	LI: Langes i: Fehlschreibung des <ie> als i
67	ß	s für ß (46, III)	SG- (ß)
73	ch	Falscher Konsonant (73, I)	SG+ (ch)
79	h	Nichtmarkierung vokalischer Länge	Silbentrennendes h

5. Dominante Strategie im Schriftspracherwerb ist die alphabetische, insofern außer bei der Verwechslung von stimmhaften und stimmlosen Plosiven, die Thomé in der OLFA2 als nicht so gravierend wertet (Stufe III), und beim <ch> die Basisgrapheme verschriftet werden. Fehler beim <ie> und bei Vokalkürzemarkierungen (5), der ß- und äu-Schreibung betreffen Orthographeme, entsprechen also der alphabetischen Strategie.

Zusätzlich zur reinen Fehleranalyse deuten auch die richtigen -er-Schreibungen und die Diphthongschreibung <ei> auf eine große Sicherheit in der alphabetischen Strategie hin. Das bereits realisierte <d> in ›und‹ belegt noch keine morphematische Strategie, da es sich hier um ein Sichtwort handelt.

Lösungen zu Kapitel 6.3

1. Textanalyse Vokalschreibungen

	korrekt	abweichend
kurzes, ungespanntes [ɔ]	–	Fruch, vun,
Langes, gespanntes [o:]	–	ge fluen (geflogen)
Kurzes, ungespanntes [ʊ]	Juge (Junge), gekut (geguckt)	–
Langes, gespanntes [u:]	Schue (Schuhe), zu, geune (gerufen),	–

Die Vokalschreibung <u> wird auf alle gerundeten Vokale übertragen.

10 Lösungen der Übungsaufgaben

2. Fehlersystematik am Beispiel Türkisch

	Beschreibung des Fehlers	Erklärung des Fehlers
\<şaybe> statt \<Scheibe>	Übertragung von Graphemen der Erstsprache auf dieselben Laute in der Zweitsprache	Graphematische Interferenz
\<schüpüllen> statt \<spülen>	Vokalepenthese (Einsetzung) bei einem Konsonantencluster im Onset in Analogie zur Erstsprache, dabei Beachtung der Vokalharmonie	Phonologische Interferenz

3. H-Syndrom:
   a) Einordnung der h-Schreibungen

h- Anlaut korrekt geschrieben	h- Anlaut ohne h geschrieben	Glottisverschluss korrekt nicht geschrieben	Glottisverschluss mit h geschrieben
hatte	abe, unger, zuause	ich, am, es, also, aus, er (4x), und (2x), auch, auf	Honkel herlbt

   b) Schreibung ohne h: Der Schüler kann deutsche Wörter mit [h] nicht von vokalischen Anlauten (Anlauten mit Glottisverschluss: [ʔ]) unterscheiden. Schreibung mit h: Es handelt sich um Übergeneralisierungen. Da ein [h] stehen könnte, wird es vom Kind in der Schrift ergänzt. Die Frage, wie ein Wort geschrieben werden muss, das in der Wahrnehmung des Kindes vokalisch anlautet, wird zu einem Ratespiel.
   c) Didaktische Hilfen:
   Phonologische Kontrolle: Veranschaulichung des h-Lautes [h] mit einer brennenden Kerze.
   Grammatische Kontrolle könnte den Erwerb der deutschen Schreibung erleichtern: alle Formen des Verbs \<haben> haben ein [h], das Präfix er- bei Verben wird immer ohne [h] geschrieben: \<erleben> geht wie \<erzählen>, \<erkunden>, \<ergreifen>.

4. Auslautverhärtung Russisch und Türkisch

	Türkisch	Russisch
Verlängerte Form	kulübü (»den Club«, AKK.)	chleba (хлеба) »des Brotes«, GEN.)
Grundform	kulüp	chleb (хлеб)

Obwohl in beiden Grundformen ein [p] am Ende artikuliert wird, wird im Russischen wegen der zweisilbigen Form auch in der Grundform ein \<b> \<б> geschrieben.

Lösungen zu Kapitel 7.4

Analyse einer Fibel-Doppelseite:

1. Situative Einbettung
   a) motivierend, da um einen Konflikt herum aufgebaut; plausible Charaktere mit Alltagsbezug;
   b) Sprechen über Murmelspiele (möglichst nah an einen Gegenstand heranwerfen);
   c) Sprechen über die Gründe Romans, zu klauen;
   d) Sie holen Roman ein und...
      → stellen ihn zur Rede, er sieht es ein
      → nehmen ihm im Streit die Murmel wieder ab
      → lassen ihn mitspielen...
2. Phonem-Graphem-Korrespondenz:

r-Lautungen	prominente Silbe	Reduktionssilbe
[R, ʁ] im Onset (Anfangsrand)	Roller, Roman, rasch, rennen, rote, rollt, rast, ruft	(Lehrer, Zauberer)
Vokalisiertes r (Coda) [ɐ]	hinterher, sofort, fort, Alarm, Murmel, er, → .CVɐ (C)	Roller, hinterher, unter, aber, einer → .Cɐ

3. Es wird nur die frikative Variante [ʁ] als normale Aussprache des <r> thematisiert.
   Mithilfe der silbenanalytischen Methode (Häuschen) könnte den Kindern die andere Aussprache des <r> in der Silbencoda veranschaulicht werden.
4. Die Vorschläge für den Unterricht sind nicht konsistent, da aus dem ›Nichthören‹ des r‹ keine weiteren Schlüsse gezogen werden.

Anlauttabelle:

1. Generelle Gesichtspunkte
   a) Die Vokale als Silbenkönige sind klar vom Rest der Konsonanten abgegrenzt.
   Das zweite und dritte Konsonantenfeld umfasst die Konsonanten, die aus einzelnen Buchstaben bestehen (außer <X>, <ß>, <j> und <C>).
   b) Die Gegenüberstellung von stimmhaften und stimmlosen Plosiven/Frikativen und Sonoranten ist nicht durchgehalten, vielmehr werden im zweiten Feld stimmhafte Plosive, stimmhafte Frikative, Nasale und Laterale (alle stimmhaft) mit dem stimmlosen <h> kombiniert.
   c) Klarheit des Bildes,
   Zielwort Teil des kindlichen Wortschatzes: »Überraschungs-Ei« und »Yak« sind keine Wörter des kindl. Wortschatzes, ebenso ist bei »Cent« die Ver-

knüpfung von Wort und Phonem nicht ganz eindeutig ([sɛnt] oder [tsɛnt]?),
Gute Hörbarkeit des gesuchten Phonems im Anlaut; trifft weitgehend zu; einige Laute werden (mithilfe eines Strichs vor dem Buchstaben) als Binnenlaute präsentiert: <ck>, <tz> (Schärfung), <ie>, <ß> (nach Dehnung), -ch, -ng im Silbenauslaut oder Silbengelenk.
2. Orthographeme für [ʃ] im Anlaut: sp / st;
Orthographeme für [k] <ck>, [ts] <tz> (Schärfung);
Kontextbedingte Variante: <n> für [ŋ] vor velarem Plosiv (Schrank);
Fremdwortgrapheme: <c>, <x>;
<v> mit mehrfachen Funktionen: Fremdwörter und morphologische Markierung
3. Basisgrapheme sind <j>, <sch>, <ch> und <ng>, sowie <pf>, <qu> (Konsonantenverbindungen im Anlaut): es gibt keinen systematischen Grund, diese vom Rest der Konsonanten zu trennen.
4. Das Igelsyndrom wurde durch die Einführung des Riesen für -ie abgemildert; der Igel steht oben aber immer noch zusammen mit der Insel.
Weiterhin ist <ä> in Äpfel ein Orthographem und stellt lautlich eine Dublette zu <Ente> dar. Ebenfalls als Orthographem unnötig in der oberen Tabelle ist <äu>.

Lösungen zu Kapitel 8.3

1. Problem 1: Die r-Vokalisierung am Ende der ersten Silbe (<ir>); Problem 2: die Auslautspirantisierung (<ich>), die analog zu <König> auch als <ig> geschrieben werden könnte.
2. Anna möchte das 2. Problem lösen. Die Lehrerin hilft ihr, indem sie die Verlängerungsprobe durchführt und dabei die Pluralbildung des Wortes festigt. Nun kann Anna daraus die korrekte Schreibung <ch> im Auslaut ableiten.
3. Annas Reaktion auf die Demonstration der Lehrerin »mit [ʔɪç] also« (21) stellt eine selbständig gezogene Schlussfolgerung auf die korrekte Schreibung dar.
4. Esra möchte das Problem der r-Vokalisierung lösen. Sie schreibt für den öffnenden Diphthong aber nur <e>. Anna demonstriert ihr, dass das Wort so nicht richtig ist. Esra glaubt aber, es korrekt geschrieben zu haben. Im Zuge von Annas Korrektur probiert sie weiter Lautierungen des öffnenden Diphthongs aus, bis sie schließlich <ä> als Lösung wählt.
5. Esra meint damit, dass nach dem <i> in <Pfirsich> ein <ä> geschrieben werden muss, um den öffnenden Diphthong abzubilden.
6. Die Lehrerin und Anna beschäftigen sich nach Annas erster Korrektur (<Pfirsig>) nur noch mit dem Problem des Auslauts. Esras Bemühungen um ein Verständnis der r-Schreibung (und auch Äußerung 22) werden nicht mehr aufgegriffen.

Literaturverzeichnis

Adorno, T. W. (2015). *Einführung in die Dialektik*. Berlin: suhrkamp.
Amtliche Regelung der deutschen Rechtschreibung, die (2020). In: Duden. *Die deutsche Rechtschreibung: Das umfassende Standardwerk auf der Grundlage der aktuellen amtlichen Regeln* (28. Auflage, S. 1161–1216). Mannheim: Dudenverlag.
Aristoteles (2015). Hermeneutik. *Peri Hermeneias. Griechisch – Deutsch* (herausgegeben, übersetzt u. erläutert v. H. Weidemann). Berlin/Boston: de Gruyter.
Auer, P. (2013). Ethnische Marker im Deutschen zwischen Varietät und Stil. In A. Deppermann (Hrsg.), *Das Deutsch der Migranten. Institut für Deutsche Sprache Jahrbuch 2012* (9–40). Berlin/Boston: Walter de Gruyter.
Augst, G., Disselhoff, K., Henrich, A., Pohl, T. & Völzing, P-L. (2009). *Textsortenkompetenz. Eine echte Longitudinalstudie zur Entwicklung der Textkompetenz im Grundschulalter*. Frankfurt, Berlin, Bern: Peter Lang.
Baumann, A. (2022). Aktuelle Tendenzen in Grundschullehrplänen und aktuellen ministeriellen Handreichungen zum Thema Orthographie und Orthographiedidaktik. In C. Röber & H. Olfert (Hrsg.), *Schriftsprach- und Orthographieerwerb: Erstlesen, Erstschreiben* (374–402). Baltmannsweiler: Schneider Verlag Hohengehren.
Baurmann, J. & Menzel, W. (1994). *Die Fibel. Fibel / Lehrerkommentar*. Braunschweig: Westermann.
Becker, T. (2011). *Kinder lernen erzählen. Zur Entwicklung der narrativen Fähigkeiten von Kindern unter Berücksichtigung der Erzählform* (3. korr. Aufl.). Baltmannsweiler: Schneider Verlag Hohengehren.
Becker, T. (2014). Sprachliches und literarisches Lernen in Bilderbüchern. In U. Abraham & J. Knopf (Hrsg.), *Bilderbücher. Band 1 Theorie* (164–174). Baltmannsweiler: Schneider Verlag Hohengehren.
Becker-Mrotzek, M. (2018). Was sind eigentlich Sprache und Schrift? Erwerbsgegenstand gesprochene und geschriebene Sprache. In C. Titz, S. Geyer, A. Ropeter, H. Wagner, S. Weber & M. Hasselhorn (Hrsg.), *Konzepte zur Sprach- und Schriftsprachförderung entwickeln* (34–52). Stuttgart: Kohlhammer.
Beier, B. et al. (2014). Niko 1. Stuttgart: Ernst-Klett.
Belke, G. (2003): *Mehrsprachigkeit im Deutschunterricht: Sprachspiele, Spracherwerb und Sprachvermittlung*. Baltmannsweiler: Schneider Verlag Hohengehren.
Berkemeier, A. (1997). *Kognitive Prozesse beim Zweitschrifterwerb. Zweitalphabetisierung griechisch-deutsch-bilingualer Kinder im Deutschen*. Frankfurt: Peter Lang (Dissertation).
Blatt, I., Voss, A., Kowalski, K. & Jarsinski, S. (2011). Messung von Rechtschreibleistung und empirische Kompetenzmodellierung, in: U. Bredel & T. Reißig (Hrsg.), *Weiterführender Orthographieerwerb* (226-256). Baltmannsweiler: Schneider Verlag Hohengehren.
Bock, M., Hagenschneider, K. & Schweer, A. (1989). Zur Funktion der Groß- und Kleinschreibung beim Lesen deutscher, englischer und niederländischer Texte. In P. Eisenberg & H. Günther (Hrsg.), *Schriftsystem und Orthographie* (23-55). Tübingen: Niemeyer
Böhm, M. & Mehlem, U. (2016). Mehr Zeit für die Schrift. Anmerkungen zur Rechtschreibdidaktik aus linguistischer und historischer Sicht. In N. Kruse & A. Reichardt (Hrsg.), *Wie viel Rechtschreibung brauchen Grundschüler?* (111–131). Berlin: Erich Schmidt Verlag.
Böhm, M. & Mehlem, U. (2016b). Didaktische und fachliche Fundierung: Kein Widerspruch. In N. Kruse & A. Reichardt (Hrsg.), *Wie viel Rechtschreibung brauchen Grundschüler?* (179–188). Berlin: Erich Schmidt Verlag.

Böhme, K., Bremerich-Vos, A. (2009). Diagnostik der Rechtschreibkompetenz in der Grundschule – Konstruktionsprüfung mittels Fehler- und Dimensionsanalysen. In D. Granzer, O. Köller, A. Bremerich-Vos, M. van den Heuvel-Panhuizen, K. Reiss & G. Walther. (Hrsg.), *Bildungsstandards Deutsch und Mathematik. Leistungsmessung in der Grundschule* (330–356). Weinheim: Beltz.

Böttger, K. (2008). *Die häufigsten Fehler russischer Deutschlerner. Ein Handbuch für Lehrende.* Münster: Waxmann.

Bredel, U. (2010). Der Schrift vertrauen. Wie Wörter und ihre Strukturen entdeckt werden können. *Praxis Deutsch, 221,* 14–21.

Bredel, U. (2011). Merksätze – Die Relation zwischen orthographischem Können und orthographischem Wissen. In U. Bredel & T. Reißig (Hrsg.), *Weiterführender Orthographieerwerb* (409–421). Baltmannsweiler: Schneider Verlag Hohengehren.

Bredel, U., Fuhrhop, N. & Noack, C. (2017). *Wie Kinder lesen und schreiben lernen* (2. Auflage). Berlin: Francke.

Bredow, R. v. & Hackenbroch, V. (2013). Die Neue Schlechtschreibung. *Der SPIEGEL, 25,* 96–104.

Breidenstein, G. & Rademacher, S. (2017). *Individualisierung und Kontrolle. Empirische Studien zum geöffneten Unterricht in der Grundschule.* Wiesbaden: Springer

Brinkmann, E. (2000). Vier Säulen des Rechtschreibunterrichts als Organisations- und Strukturierungshilfe im Deutschunterricht. In R. Valtin (Hrsg.), *Rechtschreiben lernen in den Klassen 1–6. Grundlagen und didaktische Hilfen* (59–63). Frankfurt: Grundschulverband.

Brinkmann, E. & Brügelmann, H. (o. J.). Die didaktische Landkarte zum Lesen- und Schreibenlernen. Online abrufbar unter: www.erika-brinkmann.de/daten/ppt/didaktische _landkarte.pdf (Zugriff am 4.9.2023)

Brügelmann, H. (1983): *Kinder auf dem Weg zur Schrift.* Lengwil: Libelle.

Brügelmann, H., Hengartner, E. & Reichen, J. (1994). Richtig schreiben durch freies Schreiben? In: Brügelmann, H. & Richter, S. (Hrsg.), *Wie wir recht schreiben lernen. Zehn Jahre Kinder auf dem Weg zur Schrift* (135–148). Lengwil: Libelle.

Brügelmann, H. & Brinkmann, E. (2001). *Die Schrift erfinden.* Lengwil: Libelle.

Brügelmann, H. & Brinkmann, E. (2021). *Wie hilfreich ist es für die Schreibentwicklung der Kinder tatsächlich, die Einführung in die Schriftsprache strikt silbenanalytisch auszurichten?* URN: urn:nbn:de:0111-pedocs-220435. https://doi.org/10.25656/01:22043

Brooker, L. (2012). ›Five on the First of December‹. What can we learn from Case Studies of Early Childhood Literacy. In K. Pahl & J. Roswell (Hrsg.), *Early Childhood Literacy Bd. 1.* London: Sage (3–22).

Bruhn, K., Einmacher-Rasczek, R., Gudat-Vasak, S., Hinze, G., Müller, S., Reinker, D. (2014). *Bausteine-Fibel 1.* Braunschweig: Diesterweg.

Bulut, N. (2018). *Individuelle Rechtschreibentwicklung. Eine Längsschnittuntersuchung zur Bedeutung von Einflussfaktoren auf die Wortschreibung.* Baltmannsweiler: Schneider Verlag Hohengehren.

Burger, H., Luginbühl, M. (2014). *Mediensprache. Eine Einführung in Sprache und Kommunikationsformen der Massenmedien* (4., korrigierte und aktualisierte Auflage). Berlin/Boston: de Gruyter

Caspe, M. (2009). Low-income Latino Mothers' Booksharing Styles and Children's Emergent Literacy Development. *Early Childhood Quarterly 24 (3),* 306–324.

Chafe, W. (1994). *Discourse, Consciousness, and Time. The Flow and Displacement of Conscious Experience in Speaking and Writing.* Chicago: Chicago University Press.

Chudaske, J. (2012): *Sprache, Migration und schulfachliche Leistung.* Wiesbaden: Verlag für Sozialwissenschaften.

Coltheart, M. *(1978).* Lexical access in simple reading tasks. In G. Underwood (Hrsg.), *Strategies of Information Processing* (151-216). San Diego, CA: Academic Press.

Corvacho del Toro, I. (2021). Zweitalphabetisierung Deutsch-Spanisch bilingualer Kinder. In E. Hack-Cengizalp & I. Corvacho del Toro (Hrsg.), *Literalität und Mehrsprachigkeit* (91–110). Bielefeld: wbv media.

Corvacho del Toro, I. & Mehlem, U. (2019). *Lernpakete zur Wochenplanarbeit.* Goethe-Universität Frankfurt: LEVEL (Lehrerbildung vernetzt entwickeln).
Corvacho del Toro, I. & Mehlem, U. (2020). Modul 1b: Alphabetisierung und Schriftspracherwerb. In: D. Elsner et al.: *Mehrsprachigkeit und kulturelle Vielfalt im (Fremd) sprachenunterricht.* Skript zur Fortbildung: Goethe-Universität Frankfurt.
Dahmen, S. & Weth, C. (2018). *Phonetik, Phonologie und Schrift.* Paderborn: UTB.
Dathe, G. (1965): *Einführung in die Methodik des Erstleseunterrichts.* Berlin: Verlag Volk und Wissen.
Dehn, M. & Hüttis-Graff, P. (2000). Wie Kinder Schriftsprache erlernen. Ergebnisse aus Langzeitstudien. In R. Valtin (Hrsg.), *Rechtschreiben lernen in den Klassen 1–6. Grundlagen und didaktische Hilfen* (23–32). Frankfurt: Grundschulverband.
Dehn, M. (2006): *Zeit für die Schrift. Lesen lernen und schreiben können* (Neubearbeitung und Erweiterung der 4. Auflage) Bd. I und II. Berlin: Cornelsen Scriptor.
Dewey, J. (2011). *Demokratie und Erziehung. Eine Einleitung in die philosophische Pädagogik* (herausgeg. v. J. Oelkers, 5. Auflage). Weinheim: Beltz.
Donth-Schäffler, C., Hundertmark, G., Kollatz-Block, S., Kühn, U. & Werner, S. (2008). *Piri 1 Silbenfibel / Lehrerband zur Silbenfibel mit CD-Rom und Audio CD.* Stuttgart/Lepzig: Ernst Klett.
Duden (2015). *Das Aussprachewörterbuch: Betonung und Aussprache von über 132.000 Wörtern und Namen* (7. Auflage). Mannheim: Dudenverlag.
Duden (2020). *Die deutsche Rechtschreibung: Das umfassende Standardwerk auf der Grundlage der aktuellen amtlichen Regeln* (28. Auflage). Mannheim: Dudenverlag.
Duden-Fibel (2006a): Carstens, B./Hanselmann, T./Hein-Schmidt, E./Herold, A./Lutter, K./Mathießen, I./Nohl, C.: *Duden-Fibel* Mannheim: Duden Schulbuchverlag.
Duden-Fibel (2006b): *Lehrerkommentar.* Mannheim: Duden Schulbuchverlag.
Duden-Sprachbuch: Günther, H., Buchholz, B., Eichhoff, H., Feller, G., Helfrich, B. Kuhrt, E., Scheuer, S. & Schoning-Grunert, A. (2009). *Duden-Sprachbuch 2.* Mannheim: Duden Schulbuchverlag.
Dürscheid, C. (2000). *Einführung in die Schriftlinguistik* (2. Aufl.). Wiesbaden: Verlag für Sozialwissenschaften.
Ehlich, K. (1983). Text und sprachliches Handeln. Die Entstehung von Texten aus dem Bedürfnis nach Überlieferung. In A. Assman, J. Assmann & C. Hartmeier (Hrsg.), *Schrift und Gedächtnis.* (24–43). München: Fink.
Ehlich, K., Bredel, U. & Reich, H. (Hrsg.) (2008): *Referenzrahmen zur altersspezifischen Sprachaneignung.* Bonn/Berlin: BMBF. Bildungsforschung Band 29/I +II.
Eichler, W. (1986): Zu Uta Frith's Dreiphasenmodell des Lesen- und Schreiben Lernens. Oder: Lassen sich verschiedene Modelle des Schriftspracherwerbs aufeinander beziehen und weiter entwickeln? In G. Augst (Hrsg.), *New Trends in Graphematics and Orthography* (234–248). Berlin, New York: de Gruyter.
Einsiedler, W., & Hardy, I. (2010). Kognitive Strukturierung im Unterricht: Einführung und Begriffsklärungen. *Unterrichtswissenschaft, 38,* 194–209.
Eisenberg, P. (1997). Die besondere Kennzeichnung der kurzen Vokale – Vergleich und Bewertung der Neuregelung, in: Augst, G. (Hrsg.): *Zur Neuregelung der deutschen Orthographie. Begründung und Kritik.* Tübingen: Max Niemeyer, S. 322-335.
Eisenberg, P. (2000). Grundriss der deutschen Grammatik. Das Wort. Stuttgart, Weimar: Verlag J.B. Metzler.
Fay, J. (2022). Möglichkeiten und Grenzen des Freien Schreibens für den Rechtschreiberwerb. In: C. Röber & H. Olfert (Hrsg.), *Schriftsprach- und Orthographieerwerb: Erstlesen, Erstschreiben* (2., überarbeitete und erweiterte Auflage, 433–448). Baltmannsweiler: Schneider Verlag Hohengehren.
Feilke, H. (2016). Literale Praktiken und literale Kompetenz. In A. Deppermann, H. Feilke & A. Linke (Hrsg.), *Sprachliche und kommunikative Praktiken* (253-277). Berlin, Boston: de Gruyter.
Feuer, J. u. a (1961): *Begleitschrift zur Fibel Lesen und Lernen.* Berlin: Verlag Volk und Wissen.

Frahm, S. & Blatt, I. (2011). Rechtschreibtests. In U. Bredel & T. Reißig (Hrsg.), *Weiterführender Orthographieerwerb* (546–567). Baltmannsweiler: Schneider Verlag Hohengehren.
Frith, U. (1985). Beneath the surface of developmental dyslexia. In: K. E. Patterson, J. C. Marshal & M. Coltheart (Hrsg.) *Surface Dyslexia* (301-330). London: Erlbaum Associates.
Fry, E. (2004). Phonics: A Large Phoneme – Grapheme Frequency Count Revised. *Journal of Literacy Research 36 (1), 85-98.*
Fuhrhop, N. (2009). *Orthographie (3. aktualisierte Auflage).* Heidelberg: Universitätsverlag Winter.
Funke, R. (2014): Erstunterricht nach der Methode »Lesen durch Schreiben« und Ergebnisse schriftsprachlichen Lernens – Eine metaanalytische Bestandsaufnahme. *Didaktik Deutsch 19, 36,* 21–41.
Gagarina, N. (2014). Das Russische und das Ukrainische. In M. Krifka, J. Błaszczak, A. Leßmöllmann, A. Meinunger, B. Stiebels, R. Tracy & H. Truckenbrodt (Hrsg.), *Das mehrsprachige Klassenzimmer. Über die Muttersprachen unserer Schüler.* Wiesbaden: Springer.
Gansberg, F. (1906): Bei uns zuhaus – Eine Fibel für kleine Stadtleute. Leipzig: Voigtländer.
Gogolin, I. & Lange, I. (2011). Bildungssprache und Durchgängige Sprachbildung. In S. Fürstenau & M. Gomolla (Hrsg.), *Migration und schulischer Wandel: Mehrsprachigkeit* (107–127). Wiesbaden: VS-Verlag.
Gold, A., Behrendt, S., Lauer-Schmaltz, M. & Rosebrock, C. (2013): Förderung der Leseflüssigkeit in dritten Grundschulklassen. In C. Rosebrock, & A. Bertschi-Kaufmann (Hrsg.), *Literalität erfassen: bildungspolitisch, kulturell, individuell* (203–218) Weinheim & Basel: Beltz Juventa.
Gough, P. B. & Tunmer, W. E. (1986). Decoding, Reading and Reading Disability. *Remedial and Social Education 7,* 6-10.
Hackbarth, A., Mehlem, U. (2019): Aufgabenstruktur, Wissen und Interaktion. Schreiben mit der Anlauttabelle in heterogenen Lerngruppen. *Zeitschrift für Grundschulforschung. 12 (1),* 33–47.
Hahn. U. (2003). *Das Verborgene Wort.* München: dtb.
Hanisch, A.-K. (2018). *Kognitive Aktivierung im Rechtschreibunterricht. Eine Interventionsstudie in der Grundschule.* Münster: Waxmann.
Hardy, I., Hertel, S., Kunter, M., Klieme, E., Warwas, J., Büttner, G., Lühken, A. (2011). Adaptive Lerngelegenheiten in der Grundschule. Merkmale, methodisch-didaktische Schwerpunktsetzungen und erforderliche Lehrerkompetenzen. *Zeitschrift f. Pädagogik 57, (6),* 819-833.
Hattie, J. (2009). *Visible learning: A synthesis of over 800 meta-analyses relating to achievement.* London & New York: Routledge.
Helmke, A. & Weinert, F. (1997). Unterrichtsqualität und Leistungsentwicklung. Ergebnisse aus dem SCHOLASTIK-Projekt. In F. Weinert, A. Helmke (Hrsg.), *Entwicklung im Grundschulalter* (241–251). Weinheim: Beltz.
Herff, I. M. (1993). *Die Gestaltung des Leselernprozesses als elementare Aufgabe der Grundschule – neuere Entwicklungen und gegenwärtige Situation an den Grundschulen des Regierungsbezirks Köln – ein Beitrag zur grundschulbezogenen Tatsachenforschung.* Köln: Universität (Dissertation).
Herné, K-L. (2003). Rechtschreibtests. In U. Bredel, H. Günther & J. Ossner (Hrsg,), *Didaktik der Deutschen Sprache, Bd. II,* (883–897). Paderborn: UTB.
Herné, K-L. & Naumann, C. L. (2002). *Aachener Förderdiagnostische Rechtschreibfehleranalyse* (AFRA Version 4). Aachen: Alfa Zentaurus.
Hess, M., Denn, A-K., Kirschhock, E-M., Lorenz-Krause, A. & Lipowsky, F. (2020). Effekte der Konzeption »Lesen durch Schreiben« auf verschiedene Teilbereiche lauttreuer und orthografischer Verschriftung in der Mitte des ersten Schuljahres. *Zeitschrift für Grundschulforschung 13,* 317–337.
Hinnrichs, J. (2013). *Fara und Fu 1.* Braunschweig: Schroedel.
Hornberger, N. (2003): Continua of Biliteracy. In N. Hornberger (Hrsg.), *Continua of Biliteracy. An ecological framework for Educational Policy, Research, and Practice in Multilingual Settings* (3–34). Clevedon et al.: Multilingual Matters.

Hornberger, N. & Skilton-Sylvester, E. (2003): Revisiting the Continua of Biliteracy: International and Critical Perspectives. In N. Hornberger (Hrsg.), *Continua of Biliteracy. An ecological framework for Educational Policy, Research, and Practice in Multilingual Settings* (35–67). Clevedon et al.: Multilingual Matters.
Humboldt, W. v. (1981). *Werke in fünf Bänden* (herausgegeben von A. Flitner und K. Giel). Darmstadt: Wissenschaftliche Buchgesellschaft.
Jaeuthe, J., Lambrecht, J., Bosse, S., Bogda, K. & Spörer, N. (2020). Entwicklung der Rechtschreibkompetenz im zweiten und dritten Schuljahr: Eine latente Transitionsanalyse zur Überprüfung theoretischer Annahmen. *Zeitschrift für Erziehungswissenschaft 23*, 823–846.
Jeuk, S., Sinemus, A. & Strozyk, K. (2015). *Der die das – Sprache uns Lesen 2*. Berlin: Cornelsen.
Ivo, H. (1999): *Deutschdidaktik. Die Sprachlichkeit des Menschen als Bildungsaufgabe in der Zeit*. Baltmannsweiler: Schneider Verlag Hohengehren.
Karibu-Fibel (2009). *Mit der Silbe im Gepäck*. Braunschweig: Westermann.
Knapp, W. (1997). *Schriftliches Erzählen in der Zweitsprache*. Tübingen: Niemeyer.
Knapp, Werner (1999): Verdeckte Sprachschwierigkeiten. *Zeitschrift Grundschule 5*, 30–33.
Koch, P. & Oesterreicher, W. (1985), Sprache der Nähe – Sprache der Distanz. Mündlichkeit und Schriftlichkeit im Spannungsfeld von Sprachtheorie und Sprachgeschichte. In *Romanistisches Jahrbuch 36*, 15–43.
Kohler, K. J. (2022). Die Alphabetschrift. Prinzipien der Verschriftung – Schrifterwerb – Erfolgskontrollen. In C. Röber & H. Olfert (Hrsg.), *Schriftsprach- und Orthographieerwerb: Erstlesen, Erstschreiben* (2., überarbeitete u. erweiterte Auflage, 470–487). Baltmannsweiler: Schneider Verlag Hohengehren.
Krifka, M., Błaszczak, J., Leßmöllmann, A., Meinunger, A., Stiebels, B., Tracy, R. & Truckenbrodt, H. (Hrsg.) (2014). *Das mehrsprachige Klassenzimmer. Über die Muttersprachen unserer Schüler*. Wiesbaden: Springer.
Kuhl, T. (2020). *Rechtschreibung in der Grundschule. Eine empirische Untersuchung der Auswirkungen verschiedener Unterrichtsmethoden*. Wiesbaden: Springer VS (Dissertation).
Kuhn, K. (2005). *ABC der Tiere. Die Silbenfibel*. Offenburg: Mildenberger.
Kultusministerkonferenz (KMK), Universität Duisburg-Essen, Institut zur Qualitätsentwicklung im Bildungswesen (IQB) (Hrsg.) (2013). *Kompetenzstufenmodell zu den Bildungsstandards für das Fach Deutsch im Kompetenzbereich »Schreiben«, Teilbereich »Rechtschreibung« – Primarbereich*. o. O.
Küspert, P. & Schneider, W. (1999): *Hören, lauschen, lernen: Sprachspiele für Kinder im Vorschulalter. Würzburger Trainingsprogramm zur Vorbereitung auf den Erwerb der Schriftsprache*. Göttingen: Vandenhoeck & Ruprecht.
Lehker, M. (2010). *Flüssig lesen lernen mit Speedy. Aufbau und Sicherung der Lesekompetenz mit Silben- und Wörterteppichen*. Augsburg: Brigg.
Lenhard, W. & Schneider, W. (2006). *ELFE 1–6. Ein Leseverständnistest für Erst- bis Sechstklässler*. Göttingen: Hogrefe.
Lenhard, W., Lenhard, A. & Schneider, W. (2017). *ELFE II. Ein Leseverständnistest für Erst- bis Siebtklässler*. Göttingen: Hogrefe.
Lenhard, W. (2013). *Leseverständnis und Lesekompetenz. Grundlagen – Diagnostik – Förderung*. Stuttgart: Kohlhammer.
Lehrl, S., Ebert, S., Roßbach, H.-G. & Weinert, S. (2012): Die Bedeutung der familiären Lernumwelt für Vorläufer schriftsprachlicher Kompetenzen im Vorschulalter. *Zeitschrift für Familienforschung 24 (2)*, 115–133.
Leßmann, B. (2016). Rechtschreibung im Haus des Lernens. In N. Kruse & A. Reichardt (Hrsg.), *Wie viel Rechtschreibung brauchen Grundschüler?* (21–37). Berlin: Erich Schmidt Verlag.
Lingnau, B. & Mehlem, U. (2012): Interaktive Entstehung von Wortschreibungen mehrsprachiger Kinder im ersten Schuljahr. In W. Grießhaber & Z. Kalkavan (Hrsg.), *Orthographie- und Schriftspracherwerb bei mehrsprachigen Kindern* (143–161). Freiburg im Breisgau: Fillibach.
Lutz, H., Schmidt, M., Stoiber, P. & Krowatschek, D. (2009): *Marburger Leseambulanz – … und alle Kinder lernen lesen!* Marburg: AOL-Verlag.

Maas, U. (1986). Die Schrift ist ein Zeichen für das, was in dem Gesprochenen ist. Zur Frühgeschichte der sprachwissenschaftlichen Schriftauffassung. *Kodikas / Code 9*, 247–292.
Maas, U. (1992). *Grundzüge der deutschen Orthographie*. Tübingen: Niemeyer.
Maas, U. (2008). *Sprache und Sprachen in der Migrationsgesellschaft. Die schriftkulturelle Dimension*. Göttingen: V & R unipress.
Maas, U. & Mehlem, U. (2003). *Schriftkulturelle Ressourcen und Barrieren bei marokkanischen Kindern in Deutschland* (unveröff. Manuskript). Osnabrück: IMIS.
Martschinke, S., Kirschhock, E-M. & Frank, A. (2004): *Diagnose und Förderung im Schriftspracherwerb. Der Rundgang durch Hörhausen* (3. Aufl.). Donauwörth: Auer.
Marx, H. (2000). Knuspels Leseaufgaben: Theorie, Umsetzung und Überprüfung. In M. Hasselhorn, W. Schneider, H. Marx (Hrsg.), *Diagnostik von Lese-Rechtschreib-Schwierigkeiten*. Göttingen: Hogrefe.
May, P. (2002). HSP 1–9. Diagnose orthographischer Kompetenz. Zur Erfassung der grundlegenden Rechtschreibstrategien. Handbuch (6., aktualisierte u. erweiterte Auflage). Hamburg: Vpm.
May, P. (2008). Diagnose der orthographischen Kompetenz – von der HSP zur DSP. In W. Schneider, H. Marx, & M. Hasselhorn (Hrsg.), *Diagnostik von Rechtschreibleistungen und Kompetenz* (93–127). Göttingen: Hofgrefe.
May, P. (2012). *Hamburger Schreib-Probe. Neustandardisierung 2012*. Stuttgart: Verlag für pädagogische Medien im Ernst-Klett-Verlag.
Mead, G. H. (2013). *Geist, Identität und Gesellschaft* (17. Auflage). Frankfurt: suhrkamp.
Mehlem, U. (2008). *Einführung in die Sprachvermittlung*. Unveröff. Skript zur Vorlesung: Universität Bielefeld.
Mehlem, U. (2010): Schreibanlässe und Schreibprozesse in der Grundschule – wie anschlussfähig für Migrantenkinder? In U. Mehlem & S. Sahel (Hrsg.), *Erwerb schriftsprachlicher Kompetenzen im DaZ-Kontext. Diagnose und Förderung* (133–160). Freiburg: Fillibach.
Mehlem, U. (2013): Literate und narrative Textgestaltung in der Zweitsprache zwischen Mündlichkeit ndlichkeit und Schriftlichkeit – Grundschüler türkischer Herkunftssprache erzählen einen Stummfilm auf Deutsch. In A. Deppermann (Hrsg.), *Das Deutsch der Migranten. Institut für Deutsche Sprache Jahrbuch 2012* (339–367). Berlin/Boston: de Gruyter.
Mehlem, U. (2018). Ideologies of Language in the German Educational Reform Movement at the End of the Long Nineteenth Century. In C. Weth & K. Juffermans (Hrsg.), *Tyranny of Writing. Ideologies of the Written Word* (81–97). London: Bloomsbury Academic.
Mehlem, U. (2020). Alltagssprache und Bildungssprache ... im Übergang von der Kita in die Grundschule. *Die Grundschulzeitschrift 323*, 18–21.
Mehlem, U., Lingnau, B. (2012): »Ah da kommt ein ÄH.« – Vermittlung basaler Schreibkompetenzen in der Zweitsprache Deutsch im Unterricht der Schuleingangsstufe. In B. Ahrenholz & W. Knapp (Hrsg.), *Sprachstand erheben – Spracherwerb erforschen* (131–154). Stuttgart: Fillibach bei Klett.
Menzel, W. (1985). *Rechtschreibunterricht. Praxis und Theorie*. Seelze: Friedrich Verlag.
Merklinger, D. (2011). *Frühe Zugänge zu Schriftlichkeit. Eine explorative Studie zum Diktieren*. Freiburg: Fillibach.
Metze, W. (2007). *Lollipop Fibel*. Berlin: Cornelsen.
Metze, W. (2009). *Tobi Fibel*. Berlin: Cornelsen.
Metze, W. (2016). *Tobi Erstlesebuch*. Berlin: Cornelsen.
Mochalova, M. (2016). *Schreiben in der Schuleingangsphase: Eine videobasierte Untersuchung von Schreibpraktiken mehrsprachiger Kinder*. Frankfurt: Goethe-Universität (Dissertation).
Moll, K. & Landerl, K. (2010). *SLRT-II Lese- und Rechtschreibtest. Weiterentwicklung des Salzburger Lese- und Rechtschreibtests. Manual*. Bern: Verlag Hans Huber.
Heller, V. & Morek, M. (2015). Academic discourse as situated practice: An introduction. *Linguistics and Education 31*, 174–186.
Nerius, D. et al. (1987). *Deutsche Orthographie*. Leipzig: Bibliographisches Institut.

Niklas, F., Möllers, K. & Schneider, W. (2013). Die frühe familiäre Lernumwelt als Mediator zwischen strukturellen Herkunftsmerkmalen und der basalen Lesefähigkeit am Ende der ersten Klasse. *Psychologie in Erziehung und Unterricht 60 (2)*, 94–111.

Noack, C. (2004). Lesekompetenzen von badischen und norddeutschen Hauptschülern. Ein phonologisches Analysekonzept zur Dekodierfähigkeit. In U. Bredel, G. Siebert-Ott & T. Thelen (Hrsg.), *Schriftspracherwerb und Orthographie* (104–122). Baltmannsweiler: Schneider Verlag Hohengehren.

Noack, C. (2010). *Phonologie*. Heidelberg: Universitätsverlag Winter.

Olfert, H. (2021). Wortschreibungen im ersten Schuljahr bei ein- und mehrsprachig sozialisierten Kindern unter Berücksichtigung der Lehrmethode. In E. Hack-Cengizalp & I. Corvacho del Toro (Hrsg.), *Literalität und Mehrsprachigkeit* (91–110). Bielefeld: wbv media.

Pauly, D. N. & Nottbusch, G. (2020). The Influence of the German Capitalization Rules on Reading. *Frontiers in Communication 5, 15.* DOI:10.3389/fcomm.2020.00015

Penner, Z., Fischer, A. & Krügel, C. (2006). *Von der Silbe zum Wort. Rhythmus und Wortbildung in der Sprachförderung.* Troisdorf: Bildungsverlag Eins.

Petermann, F. & Daseking, M. (2015): *Zürcher Lesetest – II (ZLT-II). Weiterentwicklung des Zürcher Lesetests (ZLT) von M. Linder und H. Grissemann* (3., überarb. Aufl). Bern: Hans Huber.

Pinker, S. (2006). *Wörter und Regeln. Die Natur der Sprache.* Paderborn: Voltmedia.

Platon (2013): Phaidros. In: *Platon. Sämtliche Werke. Band 2*, übersetzt von F. Schleiermacher (34. Auflage, 539–609). Hamburg: Rowohlt.

Plume, E. & Schneider, W. (2004). *Hören, lauschen, lernen 2. Sprachspiele mit Buchstaben und Lauten für Kinder im Vorschulalter; Würzburger Buchstaben-Laut-Training.* Göttingen: Vandenhoeck & Ruprecht.

Rautenberg, I. (2012). Musik und Sprache. *Eine Längsschnittstudie zu Effekten musikalischer Förderung auf die schriftsprachlichen Leistungen von GrundschülerInnen.* Baltmannsweiler: Schneider Verlag Hohengehren.

Rautenberg, I. (2015): Rekodierungsfehler von Zweitklässlern in Abhängigkeit von der Methode des Schriftspracherwerbs. In I. Rautenberg & T. Reißig (Hrsg.), *Lesen und Lesedidaktik aus linguistischer Perspektive* (187–215). Forum Angewandte Linguistik. Frankfurt: Peter Lang.

Rautenberg, I. (2022). Didaktische Ansätze zum Schriftspracherwerb im Anfangsunterricht. In C. Röber & H. Olfert (Hrsg.), *Schriftsprach- und Orthographieerwerb: Erstlesen, Erstschreiben* (54–77). Baltmannsweiler: Schneider Verlag Hohengehren.

Reichen, J. (1988). *Lesen durch Schreiben.* Heft 1 (3. Auflage). Zürich: Sabe.

Reichen, J. (2003). *Hannah hat Kino im Kopf.* Hamburg: Heinevetter.

Riehme, J. (1981). *Probleme und Methoden des Rechtschreibunterrichts. Unter Mitarbeit von M. Heidrich und G. Dathe.* Berlin: Volk und Wissen.

Röber, C. (2016). *Die Kinder vom Zirkus Palope. Wie sie die Sprache untersuchen und Schrift entdecken. Buch 1: Erste Wörter und Sätze.* Baltmannsweiler: Schneider Verlag Hohengehren.

Röber, C. (2022). »Das schriftsprachliche Denken zwingt das Kind, stärker intellektuell zu handeln«. Für einen kognitiv-aktivierenden Schriftsprachunterricht. In C. Röber & H. Olfert (Hrsg.), *Schriftsprach- und Orthographieerwerb: Erstlesen, Erstschreiben* (184–242). Baltmannsweiler: Schneider Verlag Hohengehren.

Röber, C., Häusle, R. & Berchtold, M. (2020). *Die Kinder vom Zirkus Palope und ihre kleinen Freunde. Wie sie die Sprache untersuchen und die Schrift entdecken. Buch 1: Erste Wörter und Sätze* (3., überarbeitete Auflage). Bramsche: Verein für schriftsprachstrukturierende Didaktik. http://zirkus-palope.de (Zugriff am 4.9.2023)

Röber, C., Häusle, R. & Berchtold, M. (2021). *Die Kinder vom Zirkus Palope und ihre kleinen Freunde. Begleitbuch für den Unterricht des ersten Schuljahres.* Bramsche: Verein für schriftsprachstrukturierende Didaktik. http://zirkus-palope.de (Zugriff am 4.9.2023)

Röber, C. & Olfert, H. (2010). *Die Bedingungen für ein erfolgreiches Arbeiten mit Silben beim Lesen- und Schreibenlernen. Chancen und Grenzen der Konzepte der neuen Silbenfibeln.* www.dgls.de (Zugriff am 4.9.2023)

Röber, C. (2006). »Die Schriftsprache ist gleichsam die Algebra der Sprache« Notwendigkeit und Möglichkeit eines systematischen Schrifterwerbs. In S. Weinhold (Hrsg.), *Schriftspracherwerb empirisch* (6–44). Baltmannsweiler: Schneider Verlag Hohengehren.

Röber, C. (2009). *Die Leistungen der Kinder beim Lesen- und Schreibenlernen. Grundlagen der silbenanalytischen Methode.* Baltmannsweiler: Schneider Verlag Hohengehren.

Röber-Siekmeyer, C. (1999): *Ein anderer Weg zur Groß- und Kleinschreibung.* Leipzig, Stuttgart, Düsseldof: Klett

Röber-Siekmeyer, C. (2002): Spiralen und Lassos: Sprachwissenschaft – Sprachdidaktik – Pädagogik. In M. Bommes, C. Noack, D. Tophinke (Hrsg.), *Sprache als Form. Festschrift für Utz Maas zum 60. Geburtstag* (183–197). Wiesbaden: Westdeutscher Verlag.

Rosebrock, C., Nix, D., Rieckmann, C. & Gold, A. (2011): *Leseflüssigkeit fördern. Lauteleseverfahren für die Primar- und Sekundarstufe.* Seelze: Kallmeyer.

Saenger, P. (1992). *Space between Words. The Origins of Silent Reading.* Stanford: Stanford University Press

Scheerer-Neumann, G. (2003): Entwicklung der basalen Lesefähigkeiten. In U. Bredel, H. Günther & J. Ossner (Hrsg.), *Didaktik der Deutschen Sprache, Bd. I* (513–524). Paderborn: UTB.

Scheerer-Neumann, G. (2015): *Lese-Rechtschreib-Schwäche und Legasthenie. Grundlagen, Diagnostik und Förderung.* Stuttgart: Kohlhammer.

Scheerer-Neumann, G. & Schnitzler, C. D. (2009). Rechtschreiberwerb im zweiten Schuljahr. *Zeitschrift für Grundschulforschung, 2,* 95–110.

Scheerer-Neumann, G., Schnitzler, C. D., & Ritter, C. (2010). *ILeA – Individuelle Lernstandsanalysen 2. Lehrerheft Deutsch. Teil I – Lesen.* Berlin-Brandenburg: Landesinstitut für Schule und Medien.

Schegloff, E. (1996) Turn Organization: One Intersection of Grammar and Interaction. In E. Ochs, E. A. Schegloff & S. Thompson (Hrsg.), *Interaction and Grammar* (52–133). Cambridge: Cambridge University Press.

Schneider, W., Marx, H. & Hasselhorn, M. (Hrsg.) (2008). *Diagnostik von Rechtschreibleistungen und Kompetenz.* Göttingen: Hofgrefe.

Schneider, W. (2017). *Lesen und Schreiben lernen. Wie erobern Kinder die Schriftsprache?* Berlin: Springer.

Schnitzler, C. D. (2008): *Phonologische Bewusstheit und Schriftspracherwerb.* Stuttgart: Georg Thieme Verlag.

Schroeder, C. & Şimşek, Y. (2014). Das Türkische. In M. Krifka, J., A. Błaszczak, A., Leßmöllmann, B., Meinunger, R., Stiebels, R. Tracy & H. Truckenbrodt (Hrsg.), *Das mehrsprachige Klassenzimmer. Über die Muttersprachen unserer Schüler* (115–134). Wiesbaden: Springer.

Schründer-Lenzen, A. & Mücke, S. (2005). Mit oder ohne Fibel – was ist der Königsweg für die multilinguale Klasse. In H. Bartnitzky & A. Speck-Hamdan (Hrsg.), *Deutsch als Zweitsprache lernen* (210–222). Frankfurt: Grundschulverband.

Schründer-Lenzen, A. (2009): *Schriftspracherwerb und Unterricht. Bausteine professionellen Handlungswissens* (3. Aufl.). Wiesbaden: Springer VS.

Schründer-Lenzen, A. (2013): *Schriftspracherwerb* (4. Aufl.). Wiesbaden: Springer VS.

Schründer-Lenzen, A. & Merkens, H. (2006): Differenzen schriftsprachlicher Kompetenzentwicklung bei Kindern mit und ohne Migrationshintergrund. In A. Schründer-Lenzen (Hrsg.), *Risikofaktoren kindlicher Entwicklung. Migration, Leistungsangst und Schulübergang* (15–44). Wiesbaden: Verlag für Sozialwissenschaften.

Sendelmeier, W. & Oertel, A. (2015). *Rechtschreibdidaktiken im ersten Schuljahr. Eine psychologische und sprachwissenschaftliche Einordnung und Bewertung.* Berlin: Logos Verlag.

Sénéchal, M. & LeFevre, J. (2002). Parental involvement in the development of children's reading skill: A 5-year longitudinal study. *Child Development, 73,* 2, 445–460.

Seymour, P. H., Aro, M. & Erskine, J. M. (2003). Foundation Literacy Acquisition in European Orthographies. *British Journal of Psychology 94,* 143-174.

Skowronek, H. & Marx, H (1989). Die Bielefelder Längsschnittstudie zur Früherkennung von Risiken der Lese-Rechtschreibschwäche. Theoretischer Hintergrund und erste Befunde. *Heilpädagogische Forschung 15,* 38–49.

Sommer-Stumpenhorst, N. & Hötzel, M. (2007). *Richtig schreiben lernen von Anfang an*. Berlin: Cornelsen. Scriptor.
Spaude, M. (2015). *Sprachkompetenz als Prädiktor für den Orthographieerwerb mehrsprachiger Kinder in der Schuleingangsphase*. Frankfurt: Goethe-Universität (Dissertation). https://d-nb.info/1074192591/34 (Zugriff am 4.9.2023)
Spitta, G. (1988). *Kinder schreiben eigene Texte- Klasse 1 und 2*. Berlin: Cornelsen. Scriptor.
Stanat, P., Schipolowski, S., Riosk, C., Weirich, S., Haag, N. (2017) (Hrsg.). *IQB-Bildungstrend 2016. Kompetenzen in den Fächern Deutsch und Mathematik am Ende der 4. Jahrgangsstufe im zweiten Ländervergleich*. Münster: Waxmann.
Stanat, P., Schipolowski, S., Schneider, R., Sachse, K.H., Weirich, S., Henschel, S. (2022) (Hrsg.). *IQB-Bildungstrend 2021. Kompetenzen in den Fächern Deutsch und Mathematik am Ende der 4. Jahrgangsstufe. Erste Ergebnisse nach über einem Jahr Schulbetrieb unter Pandemiebedingungen*. Münster: Waxmann.
Steinig, W., Betzel, D., Geider, F.J. & Herbold, A. (2009). *Schreiben von Kindern im diachronen Vergleich*. Münster: Waxmann.
Steinig, W., Betzel, D. (2013). Schreiben Grundschüler heute schlechter als vor 40 Jahren? Texte von Viertklässlern aus den Jahren 1972, 2002 und 2012. In A. Plewnia & A. Witt (Hrsg.), *Sprachverfall? Dynamik – Wandel – Variation. Institut für Deutsche Sprache Jahrbuch 2012* (353–371). Berlin/Boston: de Gruyter.
Steinitz, W. (1953). *Russische Lautlehre*. Berlin: Akademie-Verlag.
Sürig, I., Schroeder, C., Şimşek, Y. & Boneß, A. (2014). *Literacy acquisition in school in the context of migration and multilingualism: a binational survey* (Hamburg Studies on Linguistic Diversity 5). Amsterdam: Benjamins.
Thomé, G. (1987). *Rechtschreibfehler türkischer und deutscher Schüler*. Heidelberg: Julius Groos Verlag.
Thomé, G. (2000). Möglichkeiten und Grenzen der Arbeit mit Anlauttabellen. In R. Valtin (Hrsg.), *Rechtschreiben lernen in den Klassen 1–6. Grundlagen und didaktische Hilfen* (116–118). Frankfurt: Grundschulverband.
Thomé, G. (2003): Entwicklung der basalen Rechtschreibkenntnisse. In U. Bredel, H. Günther & J. Ossner (Hrsg.), *Didaktik der Deutschen Sprache, Bd. I* (369–379). Paderborn: UTB.
Thomé, D. & Thomé, G. (2017). *OLFA 3–9. Oldenburger Fehleranalyse für die Klassen 3–9. Instrument und Handbuch*. Oldenburg: isb Fachverlag.
Thomé, D. & Thomé, G. (2021). *OLFA 1-2. Oldenburger Fehleranalyse für die Klassen 1–2. Handbuch und Instrument* (6., verbess. Aufl.). Oldenburg: isb Fachverlag.
Tomasello, M. (2003). *Constructing a Language. A Usage Based Theory of Language Acquisition*. Cambridge, Massachusetts & London: Harvard University Press.
Tophinke, D. (2002). Die lautlich-segmentale Analyse des Gesprochenen und ihre Forcierung im Schrifterwerb. In C. Röber-Siekmeyer & D. Tophinke (Hrsg.), *Schrifterwerbskonzepte zwischen Sprachwissenschaft und Pädagogik* (48–65). Baltmannsweiler: Schneider Verlag Hohengehren.
Topsch, Ernst (2005): *Grundkompetenz Schriftspracherwerb. Methoden und handlungsorientierte Praxisanregungen* (2. Aufl.). Weinheim: Beltz.
Valtin, R. (2003): Methoden des basalen Lese- und Schreibunterrichts. In U. Bredel, H. Günther & J. Ossner (Hrsg.), *Didaktik der Deutschen Sprache, Bd. II* (760–771). Paderborn: UTB.
Valtin, R. (Hrsg.) (2000). *Rechtschreiben lernen in den Klassen 1–6. Grundlagen und didaktische Hilfen*. Frankfurt: Grundschulverband.
Valtin, R. (2000): Ein Entwicklungsmodell des Rechtschreiblernens. In R. Valtin (Hrsg.), *Rechtschreiben lernen in den Klassen 1–6. Grundlagen und didaktische Hilfen* (17–22). Frankfurt: Grundschulverband.
Vestner, H. (1976). CVK-Leselehrgang »Sprechen – Schreiben – Lesen«. In E. Schwartz (Hrsg.), *Fibeln und Erstlesewerke I. Konzepte – Dokumentation – Erfahrungen* (39–58). Frankfurt am Main: Arbeitskreis Grundschule.
Vygotskij, Lev. S. (2002) [Orig. 1934]: *Denken und Sprechen. Psychologische Untersuchungen*. Weinheim: Beltz.

Wagner, W., Helmke, A., Schrader, F-W., Eichler, W., Thomé, G. & Willenberg, H. (2008). Sprachliche Kompetenzen von mehrsprachigen Jugendlichen und Jugendlichen nichtdeutscher Erstsprache. In Konsortium (Hrsg.), *Unterricht und Kompetenzerwerb in Deutsch und Englisch. Ergebnisse der DESI-Studie* (208–230). Weinheim: Beltz.

Wander, K. F. W. (1831). *Vollständige Übungsschule der deutschen Rechtschreibung in Lehre und Anwendung. Teile 1–4.* Glogau: Heymann.

Weinhold, S. (2000): *Text als Herausforderung. Zur Schreibkompetenz am Schulanfang.* Freiburg: Fillibach.

Weinhold, S. (2006). Entwicklungsverläufe im Lesen und Schreibenlernen in Abhängigkeit verschiedener didaktischer Konzepte. Eine Longitudinalstudie in Klasse 1–4. In S. Weinhold (Hrsg.), *Schriftspracherwerb empirisch. Konzepte, Diagnostik, Entwicklung* (120–151). Baltmannsweiler: Schneider Verlag Hohengehren.

Weinhold, S. (2009). Effekte fachdidaktischer Ansätze auf den Schriftspracherwerb in der Grundschule. *Didaktik Deutsch 14 (27),* 53–75.

Wendt, H. & Schwippert, K. (2017). Lesekompetenzen von Schülerinnen und Schülern mit und ohne Migrationshintergrund. In: *IGLU 2016. Lesekompetenzen von Grundschulkindern in Deutschland im internationalen Vergleich* (219–234). Münster: Waxmann

Wieler, P. (1997): *Vorlesen in der Familie: Fallstudien zur literarisch-kulturellen Sozialisation von Vierjährigen.* Weinheim/München: Juventa.

Winkler, K. (2004). Die Systematik einer silbenanalytischen Darstellung der Schrift im Anfangsunterricht – ein Praxisbericht. In U. Bredel, G. Siebert-Ott & T. Thelen (Hrsg.), *Schriftspracherwerb und Orthographie* (22–30). Baltmannsweiler: Schneider Verlag Hohengehren.

Ziegler, J. C., Bertrand, D., Tóth, D., Csépe, V., Reis, A., Faísca, L., Saine, N., Lyytinen, H., Vaessen, A., Blomert, L. (2010). Orthographic Depth and Its Impact on Universal Predictors of Reading: A Cross-Language Investigation. *Psychological Science 21 (4),* 551–559.

Stichwortverzeichnis

A

AFRA   79–83, 87, 92, 154, 155, 162
alphabetische Strategie   69, 71–73, 77
alveolar   34, 38, 102
analytisch-synthetisch   110, 120, 122
Anfangsunterricht   11, 13, 14, 21, 30, 109, 112, 116, 119, 122, 138, 146, 165, 168
Anlaut   75, 99, 103, 106, 109, 111, 118, 131, 137, 139, 153, 156, 158
Anlauttabelle   117–120, 130, 131, 135, 138, 157, 162
Arabisch   35, 65, 98, 100
Artikulation   34, 36, 41, 44, 78, 83, 103, 112, 120, 124–126, 129, 130, 139, 143
Artikulationsort   34, 35
Artikulationsweise   34, 35
Auslaut   48, 89, 103, 104, 151, 158
Auslautspirantisierung   49, 158
Auslautverhärtung   49, 50, 55, 74, 81, 87–89, 104–106, 144, 156

B

Basisgraphem   50, 80, 112

D

Dänisch   65
Dehnung   38, 42, 44, 46, 48, 79, 81, 143, 151, 158
Dehnungs-h   41, 48, 51, 74, 88, 125
Diphthong   39, 42, 46, 49, 51, 73, 79, 101, 158

E

Einsilber   63
ELFE   84, 95, 163
Endrand   42–44, 49
Englisch   14, 51, 64, 65, 67, 96, 102, 168
Erstsprache   13, 84, 93, 96–99, 101, 102, 105, 121, 129, 156, 168

F

Fehleranalyse   73, 78, 82, 121, 155, 167
Französisch   65
freies Schreiben   117, 138, 160
Fremdwörter   43, 51, 103, 158
Frikativ   34–38, 50, 98, 104

G

Garagen-e   124, 142
glottal   34, 38, 98
Glottisverschluss   35, 42, 106, 156
Grammatik   15, 24, 29, 53, 93, 161
Graphem-Phonem-Korrespondenz   63
Graphemtreffer   77, 114, 115, 127, 128
Griechisch   51, 102, 159
Großschreibung   52–54, 77, 79, 87, 88

H

Hamburger Schreibprobe   77, 90, 114, 115, 127
Hebräisch   35
HSP   77, 78, 88, 95, 96, 114, 115, 128, 164

I

Igelsyndrom   158
IGLU   76, 85, 87, 93–95, 168
Italienisch   64, 65, 102

K

Kerncurricula   28, 29
kognitive Aktivierung   108, 132, 133, 137, 139–141, 146
Konsonantenverdopplung   44, 50, 74, 79, 83, 88, 100, 124, 128, 140, 154, 155
Konstantschreibung   48–51, 77, 104, 125
Kurzvokal   44, 79, 100, 124, 135

L

Langvokal 43, 44, 46, 86, 124, 125
lautgetreu 39, 78, 88, 90, 91, 112, 119
Lesegenauigkeit 65, 66, 85, 86
Lesegeschwindigkeit 53, 54, 66, 86
Lesekompetenz 28, 30, 61, 65, 70, 76, 84, 91, 94–96, 108, 163
Literalität 11, 14, 23, 160, 162, 165

M

Messzeitpunkt 88, 90
Metaanalyse 121
Migrationshintergrund 61, 88, 93–97, 106, 114, 166, 168
Minimalpaar 33, 36, 37, 39, 139
morphologisch 73, 74, 88, 89
morphologische Ableitung 79, 80, 120
Mündlichkeit 16, 18–20, 25, 27, 28, 31, 137, 149, 150, 163, 164

N

Nasal 34, 35
Normalsilbe 43
Normwerte 76, 84, 96

O

OLFA 78, 121, 154
Onset 42, 58, 59, 64, 75, 83, 126, 130, 153, 156, 157
Orthographem 38, 51, 151, 158

P

palatal 34, 98
palatalisiert 99
Phonem-Graphem-Korrespondenz 33, 52, 64, 80, 98, 130
phonologische Bewusstheit 56–59, 61, 66, 75, 86, 114, 119, 133, 153
Plosiv 34, 35, 98, 104, 154, 155, 158
Portugiesisch 65, 103
prominente Silbe 43, 44, 157
Pseudowort 44, 63, 85
Pseudowörter 40, 41, 85

R

Rechtschreibgespräche 140–142
Rechtschreibkompetenz 29, 30, 74, 76, 78, 88, 96, 127, 138, 146, 160, 163

Rechtschreibunterricht 12, 132, 162, 164
Rechtschreibwerkstatt 101, 114, 119–122, 137
Reduktionssilbe 43, 44, 46, 49, 50, 73, 101, 123–126, 130, 143, 157
Reduktionsvokal 39, 48, 99
Rohwerte 84, 115, 128
r-Schreibung 158
Russisch 98, 99, 102, 104, 106, 156
r-Vokalisierung 39, 49, 73, 79, 84, 129, 158

S

Schriftlichkeit 15, 16, 19–21, 25, 27, 31, 60, 62, 137, 148, 149, 151, 163, 164
Schwa 39, 43, 83, 88, 89, 100, 101, 104, 112, 123, 129
Sichtwort 85, 155
silbenanalytische Methode 69, 122, 123, 125–127, 146
Silbenendrand 50
Silbengelenk 44, 45, 48–50, 55, 77, 80, 89, 124, 126, 140, 151, 152, 158
silbentrennendes h 44, 120, 125
SLRT 77, 78, 85, 121, 164
Spanisch 99
Standarddeutsch 37, 50, 98
Strategien 29, 67, 69, 74, 77, 79, 117, 132
Stufenmodelle 67, 72–74, 76, 91

T

Textkompetenz 10, 25, 29, 93, 159
Transfer 98, 99, 101, 102
trochäisch 48, 69, 129
Türkisch 95, 98, 104, 106
T-Werte 77, 84, 95, 127, 128

U

Übergeneralisierung 47, 73, 74, 79
Umlaut 49, 51, 55, 151
Umlautschreibung 48, 49, 74, 81, 88, 144
uvular 34, 36, 37, 98

V

Varianzanalyse 96, 128
velar 34, 35
Verlängerung 50
Vokalkürze 74, 88
Vokallänge 51, 79, 80, 87, 140
Vokalqualität 65, 118
Vokalquantität 52, 80, 81

Vollvokal 100

Z

Zweitsprache 93, 98, 103, 156, 163, 164, 166

Zweitspracherwerb 94